U0937861

思源致远

上海交通大学史

第五卷　新中国的多科性工业大学

（1949—1959）

主　　编　王宗光

本卷编著　潘　鋐　蔡西玲　范祖德

上海交通大學出版社

内容提要

本书以恢宏的卷帙记录了上海交通大学百余年厚重历史。以历史研究的客观与责任感，以全方位视角和近距离直击结合，以学术的精神和细致的笔触，在深入、广泛挖掘档案史料和现有出版资料的基础上，全景展示了上海交通大学自1896年建校至2006年共110年的历程。这是上海交通大学这所百年名校首次对本校建校历史背景、发展过程、经费运转、系科建设与演变、教学与课程情况、各时期教职员与学生分析，以及校园传统、风格、特色的形成等，作深入、周详的梳理与总结，是一部立意严谨的校史研究著作。

《上海交通大学史》按学校发展不同历史阶段，分八卷编著，此为第五卷"新中国的多科性工业大学"。

图书在版编目(CIP)数据

上海交通大学史. 第5卷，新中国的多科性工业大学/王宗光主编.
—上海：上海交通大学出版社，2016
ISBN 978-7-313-14428-7

Ⅰ.①上… Ⅱ.①王… Ⅲ.①上海交通大学—校史—1949—1959
Ⅳ.①G649.285.1

中国版本图书馆CIP数据核字(2016)第012570号

上海交通大学史

第五卷 新中国的多科性工业大学(1949—1959)

主　　编：王宗光
出版发行：上海交通大学出版社　　地　　址：上海市番禺路951号
邮政编码：200030　　电　　话：021-64071208
出 版 人：韩建民
印　　制：苏州市越洋印刷有限公司　　经　　销：全国新华书店
开　　本：787mm×1092mm　1/16　　印　　张：18.25
字　　数：332千字
版　　次：2016年3月第1版　　印　　次：2016年3月第1次印刷
书　　号：ISBN 978-7-313-14428-7/G
定　　价(共八册)：800.00元

《上海交通大学史》编纂委员会

（2016 年 1 月）

《上海交通大学史》编写组

（2016 年 1 月）

主编：王宗光

成员：（按姓氏笔画）

毛杏云　叶敦平　孙　萍　朱积川　朱隆泉　陈　泓

陈鑫木　范祖德　欧七斤　秦慰祖　龚诞申　盛　懿

章玲苓　蔡西玲　缪克成　漆姚敏　潘　鋐

序　一

先哲有云:“欲知大道,必先知史。”历史之于国家,是兴替之镜,正身之基,致远之源,起着“鉴往知来,资政育人”的重要作用。特别是在中华民族伟大复兴的“中国梦”磅礴行进的今天,越来越注重从本民族的历史和文化传统中汲取智慧,积聚能量,夯筑根基,越来越注重传承和创新优秀传统文化的“中国声音”。习近平总书记曾反复强调:历史是最好的教科书,也是最好的老师,更是“最好的清醒剂”。“不忘历史才能开辟未来,善于继承才能善于创新。只有坚持从历史走向未来,从延续民族文化血脉中开拓前进,我们才能做好今天的事业”。

一个民族、一个国家尚且要“知道自己是谁,从哪里来,要到哪里去”,一所大学又何尝不需要挖掘自身的历史,传承厚重的文脉? 作为国史与地方史的一种延伸,校史是大学文化建设的重要组成部分,也是大学文化层次的鲜明体现,更是大学精神凝练的源泉所在。离开校史,大学文化建设与精神追求就会成为无源之水,无本之木。

泱泱南洋,巍巍学府。上海交通大学诞生于 19 世纪末期,伴随中国近代化过程,它经历了晚清、民国和新中国三个历史时期。它的历史既是我国近代高等教育曲折发展的缩影,又是近代社会推陈出新在一所高校的生动反映。120 年来,栉风沐雨、弦歌不辍,百年交大的历史就如同一座富矿,每一个采矿人都可以有自己的“发掘”:人才培养的辉煌成就;各个时代师生风采和精神风貌;不同时期校长们的办学理念和治校方略;名师大家在学科建设、教学科研中的睿智灼见;绵延百年的校风特点和精神灵魂;学校发展与国家民族命运的关系,等等,都值得思考和探究。与此相关的建校背景,学科布局、专业设置、师资建设、教学传统、优良学风、筹款方式、隶属关系、对外交流、校园变化等,也都值得细细琢磨,好好品味。这是交大百年历史文化的主要构成,亦是交大人非凡创造力的丰硕成果。

进入21世纪以后,上海交大面临的内外环境已发生很大变化。5 000多亩地的多校区办学空间、近5万人的师生规模、大批海外教师的引进、与原上海第二医科大学的强强合并,使交大多元文化背景的特点更加凸显。在此背景下,一所百年名校如何传承自己优良的文化精髓?如何让全体交大人拥有共同的文化烙印和追求,并在此基础上有所创新?如何让历史的深厚和世界的宽广交相辉映,在交大的校园里形成符合时代发展的新的精神文化?……这些涉及交大文化内核与交大人精神基因的问题,在创建世界一流大学的征程中,越来越需要做出回应与解答。而编纂一部真实、生动、系统、厚重的《上海交通大学史》,无疑能够为解读交大人精神内核与文化软实力提供智力支撑,也为交大争创世界一流大学奠定人文基石。

"盛世修史,懿年纂志"是中华民族千年传承的优良传统,也是当今社会主义文化建设的重大系统工程。《上海交通大学史》虽仅仅为一校之史,但其间世变幅度之大、时间跨度之长、经历曲折之多、涉及范围之广,在全国高校中都罕有其匹。如何真实记录学校的发展轨迹,如何系统梳理教育制度的演变,如何精彩描绘师生的生活图景,如何客观正确评论校史人物的历史贡献,如何科学总结百年办学的成败得失,凡此种种,都是编纂《上海交通大学史》的重点与难点,亦是对校史编纂者的巨大考验。所幸,自2006年110周年校庆之后,在以学校原党委书记王宗光教授领衔的校史编纂委员会的坚强领导下,集校内老领导、老同志、中青年校史研究队伍、校外专家学者的共同努力,历经十年艰辛,数易其稿,终于推出这一部卷帙恢弘的《上海交通大学史》,可谓"厚积薄发,十年一剑"。

古人云:"盖文章者,经国之大业,不朽之盛事。"翻开这部跨越三个世纪的厚重校史,重温交大往昔波澜壮阔的历程,我顿感心潮澎湃,为之动容,不胜感慨。我本人亦是上海交大在"文革"后恢复高考的第一届即"77级"学生,1982年本科毕业后,继续在母校攻读研究生,毕业后留校工作,直到1994年调离交大。应该说,我先后以学生身份与管理者身份亲身经历了交大在改革开放之后的17年岁月,对于这一时期交大学生"惜时如金"的学习热潮、享誉全国的管理体制改革、闵行新校区建设、派遣"世行生"等重大事件,都历历在目。衡诸这部《上海交通大学史》对这些史实的记载,应该说恰如其分地给予了还原与评价,较好地做到了资料翔实,持论平实,文风朴实,编排得当,征引规范。我相信,它出版面世后定能够经受时间的考验,成为一部可信耐读的优秀校史。

是为序。

姜斯宪

2016年1月

序　二

公元 1896 年，在甲午战败、民族危难之际，盛宣怀以“自强首在储才，储才必先兴学”的理念，创办南洋公学。

交通大学以“南洋”之名立，以“交通”之名兴。“交通大学”的校名源自 1921 年交通部所属四所学校合并而成大学之时。当“交通”二字的实业意义在历史的演化中渐渐淡去之时，作为校名，“交通”就成为一种文化和精神的传承。在“交通”之名下，交通大学的“大学”之道承载了“储才兴邦”的建校理想，光耀了“当为第一等人才”的办学理念，“傲立世界之巅，为民族谋进步，为人类谋福祉”，育人不辍，英杰辈出，成就了交通大学跨越三个世纪的辉煌，也让这座学府拥有了“天地交而万物通”的胸怀、气度及其独有的风格。

如果追溯到更远，中国传统文化对“交通”的理解源自庄子所云“交通成和而物生焉”，阐释的是一种宇宙观和价值观，是对宇宙万物和谐共生的哲学认知，是对自然规律的独特感悟。而“大学”一词的英文发源于中世纪西方都市生活及城邦初现时的拉丁文词汇“Universitas”，意指授予学位的由学生、教师和学者组成的多学科高等教育及研究机构。因此作为一所中国最早的现代大学，交通大学正是延续着中国传统文化的感性和西方现代文明的理性。中国传统之“交通”、现代西方文明之“大学”铸就的“交通大学”是历史与文化的交汇，也是思想与实践的贯通，所以成就其卓越，成就其辉煌。

“交通”为名，“大学”为道。

“交通”是校名，更是一种办学之道，真正让交通大学卓尔不群的，正是这种“天地交而万物通”“交通成和而物生焉”的办学之道。

大学是称谓,更是传承和创造的所在,真正让交通大学戮力同心、思源致远的,正是这种对大学精神、大学存在之根本意义的不懈追求。

在这样的大学之道下,交通大学自建校至今,无论世易时移,都赫然屹立于中国第一等学府之列。即便是几经辗转迁移,历尽艰难困苦,我们仍能在“上下交而其志同”的传承中坚持自己永恒的追求。

如今,集校史研究者多年心血编纂而成的八卷本《上海交通大学史》付梓出版,正是向世人展示交大人独特的情怀和追求,百余年的交大历史证明了:

交大是一所有追求的大学,交大人一直把感恩和责任放在首位。人才培养、科学研究、服务社会之交汇贯通是我们无时或忘的职责、本分和事业。交大人以发现和传播真理为己任,即使前路漫漫,荆棘丛生,交大人上下求索,从不懈怠。

交大是一所有灵魂的大学,交大人一直在追求思想的深邃。正是因为这种深邃,让我们拥有了宁静和淡泊,远离了喧嚣和浮华。“脱心志于俗谛桎梏,真理因得以发扬”。勤、朴、忠、诚之交汇贯通是交大人行为之准则。

交大是一所有思想的大学,交大人一直在追求文化的引领。“交通”之名赋予我们的是天地自然、社会人文相交相通之所在,更是阔达天地的视界和理想。交通大学聚天下之英才,攀智慧和思想之高峰,引领民主、科学和文化之发展。

回顾历史,交大的前辈先贤创造了无数的光荣。他们以天下兴亡、匹夫有责的气概,将办学与救国紧密结合,将求真与务实融为一体,以“明知不可为而为之”的自信和勇气站在时代最前沿,引领国家发展和社会进步,创造了无数个中国乃至世界的“第一”。面向未来,我们的梦想是把交通大学建设为一所大师云集、人才辈出、科技成果和人文思想交相辉映,在国家富强、民族复兴和人类文明进步的进程中,贡献卓著的大学!

“交通”为名,“大学”为道。交通大学的理想与风格、价值与追求将会成为真正的永恒。

2011 年 2 月第一稿

2016 年 1 月修订

序　三

上海交通大学是我国创建最早的高等学府之一。一百多年来，上海交大几度坎坷，历经沧桑，凝练积淀了优良的办学传统和厚重的文化底蕴，为国家造就了一批又一批各类专门人才，其中包括许多为民族独立、国家富强和科技发展、经济建设做出重大贡献的政治家、科学家、实业家、工程技术专家，可谓“桃李满天下，英才遍五洲”。新中国成立后，特别是改革开放以来，在党和政府的关心支持下，经过全体交大师生医务员工的奋发努力，百年学府焕发出勃勃生机，学校面貌发生了巨大变化。当年诞生于黄浦江畔只有数十人的南洋公学，如今已发展成为一所“综合性、研究型、国际化”的国内一流、国际知名大学，并正在向世界一流大学稳步迈进。

盛世修史，继往开来。上海交大的辉煌办学历程，既是一部承载着百余年来全体交大人励精图治、薪火相承的奋斗史，又是一个不断激励当今全体交大师生追求卓越、勇攀高峰的智慧库。上海交大历来重视校史研究与宣传教育，注重记录保存学校的发展轨迹与办学经验，更注重从中吸取不竭的精神动力。

自21世纪初年，学校将校史研究纳入大学文化和校园精神文明建设的重要部分，成立了校史编纂委员会，组织专门力量开展工作，编纂出版了一系列校史研究专著，如《上海交通大学纪事》(上下卷2006)、《三个世纪的跨越——从南洋公学到上海交通大学》(2006)、《老交大名师》(2008)，在教书育人、对外宣传、自身文化建设等方面发挥了不可或缺的重要作用。如今，这部记载交大办学历史足迹、约计300多万言的《上海交通大学史》出版面世，这是学校校史研究的重要成果,是文化建设的基础性工程,更是向建校120周年的一次献礼。

在创建世界一流大学的征程中,大家愈来愈深刻地认识到,一所著名的大学不仅要有一流的物质条件,更要有一流的大学文化,要有经过历史沉淀又独具特色的传统风格、文化内涵与人文精神,形成引导激励全校师生的内在动力,这是一所大学的精髓和灵魂。建设以创新文化为主导的交大文化一直是创建世界一流大学的重要组成部分。《上海交通大学史》所记录的办学轨迹、展现的教育成就、总结的经验成果,正是上海交大精神文化的载体和底蕴,也是创建交大文化的根本与源泉。这部校史必将成为建设一流大学文化的重要组成,必将为创办世界一流大学提供有力的文化支撑。

"大学之道,在明明德,在亲民,在止于至善"。大学最根本的任务是培育具有社会责任、创新精神、实践能力的人才。大学的精神与文化传统对人才培育影响至深。《上海交通大学史》在梳理交大的发展脉络过程中,发掘了大量鲜活的历史事件、见微知著的师生校友轶事,提炼出真实历史背后所蕴含的大学精神、大学文化,这些都将成为莘莘学子成长成才的生动教材,有利于学生提高对"饮水思源、爱国荣校"内涵的理解,真正让"责任"成为凝结在每一位学子血液中的精神,成为一代代交大人不变的信仰。

《上海交通大学史》的出版,为广大师生、校友、教育同行以及社会各界关心交大发展的人士,提供了一部了解学校悠久历史和精神文化的优秀著述,也为交大自身大学文化建设、人才培育等提供了一份有价值的精神载体。在新的历史阶段,在国家推进双"一流"建设进程中,期待全校师生医务员工以更高境界、更大情怀,求真务实,努力拼搏,敢为人先,与日俱进,为建设中国特色世界一流大学,为中华民族伟大复兴作出不可替代的贡献。

马德秀

2011年2月第一稿

2016年1月修订

序　四

巍巍学府，百年交大，历史是沧桑，也是明镜。上海交通大学一百多年来与中国近现代历史的百年兴衰相伴而行。交大“醒狮起、搏大地、壮哉吾校旗”，在中华民族救亡图存、跻身强国的历史进程中留下深深的印痕，积淀了众多精神财富。交大从艰难跋涉到奋力崛起的历史过程，一幕幕感人至深的历史场景，谱写了中国大学发展史上的辉煌篇章。对交大百余年校史的发掘与研究，并尽可能完整地编纂成书留存于世，既是一笔丰厚的历史遗产，也是一部用案例教育世人的哲学。总结和继承办学传统和经验，鉴往知新，启示后人。交大是谁、交大从哪里来、交大要往哪里去，这些问题的思考与解读，对于正在走向世界一流新征途的上海交通大学可以提供诸多有益的启迪。

峥嵘历程

上海交通大学校史编纂委员会自21世纪初开始，组织力量编写《上海交通大学史》，真实完整地记录学校从1896年至2006年共110年的办学历程和发展轨迹。经过十余年、十余位研究人员参与的编纂工作终于完成。110年的历史演变似行云流水，又波澜起伏，激发我们无限感奋，引发我们长久思索。

上海交通大学始建于1896年。其时，在清王朝的统治下，内忧外患，国难深重，一些有识之士认识到“教育救国”的重要性。中国近代实业家盛宣怀向光绪皇帝呈奏《请设学堂片》，拟于上海创办南洋公学，造就政、法、商等兴国人才，获得清政府批准。从此，交通大学的前身——南洋公学在上海徐家汇创建,招生办学;先后设立师范院、外院、中院、特班、政治班及译书院、东文学堂等,选派留学生出国深造,探索从初等、中等到高等教育的办学体系,成为中国近代学制之肇端。清末民初,国内实业扩充,工商方兴,迫切需要高级实业技术和工程管理人才。学校及时调整方向,兴办工科,先后设置的铁路科、电机科、航海科、铁路管理科等在当时均为同类大学中仅见。孙中山曾来校为学生演讲,表达他“强国强种”的勃勃雄心,提出了10年筑成10万英里铁路的宏伟计划。

1921年,学校正式定名交通大学。由于政局动荡,学校虽曾几度更名,但坚持培养交通实业人才的宗旨不变。1928年,学校划归铁道部后,办学经费充盈,校园规模扩大,办学成效显著。30年代,学校继续延聘名师,添建校舍,拓展学科,成为以工科为主,兼重管理、理科的全国著名理工科大学,有“东方MIT(美国麻省理工学院)”的美誉。抗日战争爆发,交大师生在上海、重庆两地坚持办学,历尽艰难险阻,恪守交大办学宗旨,培养了大批战时急需的工程技术人才,涌现出可歌可泣的抗日英勇斗士。抗战胜利后,交大复员上海徐家汇原址办学,迅速恢复和发展理、工、管相结合的院系建制。爱国师生为了追求民主权利与社会进步,先后开展反“甄审”“护校运动”“反饥饿、反内战、反迫害”“反美扶日”斗争等爱国民主运动,交大成为沪上的“民主堡垒”。

1949年5月,上海解放,交大的发展进入了新阶段。学校坚决贯彻新民主主义教育方针,积极参与新中国高等教育建设。师生们响应党和国家号召,纷纷投入到工业化建设的热潮之中。1952年,在高等学校“院系调整”中,交大许多学科及相关师生调往全国各地,为国家高等教育事业的布局和发展做出了贡献。1955年,国家决定交通大学西迁;1957年,在周恩来总理亲自指导下,决定交通大学分设两地,分别为交大(上海部分)、交大(西安部分);1959年,中央决定交大(上海部分)和交大(西安部分)分别成为独立办学的上海交通大学和西安交通大学。

1961年,中央决定上海交大划归国防科委领导,成为一所国防工业高等学校。1966年,在“文革”的灾难中,学校工作全面中断,日常管理陷入混乱,知识分子成为批斗对象。校内外“造反组织”相勾结,批斗矛头直指广大师生和“老交大传统”。许多教师和科技人员忍辱负重,排除干扰,为国家教育、科技事业默默奉献,为国防科技事业做出贡献。1976年,“四人帮”被粉碎,交大师生在拨乱反正中率先批判“两个估计”,交大迎来了第二个春天。

20世纪70年代末,党的改革开放政策为社会主义现代化事业开创了新局面。上海交大在改革开放中抓住机遇和挑战,力求重振雄风,再现勃勃生机。交大党委带领全校师生积极探索并实践高校内部管理体制改革,为学校的重新崛起奠定了坚持改革开放、创新发展的思想基础。打开国门，走出校门，交大教授组团出访美国，成为新中国建立以后第一支访美的高校代表团。80 年代初，上海交大划归教育部直属，学校恢复理学科、管理学科，新建文科和新兴学科。1984 年，邓小平亲自接见上海交大干部和教师代表，热情鼓励学校的教育改革。在第六届全国人大第二次会议的《政府工作报告》中，肯定了上海交大的改革。90 年代开始，国家加大投入，加快建设闵行校区，改善办学条件，扩大办学规模，上海交大进入改革发展的快车道。

在全球科学技术迅猛发展的形势下，江泽民两次为母校题词，提出了建设世界一流大学的发展目标。教育部和上海市共建上海交大，批准实施国家旨在提升一流学科水平和创建世界一流大学的“211 工程”“985 工程”。随着综合实力增强，学校提出“综合性、研究型、国际化”的发展战略。跨入 21 世纪的上海交大发挥学科人才优势，利用大型企业的投资实力，得到闵行区政府的支持，实行大学、企业、政府三方战略联合，创建了由大学园区、研发基地、生态社会组成的“紫竹科学园区”合作新模式。交大借力及时拓展闵行校区，校园面积扩大至近 5 000 亩，顺势推进闵行校区二期建设，把世界一流大学的建设目标与新型校园的建设紧密结合，于“十一五”中期实现了闵行主校区的全面竣工和办学重心的顺利转移。1999 年，上海农学院并入交大；2005 年，上海交大与上海第二医科大学合并，成立新的上海交通大学。目前，上海交通大学已成为一所拥有理、工、农、医、文、法、管等学科，并拥有大批科学研究机构、众多附属医院的国内一流、国际知名大学，正在向世界一流大学稳步迈进。

纵观上海交通大学的发展历史，正是中国高等教育事业从无到有，由小到大，由弱到强，不断发展、创新的历史进程。

今天，我们以学校历史发展的纵向脉络为线索，编纂《上海交通大学史》，全书共 8 卷，依学校自身发展阶段划分为 8 个时期，每个时期 1 卷。其中，中华人民共和国成立之前分为 4 卷，之后分为 4 卷。全书共 300 余万字，约 1 000 帧照片。本着“以史为鉴”的精神，我们既注重历史真实性、可读性，更关注学术性、科学性，努力写成一部史料翔实、结构合理、观点鲜明、文风活泼的史学著作。

《上海交通大学史》记录办学历史，展示育人成果，总结经验得失，是学校建设一流大学文化的重要组成部分，必将为创办世界一流大学提供有力的文化支撑。校史研究是一项长期的工作，随着时代的发展与进步，对于一些历史事实的分析见解可能会有新的认识和结论。上海交大的校史研究工作还将继续坚持“以史鉴今、资政育人”宗旨，不断推陈出新，展示更多高水平的研究成果。

学人足迹

解读校史,值得自豪的是,百余年来,上海交大拥有一大批具有先进办学理念和大学精神的校长,拥有一大批学识卓越、众望所归的名师、学者,拥有一大批走出校门后为国家、民族和人类社会作出杰出贡献的莘莘学子。在不同历史时期,这些校长、教师和校友们留下许多精彩纷呈、可圈可点甚至可歌可泣的历史印迹,共同铸就了百年交大的历史丰碑。

第一,交大有一批志存高远、精于治学的校长。一代又一代掌校者为办好交大,为交大的建设与发展竭尽心智、巨擘鼎力,造就了学校的辉煌历史。

他们始终坚持“兴学强国”的教育观。一百多年前,盛宣怀创办南洋公学的目的,就是为了“强国”,提出“自强首在储才,储才必先兴学”,培养“经世济国”人才的思想。唐文治倡导培养“求实学、务实业”的救国人才,要造就“中国之奇材异能”。叶恭绰、黎照寰等是孙中山实业计划的忠实执行者,他们着力培养“实业计划的实行家”“高深建设专才”,以使中国摆脱贫弱,自立于世界民族之林。新中国成立以后,在社会主义工业化建设统一布局下,学校围绕培养多科性工科人才、国防工业人才的任务不懈努力。改革开放以来,学校顺应建设中国特色社会主义的发展要求,为实现中华民族之伟大复兴,以“继往开来,勇攀高峰”的精神,确立了创建世界一流大学的目标,制定并实践了“综合性、研究型、国际化”的发展战略,学科领域不断充实与拓展,逐步形成注重人的全面发展的创新型人才培养模式。交大人就是这样,以国家利益为己任,始终把自己的荣辱兴衰与国家的命运紧紧联系在一起。

他们始终主张“第一等人才”的培养观。唐文治提出了著名的“第一等人才”的培养观:“须知吾人欲成学问,当为第一等学问;欲成事业,当为第一等事业;欲成人才,当为第一等人才。而欲成第一等学问、事业、人才,必先砥砺第一等品行。”“争第一”的思想成为交大百余年来人才培养的基本理念。交大的“第一等人才”,明确以德育为前提和基础。唐文治曾说:“道德,基础也;科学,屋宇垣墉也。彼淹贯科学,当世宁无其人,然或忘身徇利,一旦名誉扫地,譬如基础未筑,则屋宇垣墉势必为风雨所飘摇而不能久固。”长期以来,学校除了专门学科的培养,还注重学生的人格养成。张铸、黎照寰都提出,“注重知识的获得,身体的锻炼,道德的修养,充分准备一切,务使成为一个完全的人。”“完全之人,斯有不朽之事业,此教育之本旨也。”20 世纪 50 年代,彭康强调人才培养“要有明确的方向,这就是为社会主义服务”;应该多培养几个像钱学森那样的人民科学家,才是最大的政治。进入 21 世纪以来,交大十分强调青年学生的科学精神与人文精神的紧密结合,为人的全面发展着力打造健康向上的精神家园。

他们始终坚持以世界先进的办学水准为追赶目标的发展观。唐文治的办学心愿是“冀与欧美各国颉颃争胜”；叶恭绰认为交通大学与欧美大学“未必无同趋一轨之日”；黎照寰力求把交大办成一所国际著名大学。进入20世纪80年代，江泽民为母校题词：“百年大计，教育为本，努力把上海交大办成第一流大学。”1995年12月，江泽民再次为母校百年校庆题词：“继往开来，勇攀高峰，把交通大学建设成世界一流大学。”恰似春雨甘霖，润物无声，“建设世界一流大学”已成为上海交大人的共同理想和奋斗目标。

他们始终践行锲而不舍、坚韧不拔的奋斗观。交大在一百多年办学过程中，一路坎坷，几度危难，曾多次面临中途夭折的困境。但是，掌校者一次又一次坚韧不拔的努力，擎大厦于将倾，挽学脉于临危。首任校长何嗣焜为学校的创建呕心沥血，伏案发病，溘然长逝。1902年底，袁世凯趁校内学潮之机，企图迫使学校停办，盛宣怀不甘校业就此夭折，千方百计筹措办学经费，维系学脉。民国初年，百废待兴，学校又面临经费无着的状况。唐文治带头减薪，师生同舟共济，终于渡过难关。20年代，军阀混战，时局不稳，凌鸿勋临危受命就任交通部南洋大学校长，竭力维持校基，终使学校得以承续。抗战爆发后，黎照寰、张廷金、徐名材、吴保丰等主校者，忍辱负重，历尽艰辛，坚持在上海和重庆两地办学，力保学业不被中断。新中国成立后，学校经历了院系调整、迁校等重大变动，学科、师资、设备等实力大为削弱；又经历“文化大革命”的摧残破坏，上海交通大学的规模、层次一度明显处于国内著名高校之后。“文革”结束，恰逢党的改革开放政策，交大领导班子遵循党的基本路线和方针政策，不失时机地抓住了科教兴国的发展机遇，坚持改革开放实践，在激烈竞争中迈开建设世界一流大学的步伐，获得社会认可和国家支持。

“穷且益坚，不坠青云之志。”面对复杂的局面能够做到独立思考、积极应对，在一次又一次的机遇和挑战中坚持拼搏，力争最好的结果，这正是交大掌校人的基本素养。

第二，交大有一批树人育才、众望所归的名师、学者。交通大学一贯重视教师队伍建设，以拥有高水平的师资为办学之本。20世纪二三十年代，有一批如胡明复、周铭、徐名材、裘维裕、胡敦复、唐庆诒等著名教授。40年代，交通大学在重庆期间，条件十分艰苦，仍然吸引了包括张钟俊、曹鹤荪、辛一心等在内的一批留学归国的青年英才来校执教。正是先贤们无怨无悔地躬耕于三尺讲台，才奠定了交大的百年基业。

他们具有心系国脉、底蕴深厚的爱国情怀。学校创办初期，所聘用的教师大多为中国现代第一、第二代知识分子。他们成长于中国传统文化土壤，又受到新思想的启蒙。在当时腐朽落后的社会现实和帝国主义列强的欺凌面前，他们抱有强烈的救国、报国之志，以“国家兴亡，匹夫有责”为座右铭；坚持独立人格和职业操守，视安贫乐道、坚守节操为人生追求。他们在风雨变幻的时局中,守望真理,矢志不移,决不以原则做交易,不辱教师之神圣使命。南洋公学特班总教习蔡元培曾向封建势力争取学生的民主权利,未果后愤然离校,另组“爱国学社”接纳辍学学生。抗战爆发,交大教师“仰天长啸,壮怀激烈”,有的忍辱负重坚守教师岗位继续传道授业,有的宁可失业不向伪政权弯腰,有的历尽艰辛远赴重庆任教。上海解放前,为保护爱国学生躲避反动军警的追捕,吴保丰、王之卓都曾用校长汽车把学生送出校门到达安全地带。新中国建立后,交大教师以极大热情投入社会主义现代化建设高潮,为了响应党和国家号召,很多交大人告别大上海,毅然奔赴祖国各地艰苦创业,为新中国高等教育事业的蓬勃发展做出贡献。“文革”中,教职工不满“四人帮”的倒行逆施,欲教不能,欲罢不忍,大多仍旧坚守业务岗位,取得众多科研成果。党的十一届三中全会后,交大师生群情激昂、解放思想,率先提出否定“两个估计”,重新恢复“老交大传统”,焕发学术青春,抢回“文革”中失去的宝贵时间,积极开创教学、科研工作的新局面。

他们具有学贯中西、能文能武的真才实学。交大教师大都具有海外留学或工作的背景,同时,他们中的许多人还具有在工商业或政府实业部门的工作经历。他们不仅始终把握世界科技发展前沿动向,而且善于应用科学理论解决实际工程技术问题。交大教师为中国工程教育作出开创性的贡献,把广阔的国际视野和实际的应用能力融入教育与教学,用严格的学术精神开展大量丰富的实践教学以资验证,这些都是交大教师的显著特点。校友们回忆,交大的“实验教育这个过程教导你如何创新”。既有高深学问,又有实际才干和经验,学贯中西、真才实学成为交大教师的基本特征。因此,早在20世纪二三十年代,交大就成为知名高等学府,被誉为“中国工程师的摇篮”。

他们具有传道授业、德技双馨的人格魅力。交大教师融“传道、受业、解惑”于一身,不仅教书,而且言传身教如何做人,把中华文化传统的道德教化、修养情操一并传授给学生。在他们心里,爱国家就是爱交大、爱学生,就是兢兢业业地上好每一节课。授课时,逻辑缜密,析理清晰,出神入化,精美绝伦,讲解科学理论游刃有余,说明实际问题信手拈来。多年以后,学子忆此仍然津津乐道:“如痴如醉,大有孙猴子在听菩提祖师说法时的闻得大道那份喜悦。”邹韬奋回忆国文教员沈永癯“尤其受他的熏陶的是他的人格的可爱”,“是我一生做事所得力的模范。”钱学森在晚年把陈石英、钟兆琳两位老师视为对他“影响最大的老师”,感悟“师恩永志于心”。众多学子在人生重大转折关头都得到交大教师真诚地呵护与无私的教诲。20世纪80年代后,交大的唐坤发、晏才宏、金正均等教师业务精湛,教学执着,深受学生爱戴,即使遭受病痛折磨,仍然坚持到生命的最后一刻,鞠躬尽瘁,死而后已。有学生怀念曾继铎教授,撰写对联,上联为“读万卷书,行万里路,桃李满天下”,下联为“不谄不媚,傲骨铮然，浩气留人间”，横批“一代名师”，可谓对交大教师学识与人格的高度概括。

第三，交大有一批秉承校风、勇于担当的莘莘学子。古今中外，校友是学校的财富，是母校的骄傲，交大更甚。交大学生的心声是“今天我以交大为荣，明天交大以我为荣”，莘莘学子带着“饮水思源、爱国荣校”的母校情怀离开交大，走向社会。

他们传承着优良的爱国传统。叶恭绰校长回忆道：“交大学风，素称淳实”，“本校学生，潜心努力，有爱国不忘求学，求学不忘爱国之风。”“捐躯赴国难，视死忽如归。”辛亥革命前后，校友唐榕柄在广州、白毓昆在滦州，一南一北，响应革命，后均英勇就义。五四运动、五卅运动、“一二·九”运动中，交大学生都积极参与。在抗日战争及历次革命战争中，交大学生挺身而出，前赴后继，一些人因此献出了宝贵生命。侯绍裘、陈虞钦、邹韬奋、费巩、杨大雄、杨潮、曹炎等革命英烈长眠在上海龙华、南京雨花台、重庆歌乐山及各地烈士陵园之中。1945年后，交大的爱国进步学生战斗在第二条战线上，为争取民主进行顽强斗争，穆汉祥、史霄雯惨遭杀害，烈士安葬在交大徐汇校区的校园里，竖立纪念碑，成为永远的纪念。新中国成立后，交大毕业生满腔热情在祖国各地投身社会主义建设事业，涌现出无数优秀人物和先进事迹。黄志千、华怡等是他们的突出代表，成为交大人学习的楷模。

他们发扬了勇于创新的科学精神。探索科学、坚持真理是交大人的不懈追求。物理学教授裘维裕曾说：“大学的使命，是要养成一种健全的人格，训练一种相当的科学思想，有了这种训练，毕业之后，无论什么工作都可以担负，都可以胜任。”交大人把求真务实作为毕生的行为准则，处理问题喜欢“较真”，先要弄清道理再下结论。物理系1947年毕业生胡国定体会到，交大的学生“对复杂的新事件，总要先独立思考弄清楚问题，再下决心怎么去做。这就是交大的‘慢热’”。许多校友回忆说，交大培养了我们独立工作能力，交大教会了我们怎样去做研究；独立思考，遇到问题自己去解决已成为交大学生的习惯。这也是他们具有开拓创新能力的重要原因，为国家建功立业的素质基础。百余年来，在献身科技事业的交大校友中，有“人民科学家”钱学森，“国家最高科学技术奖”获得者吴文俊、徐光宪、王振义等；还有我国第一台中文打字机发明者周厚坤，第一台变压器的设计制造者周琦，第一台发动机的设计制造者支秉渊，第一架喷气式歼击机的设计制造者黄志千、“歼-7之父”屠基达、“歼-8之父”顾诵芬，第一枚液体燃料探空火箭的设计制造者王希季，第一艘万吨远洋货轮“东风号”的总设计师许学彦，第一艘核潜艇的设计者黄旭华，第一台自主设计与集成的作业型深海载人潜水器“蛟龙号”总设计师徐岂南，第一艘航空母舰“辽宁舰”总设计师朱英富，等等，他们的业绩在中国科学技术发展史上留下了浓墨重彩的一笔。

他们展现了始终如一的实干风格。求真务实是交大师生最鲜明的风格。学生在校经过严格的科学培养和精准的实验训练,深植实事求是的思想根基。唐文治校长提出“实心实力求实学,实心实力务实业”的要求;学校逐渐形成了“务朴纳,汰浮华,好实践,恶空谈,学则中西并重,而以实用为归”的校风。百余年来,交大的学子遍布各行各业,上天入地下海,声光电化齐备,既是先锋队,逢山开路、过水搭桥;又是螺丝钉,不计名利、默默奉献。交大学生崇尚实干、不骛空谈,敏于行,讷于言,能摈弃浮躁,作风扎实,实践动手能力强,已成为社会口碑。

1926 年 10 月,在学校 30 周年校庆时,为感谢培养之恩,原师范班校友捐建的自流井取义“饮水思源”赠予母校;此后,“饮水思源”碑矗立在交大校园,成为交大标识,代代相传。改革开放以来,海内外校友纷纷回校,关心母校的建设与发展,许多人捐资助学,回馈母校,一幢又一幢由校友捐赠的建筑物出现在徐汇、闵行等校园中。地球虽大,“饮水思源”亦如磁石般吸引着天涯海角的交大人遥相呼应。“饮水思源,爱国荣校”是一种承诺,它把质朴的感恩与交大人扎实勤奋的事业心紧紧联系在一起;“饮水思源,爱国荣校”是一种情怀,它把道德、理想、情操与交大人崇尚的价值观紧紧联系在一起;“饮水思源,爱国荣校”是一种境界,它把学子与母校、个人与国家、民族与人类、历史与现实、科学与进步都紧紧地联系在一起,凝聚成交大人的世界观、人生观和价值观。

一代又一代交大学子,带着他们的智慧、学识和人生理想,走向大海,走向蓝天,走向祖国最需要的地方。无论是风雨如晦的年代,还是奋发图强的岁月,无论是工业现代化的召唤,还是改革开放奔小康的实践,无论立足国内,还是走出国门,他们都在人生的舞台上,显身手、展才华,以他们的聪明才智和热血青春回馈祖国、回馈社会、回馈全人类。在一百多年的办学历程中,黄炎培、邵力子、李叔同、蔡锷、王宠惠、蒋梦麟、邹韬奋、陆定一、汪道涵、钱学森、周建南、吴文俊、徐光宪、李天和、江泽民、葛守仁、王振义等都是交大学子的杰出代表。数十万交大人足迹遍及海内外,他们把交大的拼搏精神与实干作风带向四面八方。

思源致远

2006 年,上海交大建校 110 周年之际,江泽民再次为母校题词:“思源致远”。这是对中华民族悠久的传统文化与交大百年传统精神相结合的高度概括。

“思源”最早见于北周庾信的《徵调曲》:“落其实者思其树,饮其流者怀其源。”表达了人们质朴的感恩情怀。“致远”在《周易》《论语》中均有表述,最著名的应为诸葛亮《诫子书》中“非澹泊无以明志,非宁静无以致远”,成为一代又一代知识分子的座右铭。

交大人为“思源致远”赋予了更深刻的意义。“思源”,凝聚着交大人对于自然、人文和社会的深厚浓重的历史观；“饮水思源，爱国荣校”被广大师生和校友们公认为交大校训。除此之外，交大人常思社会历史之源，常思人类认知之源，常思科学探究之源，寻求探索真理、开拓创新的力量源泉。“致远”，彰显出交大人刚毅淡定、高瞻远瞩的发展观。盛宣怀办学时就提出：“窃惟时事之艰大无穷，君子以致远为重。”黎照寰校长则教导学生：“才识丰，体力雄，志行高，具此三者，始能任重致远，为国效劳。”20世纪初公布的《上海交通大学章程》提出了学校的使命：建设“综合性、研究型、国际化的世界一流大学”。“思源致远”，引领着交大人在学校建设、国家自强、民族复兴的伟大事业中树立应有的境界、胸怀和高尚追求，承担起作为一名交大人必须承载于肩的历史责任。

“无边落木萧萧下，不尽长江滚滚来。”回顾上海交通大学所走过的一百多年历史，怎不令人浮想联翩。历史长河，征途漫漫，交大人闯过了一次又一次艰难险阻；面向未来，交大人仍将不懈求索，勇于面对一次又一次机遇和挑战。历史已证明，交大人必须同舟共济、结伴前行；再铸前程更要求交大人别无旁骛、同心协力。

“建设世界一流大学”是一代又一代交大人共同的梦想。在此，我们谨以这部《上海交通大学史》奉献给每一位关心和热爱交大的师生和朋友，让《上海交通大学史》成为交大历史丰碑上的又一块基石，承百年薪火，续千秋伟业。

王宗光

2011年2月第一稿

2015年12月31日修订

目 录 | CONTENTS

前　言

本卷是《上海交通大学史》的第五卷，记录了1949年5月至1959年7月共10年的历史，全卷共八章。

1949年5月27日，上海全部解放。6月15日，中国人民解放军上海市军事管制委员会接管“国立交通大学”，交通大学进入历史新起点。

为了巩固新生的人民政权，尽快恢复经济、发展生产，1949—1952年，党和政府在政治、经济等领域先后开展了稳定物价、取缔各种社会丑恶现象、土地改革、镇压反革命以及抗美援朝等伟大斗争。交大师生员工以极大热情投入到保卫新中国、建设新中国的各种活动中。他们走上街头，开展反银元投机的宣传；参与防空袭、反轰炸的斗争；台风袭沪，奔赴南汇海堤救灾抢险；战斗在严寒的治淮工程第一线；踊跃报名参军、参干；投身东北国家工业建设的第一线，表现出崭新的精神面貌。

新中国成立初期，我国高等教育的首要任务是完成从旧教育到新民主主义教育的转变，努力建设与经济、政治相适应的新教育制度。为此，党和政府对原有学校有计划地接管、接收、接办，并进行了初步改造。交通大学是上海解放后人民政府第一所接管的高等学校。学校被接管后即成立了以吴有训为主任委员的校务委员会，调整了行政机构，制定了一系列规章制度；根据新民主主义教育方针，取消了国民党的训导制度，在全校开设“社会发展史”等新的政治理论课程；贯彻以“培养新民主主义社会建设人才”为目标的办学思想，实行了统一招生和毕业生分配制度；结合社会政治运动，在师生员工中广泛开展肃清旧思想、树立为人民服务思想的自我教育和思想改造运动。

1952年2月,根据中共上海市委组织部通知,交通大学成立党委会,任命李培南为书记。同年11月,毛泽东主席任命彭康为交通大学校长、陈石英为副校长。

解放初期,为适应新中国建设需要,中央对全国高等院校进行了"院系调整",交大定为多科性工业大学。交大理学院、工学院、管理学院的院级机构撤销;机械、电机、造船3个门类的系和专业得到兄弟院校调入专业师生而充实和加强,但交通大学数学系、物理系、化学系、土木系、航空系、水利系、化工系、纺织系等先后或撤销,或调至其他兄弟院校,或参与建立新的院校,如华东化工学院、华东纺织工学院、华东水利学院、华东航空学院、成都电讯学院等。

1952年院系调整的同时,全国高等院校开始了学习苏联教育经验的教学改革。交大开始按专业培养人才,执行统一教学计划和教学大纲,恢复招收研究生,改革课程与教材体系,引进苏联教材,聘请苏联专家,建立基层教学组织教研室,充实和新建一批实验室,广泛开展教学法研究。通过这些改革,学校建立了严密的教学组织系统,改进了课堂教学,同时老交大重视基础理论、重视实验和生产实习的教学传统得到继承和发扬,教学水平有所提高。教学改革带动了科研工作,学校初步开展了以老教师为主的科研工作,教学科研都取得成果。

1955年,国务院决定交通大学内迁西安。1957年国务院批准交大分设交大(上海部分)与交大(西安部分)的方案,上海造船学院、南洋工学院(筹)并入交大(上海部分)。1959年7月,国务院决定交大上海和西安两部分独立成为上海交通大学和西安交通大学。在此之前,1959年3月中共中央指定上海交大、西安交大为全国16所重点大学之中的两所。交通大学分设为上海交通大学和西安交通大学,这是交通大学为新中国高等教育事业作出的重大贡献。

1957年由于反右斗争扩大化,一些师生被错划为右派。1958年在"大跃进"热潮中,一度以群众运动方式开展教育革命,大搞生产劳动、大炼钢铁、科研献礼,打乱了正常的教学秩序,教师在教学中的主导地位没有得到尊重,挫伤了广大知识分子的积极性。1958年底在中央和上海市领导下,错误及时得到改正,回到教学为主,"教好,学好,管理好,安排好"。教授们坚持深入实际,开展科学研究,并取得成果。在向科学进军的号召下,上海交大新建了工程物理、工程力学、自动控制等一批新专业,建成了当时我国第一座现代化的双轨拖曳式船模试验池以及其他一些较高水平的实验室。

1959年秋,上海交通大学已发展到10个系、30个专业、51个实验室,学科涵盖造船工程、火箭技术、机械电机工程、原子能、材料冶金工程等。[①] 10 年来，交大为国家培养了本科毕业生 8 701 人，研究生 281 人。[②] 1959 年，上海交大有 891 名教师，其中教授 58 名、副教授 28 名、讲师 179 名。[③] 完成了 189 项达到当时国内先进水平的科研项目。这一时期培养的学生毕业后很多成为国家建设的技术骨干和党政干部。1949—1959 年这 10 年，交大的发展和对国家的贡献是巨大的。

① 上海交通大学校史编纂委员会编：《上海交通大学纪事(1896—2005)》(上卷)，上海交通大学出版社 2006 年版，第 504、515 页；上海交通大学档案馆历史档案(以下简称上交档)：长-565。

② 上海交通大学校志编纂委员会编：《上海交通大学志》，上海交通大学出版社 1996 年版，第 252、253、255、256 页(以下注释略去编纂者)。

③《上海交通大学志》，第 175 页。

第一章
交通大学历史新起点

第一节　上海市军管会接管交通大学

一、恢复上课和悼念英烈

1949年5月24日夜，中国人民解放军进入上海市区。25日清晨，交通大学校门口已有中共地下党组织的人民保安队在站岗了。人们奔走相告：上海解放了，我们解放了！中午，一面鲜艳的大红旗在校门口飘扬，学校“九头鸟”扩音机播出了雄壮的《人民解放军进行曲》，新搭起的牌楼挂着一副对联：“载歌载舞迎解放，全心全意为人民。”之前被迫在绍兴路中华学艺社和亲友家借宿的学生陆续返回校园，与留守在校内的职工汇合。工程馆、科学馆里人声鼎沸，各班学生热火朝天地书写“欢迎中国人民解放军”的横幅、标语，制作小旗，刻印传单，也有人排练歌舞与活报剧。5月26日，由学生自治会组织1 000多人的“交通大学人民宣传队”敲锣打鼓，走上街头，欢庆解放。从徐家汇出发，直至外滩，一路上唱着革命歌曲，扭着秧歌，并沿途散发传单；在闹市区，还表演解放区流行的舞蹈《兄妹开荒》，上演庆祝解放的自编“活报剧”。

1949年5月27日，上海全部解放。

欢庆解放，学生们扭秧歌

师生庆解放，迎接管

5月25日，王之卓校长因“身体虚弱请假”。[①] 为了尽快复课，在地下党推动下，教授会推举校应变委员会主席陈石英、教务长曹鹤荪、总务长王龙甫、理学院院长周同庆、工学院院长王达时5人组成临时校务维持会，陈石英为召集人。在全市还未全部解放的25日，学校即召开第一次会议，决定通知师生员工

---

① 《王之卓手札》。上交档：LS3－337。

即日回到校内积极筹备复课；清理校园，整理水、电、煤气；加强警卫工作；将疏散期间寄存校外的仪器和被借用的教具全部运回学校。28日，校务维持会召开第四次会议，决定6月2日全校复课。

在临时校务维持会带领下，各项整理恢复工作有条不紊地进行。6月2日全校复课，到校学生2 300多人。学校确定本学期授课至7月2日，期终考试为7月4—14日。

5月29日，召开解放后的第一次教授会全体会议，决定为在解放前夕被国民党杀害的本校学生穆汉祥、史霄雯两烈士举行追悼会。王之卓校长身体康复，临时校务维持会工作结束，校行政机构恢复正常运行。

6月1日，“上海各界青年纪念‘五卅’大会”在交通大学新文治堂（即徐汇校区大礼堂）举行。交大地下党总支委员、学生自治会负责人及部分同学代表参加大会。中国人民解放军上海市军事管制委员会主任陈毅到会发表演讲。交大学生为大会站岗放哨，保证了会议顺利进行。

6月5日，交大举行“穆史两烈士追悼会”。穆汉祥，1945年考入交大电讯管理系，1947年加入中国共产党。任交大地下党总支委员。1949年4月30日被特务发现被捕。史霄雯，1945年考入交大化学系，后当选为交大学生自治会执委，1949年4月加入地下党外围组织“新青联”。1949年5月2日被捕。两人于5月20日在上海闸北公园英勇就义。

上午10时半，交大师生员工千余人去上海殡仪馆迎灵柩返校。从容闳堂（即总办公厅）门前到上院、中院直至图书馆门口，站满了迎殡队伍。下午3时，追悼会由学生自治会、史穆烈士治丧委员会联合主持，在新文治堂举行，台上悬挂着两位烈士的大幅遗像，台前摆满各方敬献的花圈。交大师生员工及其他学校代表2 000多人参加了追悼会。中共上海市委青

穆汉祥烈士

史霄雯烈士

年工作委员会书记张本致悼词,上海市总工会代表张祺及各方代表先后上台发言,深切缅怀烈士英雄事迹。会后,两位烈士遗体安葬在交大校园内大草坪西南侧。

1950年5月6日,校务委员会主任委员吴有训写信给陈毅市长,请他为烈士墓题词。陈毅应允,翌日复信吴有训:

有训先生:

承嘱题字,兹照办,不知合格否?最好不用,另请人写。多年不写毛笔字,提笔时不胜惶恐。即颂

教安

弟 陈毅 顿首

五月七日

1950年5月7日,陈毅给吴有训回信并为穆汉祥、史霄雯两烈士墓碑题词

陈毅随信寄来题词:“为人民利益而光荣就义是值得永远纪念的”。

当天,吴有训也为史、穆烈士墓题词:“我们誓踏着你们的血迹前进,为建设新民主主义新中国而斗争”。[1]

烈士墓坐南朝北,底座为圆形水泥高平台,正北面设五级台阶,意喻烈士

① 《上海交通大学纪事(1896—2005)》(上卷),第427页。

捐躯在红五月。南端立着莲花座基石的高大石柱墓碑，碑的正面刻着“史霄雯、穆汉祥二烈士之墓”，下方镶嵌着两烈士的瓷质遗像。碑两侧分别镌刻着陈毅和吴有训的题词，下方为烈士生平事迹简介。墓地周围植上苍松翠柏。

位于徐汇校区的史霄雯、穆汉祥烈士墓

1999 年 4 月，史、穆两烈士牺牲 50 周年之际，学校重修了烈士墓。原碑柱及刻在上面的烈士遗像及题词均保留，圆形平台和台阶的面积放大并落低，全部铺上花岗石。

烈士墓自 1950 年建成后半个多世纪，每逢清明，成千上万的上海青少年和一届又一届的交大学子都来到这里，祭扫墓地，缅怀先烈。许多次入党入团的宣誓仪式也在这里举行。20 世纪 80 年代起，围绕史、穆烈士墓，学校又陆续建起了英烈群雕，移置了五卅纪念柱，重建了杨大雄烈士纪念碑等。如今的烈士墓已成爱国主义教育基地，四周苍松翠柏也早已枝繁叶茂。

二、市军管会接管交大

1949 年 5 月上旬，中共中央华东局在江苏丹阳召开会议（史称丹阳会议），研究部署上海解放后的接管工作。邓小平、陈毅等党军政领导和上海各系统地下党负责人及准备参加接管的南下干部参加了会议。会议根据中央和华东局关于城市接管工作的指示和政策，对解放后的上海制定了“按照系统，整套接收，调查研究，逐步改造”的方针，本着“稳步前进，实事求是”的精神，时间上分为接收、管理、改造三个时段，[①]并按系统确定了各接管工作的具体政策。会议期间，成立了上海市军事管制委员会和下属各系统接管机构，具体负责接管上海高等学校的是上海市军管会高等教育处。高等教育处根据地下党所提供的资料，开始对上海高等院校的情况进行摸底，筹划入城后接管工作的具体步骤与方法。

① 中共上海市委党史研究室编纂：《中共上海历史实录》，上海教育出版社 2004 年版，第 6 页。

当时上海共有大专院校48所,其中公立15所、私立27所、教会学校6所。[①] 交通大学作为公立学校中的国立大学,规模最大,历史悠久,拥有一大批知名教授,曾培养出许多杰出人才,在上海乃至全国高校中具有举足轻重的地位和广泛的影响。交大具有革命传统,地下党的力量强,学生运动广泛深入,享有"民主堡垒"之称。校长王之卓爱国、正直,同情学生运动,拒绝随国民党去台湾。因此,丹阳会议上,决定在重点接管的四所国立大学中首先接管交通大学,以取得经验,加以推广。

当年负责接管交通大学的上海市军管会文化教育接管(管理)委员会(简称"文管会")高教处副处长、军代表唐守愚后来撰文回忆说:

> 我们对于高等学校,大致是按学校领导的左、中、右的政治态度来分析的。我们接管工作的重点,在高等学校方面是四所国立大学,就是交通大学、复旦大学、同济大学和暨南大学。……交大在当时曾被称为上海的"民主堡垒"……当我们开始进行接管时,由于没有经验,决定采取突破一点,取得经验之后再全面铺开的办法。我们首先接管了各方面条件都比较好的交通大学。[②]

上海高等院校的接管工作自1949年6月中旬开始。为了顺利推进接管工作,接管之前,市军管会和市人民政府多次召开知识界人士会议,宣传党的方针政策。1949年6月5日,上海市人民政府召开文化教育界人士座谈会,到会的有科学、文化、教育、新闻、出版、文艺、戏剧、电影、美术、音乐、游艺等各界知名人士共162人。交通大学教授吴有训、陈石英、钟伟成、钟兆琳参加了会议。会上,上海市军管会主任、市长陈毅对中国共产党的文化教育方针政策进行了详细的宣传解释。号召上海文化教育界人士团结合作,共同建设新中国。吴有训、钟兆琳等先后在会上发言。曾任南京中央大学校长的吴有训讲述了国民党几次策动他去台湾,都被他巧妙拒绝,并表示愿在中国共产党和人民政府领导下,以"苦干、实干、硬干"建设新中国。钟兆琳在发言中建议技术界应该和产业界密切合作,发挥集体的力量,建设新中国。[③]

6月6—7日,交大代表又分别出席了由上海市军管会高教处召开的国立大专和私立大专学校校长院长及教授、学生代表联合座谈会,对党的"按照系统,整套接收,调查研究,逐步改造"的接管方针有了进一步的了解。

---

① 中共上海市高等教育局党史资料征集领导小组办公室编:《中共上海市高等教育系统党史大事记(1949.5—1989.12)》,第7页。

② 唐守愚:《回忆上海高等学校接管前后的统战工作》。石鸿熙主编:《接管上海亲历记》,上海市政协文史资料编辑部1997年12月出版,第361-363页。

③《解放日报》1949年6月10日。

6月15日，饶漱石、陈毅特别邀集上海市“十老”座谈。“十老”为：交大教授吴有训，交大老校长张元济、唐文治，交大著名校友茅以升，以及颜惠庆、蔡元培夫人周峻、竺可桢、陶孟和、陈望道、俞寰澄。

通过这些工作和接触，缩短了广大知识分子和中国共产党的距离，加深了他们对党的知识分子政策和接管方针的理解，有效地消除了人们的疑虑，为高校的顺利接管创造了条件。

1949年6月15日，交大校门口扎起高高的牌楼，校园贴满欢迎接管的标语。上海市军管会文管会高教处副处长、军代表唐守愚代表上海市军管会正式接管交大。上午9时半，在掌声和震耳欲聋的鞭炮声中，市文管会副主任夏衍，军代表唐守愚，顾问施复亮，高教处副处长李亚农、李正文以及杨西光等来到交大。10时，接管仪式在新文治堂举行。校长王之卓在会上首先致辞，称这是交大历史上划时代的新纪元，相信今后交大全体师生员工在中国共产党和人民政府领导下，发扬交大的优良传统，将所学献给人民，走向为人民服务的正确道路，前途一定无限光辉。[①] 接着，唐守愚宣读了上海市军事管制委员会“文字第壹号令”：[②]

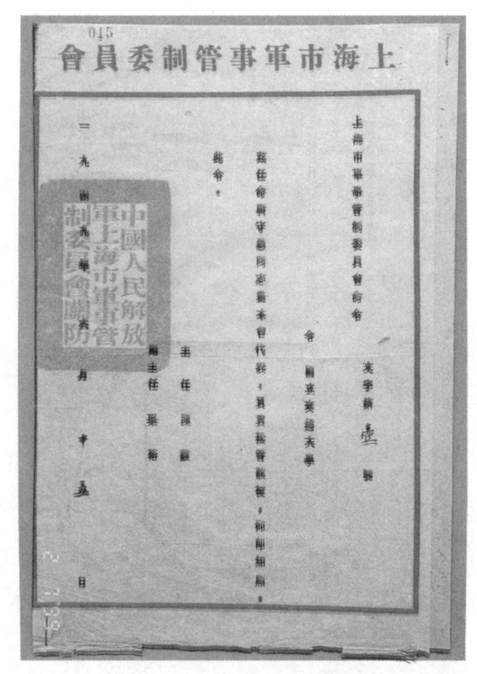
上海市軍事管制委員會

上海市軍事管制委員會命令　文字第壹號

令　國立交通大學

茲任命唐守愚同志為本會代表，負責接管該校，仰即知照。

此令。

主任　陳毅

副主任　粟裕

一九四九年六月十五日

1949年6月15日上海市军事管制委员会命令（文字第壹号令）

国立交通大学：

兹任命唐守愚同志为本会代表，负责接管该校，仰即知照。此令。

主任陈毅　副主任粟裕

1949年6月15日

唐守愚在接管仪式上发表讲话，阐明人民政府接管高校的方针是“改造旧教育，建设新教育”，宣布取消国民党的“党义”“公民”等政治课程和训导制度，解散校内一切反动团体。唐守愚还就学校的人事、工薪问题作了具体说明。他说，人事方面，根据“保持现状、逐步改造”的原则，自校长以下所有教职员工应一律照常供职，安心工作；下学期的聘书，凡是愿意继续任教任职，原则上一

① 《解放日报》1949年6月16日。

② 上海市档案馆档案：B1－1－1071。

律照发;至于教职员的地位是否有保障,凡有真才实学,为学生爱戴拥护的,一定有保障;今后校务的推行,根据平津各大学的经验,最好由教授、学生、职员组织一个临时的校务委员会,辅助校长处理校务,工友代表亦应该参加讨论有关员工福利事项的会议;薪金待遇问题,现在正在商讨一个公平合理的标准;学生公费问题,今后应以自报公议的办法,务使贫苦的学生得到生活补贴;学校经济公开,预算收支公平合理,杜绝浪费。唐守愚表示,今天这个隆重的接管典礼,是中国人民解放军和在国民党反动统治下坚持斗争、有着"民主堡垒"光荣称号的交大师生这两股力量的胜利会师。他对交大师生表示敬佩,号召全体师生员工一致为建立新中国的交大,人民自己的交大而斗争。[①]

接着,上海文管会副主任夏衍讲话,他说:交大培养出来的都是建设人才,希望各位同学重视自己所负的责任,共同把落后的农业国建设成现代化的工业国家。

教授代表陈石英、曹鹤荪,讲师助教代表胡永畅,学生代表林雄超等也相继发言,表示一定为建立新民主主义的中国而努力。接管仪式结束时,会场上响起"跟着共产党走"的嘹亮歌声。

接管仪式程序

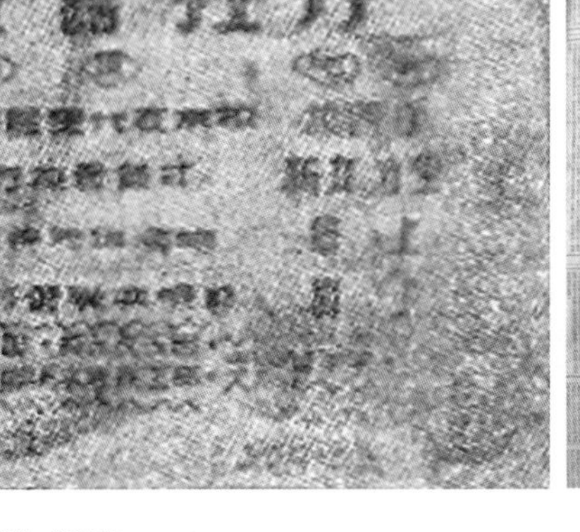
解放日报

连日破获现案三起

军管会昨接管交大

《解放日报》刊登市军管会接管交大消息

三、清点校产和办理交接

接管仪式结束后第二天,6月16日,学校在容闳堂召开了全校各方面代表参加的座谈会。唐守愚提出接管工作的第一步是对交大的校产进行全面清点,清点工作要依靠全校师

① 《解放日报》1949年6月16日。

生来进行，希望通过清点，师生员工能全面了解学校情况，以便今后更好地管理好自己的学校。为了有组织、有领导地做好这项工作，6 月 17 日，学校成立了由 21 人组成的清点委员会，委员人选包括教授、讲师、助教、学生、技工，唐守愚为负责人。清点委员会设常委会，由军代表唐守愚、军管会联络员甘京林、教授会代表张鸿、讲助会代表胡永畅、学生代表林雄超等 5 人组成。清点委员会下设秘书、会计、总务、教务 4 个处。同日，清点委员会向全校发出第一号通告，宣布即日开始办公，19 日开始大清点。

6 月 18 日，王之卓以校长名义布告全校，通知各院、系、科、所，各处、组、室及各实习工厂等所有单位主管人员，务必在 6 月 19 日、20 日上午 8 时准时到校，亲自办理清点移交。20 日（星期一）停课一天。①

全校所有部门编制清点清册 101 本。参加清点工作的师生员工计约 900 人，其中学生 800 人（主要是一、二、三年级学生），教职工 100 人，分成 90 个清点小组。②

为配合搞好清点工作，学生自治会在学生中进行动员，在校内各处张贴了大幅标语口号，并在《交大生活》刊登清点快报，及时报道各小组工作进展情况，交流经验。

6 月 19 日早晨，参加清点的人员都集中在图书馆前的大草坪。唐守愚发表了简短讲话，清点工作正式展开。经过 2 天紧张工作，20 日清点工作基本结束，部分遗留或一时难以解决的问题持续至 7 月 1 日全部结束。

6 月 24 日，清点委员会公布了主要清点结果：截至 1949 年市军管会接管交大时，交大共设 3 院、17 系、1 个专修科和 1 个研究所；库存财产共计有：黄金 63.207 两、银元 30 枚、人民币 1 555 542 元，③福特轿车 1 辆、吉普车 1 辆；校园土地共 505.314 亩，其中校本部 361.3 亩（包括建筑基地 48.475 亩、园地 24.6 亩、空地 191.305 亩、被棚户占用地 96.92 亩），校外的原同文书院地块 140.619 亩，④校外宿舍 3.395 亩；校舍建筑房屋 53 幢，总建筑面积 56 510 平方米，其中教学用房 23 441 平方米，教学辅助用房 3 611 平方米，校、系行政用房 7 873 平方米，生活及福利用房 12 974 平方米，其他用房 8 611 平方米；校园内树木 40 余种，计

---

① 上交档：永 2－1－1。

②《上海交通大学纪事（1896—2005）》（上卷），第 420 页。

③《交大清点委员会工作报告》1949 年 6 月 24 日，上交档：长－2。

④ 关于原同文书院基地，占地面积 140.619 亩。在抗战胜利后，作为对国立交通大学的战争赔偿，政府把虹桥路原同文书院地块调拨给国立交通大学使用。1949 年转账时，发现产权有纠纷。该地块划分为三部分：一、44.897 亩在虹桥路以北为棚户占用，且产权有纠纷。二、51.488 亩在虹桥路以南，产权有纠纷；三、44.234 亩也在虹桥路以南，产权无纠纷，已准予转账。1951 年 8 月，根据华东军政委员会教育部的指示，学校虹桥路两侧原同文书院全部地皮 18 丘（1 丘相当于 5 亩）移交华东政法学院使用。1952 年 9 月 25 日经华东高等学校院系调整委员会决定，将原由华东军政委员会调拨给华东政法学院接管的原同文书院地皮全部移交回交通大学使用。

1 226棵；图书馆藏书107 585册，中文期刊1 500种，西文期刊814种，报纸55种；图书馆有普通阅览室3间，新文化阅览室1间，报刊阅览室1间；实验室仪器设备总金额191亿元(旧币)。①

交大的校产清点工作开始得早，进展顺利。清点委员会在工作总结中认为政治上的收获比清点本身要大，它不但清点了财产，特别是通过清点工作，师生们切身感受到自己参与了学校的管理，树立了主人翁的责任感。唐守愚在回忆交大接管工作时也说："由于原校长王之卓的积极合作和教职员工特别是学生会的大力支持，接管工作进行得很顺利。3天之后即开始进行对其他单位的接管，并在一周内全部完成了接管工作(包括对科研单位的接管工作)。"②

第二节 成立校务委员会

一、吴有训任主任委员的校务委员会

在接收工作结束后，上海市军管会和市人民政府决定交通大学成立校务委员会，领导和管理学校。

在校务委员会任命前，市军管会曾分别听取一部分教授、讲师、助教、职员、学生的意见。

7月29日，陈毅、粟裕签署《中国人民解放军上海市军事管制委员会命令》("文高教字第壹号令")，全文如下：③

国立交通大学：

兹派吴有训、陈石英、王之卓、钟伟成、陈大燮、朱物华、陈维稷、钟兆琳、王龙甫、黄席棠、曹鹤荪、裘维裕、张鸿、张震、汪旭庄、胡永畅、蒋大宗、沈友益(学生代表)、张立秉(学生代表)为国立交通大学校务委员，并以吴有训、陈石英、王之卓、钟伟成、陈大燮、朱物华、陈维稷、胡永畅、沈友益为常务委员，吴有训为主任委员，陈石英为副主任委员，以陈大燮兼教务长，王龙甫兼秘书长，朱物华兼工学院院长，裘维裕兼理学院院长，钟伟成兼管理学院院长。除分令各新任人员即日到职视事外，

---

①《上海交通大学纪事(1896—2005)》(上卷)，第420页。

② 唐守愚:《回忆上海高等学校接管前后的统战工作》。《接管上海亲历记》，第363页。

③ 上交档:永-1。

着该校原有负责人克日办理移交，并将交接情况具报。

此令！

主任陈毅　副主任粟裕

1949 年 7 月 29 日

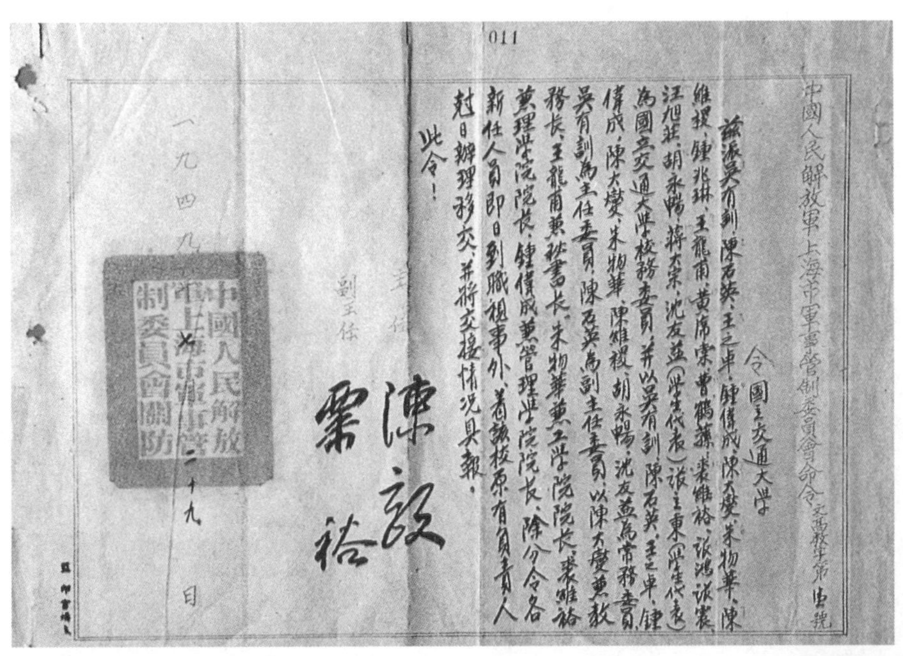
011

中國人民解放軍上海市軍事管制委員會命令 文高教字第壹號

令國立交通大學

茲派吳有訓、陳石英、王之卓、鍾偉成、陳大燮、朱物華、陳維稷、鍾兆琳、王龍甫、黄席棠、曹鶴蓀、裘維裕、張鴻、張寰、江旭莊、胡永暢、蔣大宗、沈友益(學生代表)、張主東(學生代表)為國立交通大學校務委員，并以吳有訓、陳石英、王之卓、鍾偉成、陳大燮、朱物華、陳維稷、胡永暢、沈友益為常務委員，吳有訓為主任委員，陳石英為副主任委員，以陳大燮兼教務長，王龍甫兼秘書長，朱物華兼工學院院長，裘維裕兼理學院院長，鍾偉成兼管理學院院長，除分令各新任人員即日到職視事外，着該校原有負責人尅日辦理移交，并將交接情況具報。

此令！

主任 陳毅
副主任 粟裕

一九四九 七 二十九 日

中國人民解放軍上海市軍事管制委員會關防

1949 年 7 月 29 日，上海市军事管制委员会命令(文高教字第壹号令)

吴有训

吴有训(1897. 4. 26—1977. 11. 30)，字正之。江西高安人。著名物理学家、教育家。1920 年毕业于南京高等师范学校。1926 年获美国芝加哥大学物理学博士学位。先后任清华大学、西南联合大学物理系教授、系主任，中央大学校长，中国物理学会理事长，中央研究院院士、评议员。1948 年 12 月聘为交通大学物理系教授。1949 年 7 月任交通大学校务委员会主任委员。1950 年 1 月调任华东军政委员会文化教育委员会副主任兼教育部部长。同年 8 月离校赴任。此后，历任中国近代物理研究所所长、中国科学院学部委员(中科院院士)、中国科学院副院长等职。

校务委员会成立后立即开始工作。8 月 16 日，校务委员会第三次会议，

通过由王之卓等5人起草的《国立交通大学校务委员会组织章程》。全文如下：[①]

第一章 总则

第一条 本会依据上海市军事管制委员会(以下简称军管会)命令组织之。

第二条 本会为本校最高权力机构。

第二章 组织

第三条 本会设委员十九人，由军管会指派教授十五人，讲助二人及学生代表二人组成之。

第四条 本会设常务委员九人组织常务委员会，由军管会就校务委员会中指派教授七人、讲助一人、学生代表一人组成之。

第五条 本会设主任委员及副主任委员各一人，由军管会从常务委员中指派之。

第六条 本校教务长、各院院长、秘书长由军管会就校务委员中指派兼任。

第七条 本会得就校务之需要组织各种临时特种委员会，其人选得聘请非本会委员担任之。

第八条 本会职权如下：

(一) 关于全校校务之策划与执行；

(二) 关于本校行政系统编制之订定；

(三) 关于全校人事之聘任委派及考核；

(四) 关于全校经费之预算分配及审核；

(五) 关于本校教务策划与推进；

(六) 关于本校师生员工福利事项之举办。

第九条 常务委员会为本会之常设机构，负责执行本会决议之一切事项，并处理本校之经常校务。

第十条 主任委员为本会之总代表人，依照本会之决议为全校校务之经常总执行人，副主任委员协助主任委员处理校务，在主任委员缺席时代理主任委员之职务。

第三章 会议

第十一条 本会全体委员例会每月举行一次，必要时得由常务委员会临时召集之，由主任委员任主席。

第十二条 常务委员例会每星期举行一次，必要时得由主任委员临时召集之，

① 上交档：永-2。

由主任委员任主席。

第十三条 本会开会时本会委员不得派遣代表出席，但常务委员会开会时得请其他校务委员代表出席。

第十四条 开会以全体人数三分之二为法定人数。

第十五条 校务委员会及常务委员会会议时指定有关人员列席。

章程体现了新中国初期的教育管理，改解放前由校长领导学校为校务委员会领导，成员具有代表性。委员来自教授、讲师、助教、学生4个方面。19名委员中，教授15人，占总人数的80%；常务委员9人中，教授就有7人，约占总人数的78%。他们都是爱国人士，在学术界有很高声望。几位委员分别兼任各院院长及教务长、秘书长等。

二、校务委员会工作的开展

跨入新历史时期的交通大学百废待兴，校务委员会成立后就投入紧张的工作，着手解决当时学校面临的紧迫问题，最主要的有教员的聘任、行政机构的调整以及制订有关的规章制度。

（一）及时解决教员聘任问题

在新旧交替的历史性变革过程中，原有教职员中有一些人离开了，有些人聘期已满。面对即将到来的新学期，教师的聘任和去留成为教师和学生十分关心的问题，如不及时解决，势必影响人心的稳定。8月2日，校务委员会决定由副主任委员陈石英和教务长陈大燮等组成“续聘教员审查小组”，负责审查各院系需要续聘的教授、讲师、助教名单。随后，学校分3批审核聘任了专任教师，还增聘了一批兼任教师，保证了教学工作的正常开展。

（二）调整与改组行政机构

鉴于原有的行政组织机构已经不适应解放后学校工作，在8月4日的校务委员会上，军管会军事联络员传达市军管会高教处指示，要求尽快拟定学校组织条例。会议推定王之卓等5名委员负责起草了《国立交通大学行政系统组织条例草案》，于8月19日校务委员会讨论通过。条例共18条。调整后，学校在校务委员会下设主要行政管理机构2个、学院3个、系17个、研究所1个、专修科1个、图书馆1个，及各种专门委员会，取消了训导处。

学校主要行政管理机构为教务处和秘书处。教务处设教务长1人，由校务委员陈大燮兼任，负责执行教务处职权并主持教务会议。教务处的主要职责是：草拟学校办学方案，负责各院间教务之联系、教材编定、课程安排、教员名额的增减及分配、学生成绩、招生及毕业等。秘书处设秘书长1人，由校务委员王龙甫兼任，主持秘书处一切事务；工作人员若干名。秘书处的职责是处理关于典章、印信、机要、人事、统计、财务、预算、卫生、工务和不属其他各

国立交通大学行政组织系统图(1949 年 8 月)

- 校务委员会
- 常务委员会
  - 主任委员
  - 副主任委员
    - 理学院
      - 数学系
      - 物理学系
      - 化学系
    - 工学院
      - 土木工程系
      - 机械工程系
      - 电机工程系
      - 纺织工程系
      - 航空工程系
      - 造船工程系
      - 工业管理工程系
      - 化学工程系
      - 轮机工程系
      - 水利工程系
      - 电讯专修科
    - 管理学院
      - 运输管理系
      - 财务管理系
      - 电信工程管理系
      - 航业管理系
    - 电信研究所
    - 主任委员室
    - 教务处
      - 注册组
      - 出版组
      - 体育组
      - 下列院系各科(政治、国文、英文等科)
    - 秘书处
      - 财务组
      - 事务组
      - 文书组
      - 卫生组
      - 工务组
    - 图书馆
    - 各种委员会

院、处管的事务，以及负责与各部门之间的联系、协调等。学校设3个学院，即理学院，工学院、管理学院。各院设院长1人，由校务委员兼任，主持各院院务会议，处理院常务事宜并推荐所属系科主任提请校务委员会聘任；视实际需要设办事员1—2人，办理院长交办事项。院下设系，各系(科)设主任1人，主持系(科)务会议，处理常务事宜，并负责向院和校务委员会推荐各工厂及实验室主任。校图书馆设馆长1人。各专门委员会由校务委员会视实际需要组织。1949年—1952年，学校根据需要先后成立了人民助学金评议委员会、节约委员会、学习委员会、防空委员会、图书委员会、政治教学委员会、文娱体育委员会、教职员宿舍评议委员会、安全委员会、肃清反革命委员会、院系调整委员会、保健委员会等，分别处理各种专门事宜。

《国立交通大学行政系统组织条例》第11、13条分别对教务会议和院系两级会议作出规定："教务会议由教务长、各院院长、各系(科)主任、教授、讲助及学生代表各3人组织之。""院务会议由院长、系科主任及教授、讲助、学生代表组织之。教授、讲助及学生代表总数量最少不得少于该院系科数，最多不多于系科数目3倍。教授、讲助及学生代表人数比例由各该院自行配定之"；"系(科)务会议由系(科)主任、该系(科)全体教授、副教授、讲师、助教及学生代表组织之。学生代表以每班1人为原则。"①

为处理校务委员会的事务，1949年7月决定设"主任委员室"，其中设人事组。1953年后，主任委员室改名为校长办公室。

根据行政机构的变化，学校还制定了人事编制，调整了人员岗位，精简了部分职员、工友，并对他们作了妥善安排。

一年后，1950年8月，校务委员会根据中央人民政府教育部公布的《高等学校暂行规程》，对教学行政组织中系一级负责人——系主任的职能作出进一步规定：①计划并主持本系的教学行政工作；②督导执行本系教学计划；③领导并检查本系的自习、实验及实习；④考核本系成绩；⑤总结本系教学经验；⑥提出本系教职员任免的建议。

（三）制定一批新的规章制度

新中国成立后，在市军管会高教处领导下，交大校务委员会还制定了一系列规章，如《关于添聘补聘教授讲师助教之暂行原则》《国立交通大学聘任教员规则》《关于讲助分配工作暂行办法》《国立交通大学学籍规则》《大考采取重点考试办法》《学生请假办法》《课堂管理规则》《点名制度实行办法》等。② 这些规章制度涉及教学、人事、学生管理等方面，相对解放前

---

① 刘露茜、陈贻芳主编：《交通大学史(1949—1959)》，高等教育出版社1996年版，第198页。

② 《上海交通大学纪事(1896—2005)》(上卷)，第422、423页。

有许多新的调整和变更。如《关于添聘补聘教授讲师助教之暂行原则》规定:专任教员原则上不兼校外职务,若要兼任,需经本校同意;[①]而此前,专任教员在外兼课非常普遍。

三、初步贯彻新民主主义教育方针

1949年9月21日—30日召开的中国人民政治协商会议第一届全体会议通过的《中国人民政治协商会议共同纲领》(以下简称《共同纲领》),对我国文化教育作了规定:

> 中华人民共和国的文化教育为新民主主义的,即民族的、科学的、大众的文化教育。人民政府的文化教育工作,应以提高人民文化水平,培养国家建设人才,肃清封建的、买办的、法西斯主义的思想,发展为人民服务的思想为主要任务。
>
> 中华人民共和国的教育方法为理论与实际一致。人民政府应有计划、有步骤地改革旧的教育制度、教育内容和教学法。[②]

据此,中央教育部门于1949年12月和1950年6月在北京召开新中国成立后的第一次全国教育工作会议和第一次全国高等教育工作会议,提出我国高等教育应"以理论与实际一致的教育方法,培养具有高级文化水平,掌握现代科学与技术的成就,全心全意为人民服务的高级建设人才"。[③]

会议提出:高等教育必须密切配合国家经济、政治、文化、国防建设,尤其是经济建设的需要;必须废除政治上的反动课程,并在现有基础上实施课程改革;贯彻理论联系实际的教学方法;向工农开门,以便及时地为国家培养大批工农出身的知识分子;教育要逐步走向计划化等。

第一次全国高等教育工作会议通过的《高等学校暂行规程》《专科学校暂行规程》《私立高等学校管理暂行办法》《关于实施高等学校课程改革的决定》《关于高等学校领导问题的决定》等重要文件,成为新中国高等学校办学的指导思想和政策依据。

交大为贯彻执行改革旧高等教育制度的各项政策措施,1950年4月22日—24日,召开了新中国成立后的第一次全校师生员工代表会议,有407名代表出席。22日,华东军政委员会教育部副部长唐守愚到会作报告。唐守愚在阐述了新民主主义教育的方针后,提出高等教育必须为工农服务,为新中国建设服务,向工农开门,学校的主要服务对象是学生,而要做到这一点,教职员必须积极参加政治学习,改造自己的思想,切实树立为人民服务的思想。他强调:"教员的责任是把学生教好,学生的责任是把本领学好,职员和工友的责任是帮助教

---

① 《上海交通大学纪事(1896—2005)》(上卷),第422页。

② 何东昌主编:《中华人民共和国重要教育文献(1949—1975)》,海南出版社1998年版,第1页。

③ 郝维谦、龙正中主编:《高等教育史》,海南出版社1998年版,第70页。

员和学生教好学好，学校领导的责任则是领导全校师生员工把学校办好。”[①]

22日下午—23日上午，全体代表分组讨论了唐守愚报告和校委会工作方针。24日下午，校务委员会主任委员吴有训作大会总结报告后大会闭幕。

会议讨论并通过的提案30件，涵盖教学、行政、政治学习、图书仪器、体育以及房屋调整等许多方面，如《加强相同相类课程联系案》《加强系的领导案》《应否建立导师制案》《英文国文应否必修案》《纠正学生迟到早退缺席案》《奖助工作如何确定案》等。

会议根据新民主主义教育方针，通过了《校务委员会工作方针》（以下简称《方针》）。《方针》指出：

> 交大是理工管理类大学，它的基本任务是培养新民主主义的建设人才。教育事业为整个国家事业的一环……目前国家财政经济困难，我们应当在努力克服困难之下，坚持和稳步改进教学，争取教学质量的提高，以迎接日后经济文化建设高潮。……现在革命基本秩序已基本上建立起来了，我们必须及时展开正规化的教学，我们必须在上述几个基本精神之下，全体交大人一心一德，共同努力，循着民主集中的途径克服困难，加强政治学习和业务学习，改善教学和行政效率，坚决争取教学质量的提高，以达成培养业务知识和政治知识兼具的健全干部，以供国家建设需要的任务。这就是我们今后应当全力以赴的工作总方针。[②]

会议提出：“旧社会已经死亡，新社会已经诞生，社会经济基础已经起了本质变化，作为社会上层建筑的教育事业也必然要根本上改革。”[③]会议号召“广大师生员工都要以新社会主人翁的态度去参与这种改革和变化”。

为了贯彻新民主主义教育方针，改革旧教育，会议提出了有关教育、教学的具体办法，包括：①加强教学的计划性，必须将理论与实际适当地配合安排。②继续改进教学内容与方法，改进的重点在于理论与实际的结合。教材必须照顾实际，尽可能地与有关企业部门及业务机关取得联系，加强参观实习。组织教学小组，商讨教学问题。③要培养研究风气和编译教材，可举行定期的专题讨论会及举办学术演讲等。④实行总结制度，创立学习模范，设立奖学金制度。每学期期终进行一次总结，每门课程于学期中也可进行阶段总结，内容应包括教学内容、方法、态度等，由教授征求同学意见后，经系务会议通过后执行。考试命题应尽

---

① 上交档：永-5。

② 上交档：永-5。

③ 上交档：永-5。

量求其代表性、普遍性、重要性,以考察学生是否真正了解课程全部内容,并掌握住重点。⑤建立学习纪律,搞好师生关系。师生间应建立由系务会议试行导师制、教导小组制等。[①]《方针》还对加强政治学习、保证和改善学习环境和条件、改善组织形式和工作方法等分别进行阐述。

根据校务委员会制定的工作方针,学校开展了以下工作:

(一) 课程改革

学校首先废除国民党的“党义”“公民”等课程,同时开设有关新民主主义的政治课,并邀请黄逸峰、徐崙、冯定等著名人士在文治堂讲授社会发展史。学生们学习热情高涨,座无虚席。

1949 年 12 月 1 日的第十五次校务会议传达了高教处会议的精神,提出理工科大学生课业负担过重,影响健康。会议经过讨论,提出改进办法:①教员授课应取重点,不要指定过多课外作业,1 个学分之作业不超过 2 小时;②习题较多的课程不一定每题都做;③实验报告力求简化;④学生选课太多,希望学生减少选课等。12 月 16 日,第七次教务会议作出精简课程案,决定:①精简部分课程的内容;②减少重复的内容;③将部分必修课改为选修课,如将土木、水利系二年级下的物理实验课程由必修改为选修,轮机工程系的高等数学、外国语、设计由必修改为选修;④调整部分课程的授课时间;⑤修改造船系的工程材料和工管系的人事管理课程内容。

蒋公惠教授作《振荡回路》报告

1950 年初,中央教育部组织全国著名专家、教授讨论各学科课程改革方案,并下发各学校征求意见。4 月 17 日,学校根据华东教育部通知,牵头组织了对物理、化工、机械、电机系课程改革草案的讨论。与此同时,全校各院系都根据要求,以中央教

---

① 上交档:永-5。

育部的理工科课程改革方案为基础，结合实际，制订了本院系课程改革方案，于5月报华东教育部。

学校根据中央教育部要求，陆续在一部分课程的教学中从用英文教材改用中文教材。一时没有条件改用中文教材的，暂时仍用原教材，三年内编出中文教材后全部改用中文教材。为此，1950年很多教师都努力编写教材，至当年年底、次年初，已出版教材18种，完成编译31种，正在编译的32种。

（二）加强教学制度和教学工作的计划性

开始实行"进度预计和讲授提纲"，在学生中要求普遍制订学习计划并实行课代表制度。还在教师中成立教研小组，1950年下半年，学校已有大一物理、微积分、工程画、工程力学、电工、测量、无线电、运输学、经济学等若干教研小组。教研小组搜集参考资料、编译教材及挂图、互相听课、轮流报告、请专家定期演讲、介绍苏联经验、讨论教学方法、提高教学质量等。这是以后教研室组织的雏形。

（三）实施新的招生和毕业生分配办法

新中国成立前，交大的招生计划、招生条件和办法，都由学校自行决定。1949年7月，上海高校迎来了解放后第一次招生。这次招生，根据上级统一要求，私立学校仍单独招生，公立学校则联合（统一）招生。交大与上海9所公立大学实行联合（统一）招生，由9校的教务长组成统一的招生委员会。报考学生不填学校志愿只填系科志愿，达到分数线后由招生委员会统一安排学校录取。统一招生考试于8月11、12日进行，9校录取新生2 737人，其中分配到交大的有758人。

1950年，中央教育部开始发布招生规定，审核招生名额，并要求各校继续采取联合（统一）或相互委托的办法招生，但尚允许部分学校自行招生。当年，交大参加华东区联合招生，录取718人。

1951年，招生工作由部分学校扩大为大行政区范围内的统一，仅允许参加统招确有困难的少数学校单独招生，还须经中央教育部批准。交大当年参加华东大行政区招生，录取新生676人。

统一招生效果较好。但各大行政区间学生来源不平衡，又没有作必要的调剂，以至生源较少的西北、东北地区的高等学校招不足额。为了保证全面完成全国高等学校的招生计划，在总结前两年经验的基础上，中央教育部决定从1952年起，由大行政区范围内的统一招生过渡到全国统一招生，即全国统一命题，统一规定报考条件、考试科目、政治审查标准、健康检查标准、考试时间、录取新生的原则，以及招生的方针、政策、办法，各地区根据全国统一规定，结合当地的具体情况，分别办理报名、考试、政治审查、健康检查、评卷、录取。考试科目为政治常识、国文、外文(英文或俄文)、中外史地、数学、物理、化学、生物。工农青年、革命干部、少数民族学生等可以免试外语。1952年交大录取新生1 709人。1949—1959年交大招生人数见表1－1。

表1－1 1949—1959年招生人数统计[①]

年份	1949	1950	1951	1952	1953	1954	1955	1956	1957	1958	1959	总计
人数	758	718	676	1 709	1 714	1 903	2 070	2 194	1 178	2 225	1 637	16 782

说明:表中数据1957年、1958年为交通大学(上海部分),1959年为上海交通大学。

统一招生,除统一考试科目、统一命题,统一考试时间、统一录取标准等外,增加了政治审查环节;贯彻了高等院校要向工农群众开门的政策,增加了工农子弟的入学比例等。

在国家设有统一招生委员会情况下,学校为保证新生质量,还专门成立交大招生委员会,由校长担任主席,具体招生工作则由隶属教务处的招生办公室实施。录取时按照考生成绩的高低和报考志愿的顺序,从高分到低分,分段审查,择优录取。

毕业生分配工作方面,解放前,交通大学的毕业生大多是自找出路,有本人同意由上级主管部门派遣的,有经学校推荐被有关单位录用的,也有经教授或亲友介绍的,还有通过各种途径赴英、美等国高校深造或赴工厂实习后被正式录用的,等等,其去向大多集中在铁路交通、邮电通讯等工程或实业部门。

新中国成立后,从1950年开始试行国家对大学毕业生(包括研究生)的统一分配。6月3日,政务院成立1950年暑期高等学校毕业生工作分配委员会。6月22日,政务院发布247号《通令》,要求全国各地有计划地分配公、私立高校毕业生,同时决定从华东、华南、西南3个大行政区调出一部分毕业生支持东北建设,并由中央和东北组织招聘团分赴3个大区进行动员和招聘。《通令》还指出:"对毕业学生,一般地应说服争取他们听从政府的分配,为人民服务。其表示愿自找职业者的,可听由自行处理。"[②]

1950年7月9日,华东教育部在上海市府礼堂召开了毕业生分配工作大会,传达中央指示,并对1 000多名毕业生作动员,号召他们坚定地站在为人民服务的立场上,愉快地服从分配。

学校对统一分配制度十分重视。7月10日和13日,两次召开校委会扩大会议,传达政务院和华东教育部关于毕业生分配工作的指示。会上,陈石英副主任委员指出,此次毕业生

① 《上海交通大学志》,第249页。

② 《中华人民共和国重要教育文献(1949—1975)》,第33页。

分配的基本精神，首先是适应国家重点建设(主要在东北)，其次是各地区、各部门的需要，同时注意毕业生质量搭配。他希望大家遵照教育部命令，动员毕业生服从政府分配，为人民服务。由于广大学生对新中国的建设抱有很大热情，加上广泛动员，到8月下旬，全校500余名应届毕业生70%服从统一分配，另外30%的学生中，大部分在分配方案下达前已提前毕业，只有少部分学生没有参加统一分配。

从1951年起，国家逐步健全和完善高等学校毕业生统一分配制度，交大毕业生的分配在国家统一计划下逐步常规化。1951年6月，全校应届毕业生全部参加“上海市高等学校毕业生暑假学习班”学习，之后90%以上的学生无条件服从分配，走上工作岗位。1952年，又有742名毕业生参加统一分配，走上工作岗位。

1949—1959年历届毕业生人数见表1-2。

表1-2 1949—1959年毕业生人数统计①

年份	1949	1950	1951	1952	1953	1954	1955	1956	1957	1958	1959	总计
人数	694	540	365	742	878	1 026	1 291	1 350	1 114	214	487	8 701

说明：表中数据1957、1958年为交通大学(上海部分)，1959年为上海交通大学。

1952年毕业生打出“愉快走上工作岗位”横幅

① 《上海交通大学志》，第252-253页。解放初期毕业生人数和招生人数相差较大，这是由于当时服从国家的需要，许多学生未毕业就投身各种社会政治活动，或服从调动提早参加其他工作。

1952届毕业生踏上征途

第三节 师生参加巩固新政权的活动和思想改造运动

一、师生投身巩固新政权的活动

建国初期的几年，国家面临人民政权的巩固、经济秩序的建立、社会生活的稳定以及自然灾害的防治等重大问题，交通大学广大师生以高昂的政治热情和积极向上的精神面貌投入这些政治活动。

（一）积极参加打击银元贩子和残余匪特等宣传活动

1949年初夏，刚刚解放的上海在全面接管旧政权的同时，面临严峻的政治、经济形势。当时，上海市军管会虽已明文规定人民币为唯一合法流通货币，但由于解放前长期通货膨胀，群众对纸币存在不信任心理，市场流通仍以银元为主，一些不法商人和投机倒把分子乘机掀起金银外币涨价风潮，对人民币起着强烈的排斥作用。不法商人以上海证券大楼为大本营，哄抬物价，操纵银元市场，从而导致物价直线上升，直接危害广大市民的生活，严重威胁新生的人民政权。为此，上海市军管会、上海市人民政府果断采取军事、经济、行政等措施，于1949年6月10日查封了上海证券大楼，拘捕投机违法分子，取缔银元投机买卖活动，号召广大市民与银元投机活动进行斗争。

交通大学师生积极响应政府号召，配合统一行动，1949 年 6 月 10 日，交大学生 500 人到附近的学校，帮助他们组织宣传队。11 日，在上海市学联领导下，上海大中小学师生大规模出动，向市民宣传银元投机的危害和取缔银元投机的重要性。据《解放日报》报道，交通大学组织了 1 200 多人参加，分成 120 个宣传小队，规模为全市各校之冠。交大讲师、助教会同时举行座谈会，声讨银元投机分子。6 月 11 日，交通大学原校长王之卓以及钟兆琳、陈本端、周同庆、曹鹤荪、王龙甫、韩元佐等 7 名教授，在《解放日报》上发表谈话，强烈谴责不法分子操纵金融市场。由于党和人民政府采取正确的金融政策，以及其他一些果断措施，加上上海各校学生、教师的积极宣传，市民提高了认识，银元贩子的投机活动逐渐减少，最后终于销声匿迹。

学生参加打击银元贩子的宣传活动

解放初期，社会恶势力尚存，残余匪特破坏活动猖獗。为了配合人民政府肃清匪特，1949 年 6 月 30 日，交大学生与复旦、同济、大同等数十所学校的学生分区出动，走上街头，用化装演出、张贴标语和口头宣传等方式告诉广大市民，只有肃清匪特，才能保障社会秩序及人民幸福生活。同日，交通大学教授会、讲师助教会、职员会也联合举行肃清匪特座谈会。会上，管理学院院长钟伟成、土木系教授王龙甫、校工郭满堂等纷纷发言，表达对匪特分子破坏活动的强烈愤恨和对人民政府清剿匪特行动的坚决支持。

（二）参加南汇、川沙海塘抢修工程

1949 年 7 月 25 日，一场自 1915 年以来 34 年未遇的特大台风袭击上海，南汇、川沙年久失修的海塘被冲垮，其中南汇 30 多公里海堤受损，几十万亩良田汪洋一片，20 万人受灾。为了帮助地方政府和百姓抢险抗台，重建家园，根据有关部门的要求，校团委和学生会组织 200 名学生（包括部分女生）组成抢险队奔赴南汇、川沙。灾区的生活非常艰苦，他们住草房，喝稀饭，睡泥地，点煤油灯,每天平均要跑几十里路。抢险队分成南汇和川沙2个小分队,发动群众宣传党的政策,组织民工重修被冲垮的海塘。经过许多天的艰苦劳动,将被冲毁的南汇、川沙海塘加高加宽,确保一方平安。参加抢收工程的同学也从中受到教育,得到锻炼。

(三)奔赴苏北参加治淮

历史上的淮河灾害频发,是一条难治之河。新中国成立后,1950年淮河又发生流域性大洪水,给国家特别是华东地区人民的生命财产造成重大损失。为此,中央人民政府作出《关于治理淮河的决定》,毛泽东发出"一定要把淮河修好"的号召。1950年10月9日,校务委员会举行第七十七次会议,讨论落实华东军政委员会关于动员各大专学校水利、土木、测量等系科毕业生参加治淮工程的指示。决定由工学院院长朱物华教授等前往华东水利部接受参加治淮工程任务。10月15日,土木、水利两系四年级学生首批前往南京参加治淮工程。1951年9月,全校又派出72名师生奔赴苏北治淮第一线,其中土木系四年级学生53人,助教1人,水利系四年级学生18人,前后长达一年,于1952年7月底返校。

他们参加治淮的具体工作包括润河集分水闸工程、运堤春修工程、洪泽湖大堤护岸石工春修工程、涵洞修建工程、中山河查勘工程,另外还有工地训练班的工作等。

参加润河集分水闸工程的学生在工地上

治淮工地偏僻荒凉,生活艰苦,工作也十分紧张。他们白天在工地劳动,晚上和民工一起住在滩地上搭起的工棚里,睡在泥地的稻草上。《文汇报》记者1951年曾报道交大师生治淮情景:"冬天,同学们常冒着零度以下的气温,在数十里无人烟的荒野中,踏着二三公寸厚的积雪进行测量工作;夏天,在炎阳下汗流浃背工作着。尽管如此,他们却满怀激情,运用他们学到的技术,奋战在治淮第一线。[①]

① 徐洁人:《从祖国的伟大建设中锻炼自己——记参加第一期治淮工作的上海同学们》。《文汇报》1951年9月28日。

一部分同学在参加入海水道测量实际工作锻炼后被调到训练班，为参加苏北水利建设的基层干部授课。当年治淮委员会工程部副部长钱正英在上海市各高校参加的治淮师生大会上说："为了贯彻理论与实践结合的原则，治淮工程是最好的一课，是爱国主义教育的具体的一课，是工程技术的具体的一课，也是群众运动的具体的一课"。①

学生参加大运河堤岸春修

1950年10月28日，淮河水利工程总局局长刘宠光来文，要求交大代为招收高中毕业程度学生，进行为期一年的水利技术训练。12月4日，华东教育部部长吴有训来文称，治淮委员会拟请交通大学培养40名治淮工程中的基层水利技术干部。据此，学校又为治淮工程培养了38名水利基层技术干部，至1951年9月结业。

（四）参与建设上海第一个雷达站

新中国成立初期，溃退到台湾的国民党军队经常对华东各大城市特别是上海空袭轰炸，给新生的人民政权和人民生命财产造成严重威胁。1950年2月6日，国民党数十架飞机轮番轰炸了上海杨树浦、闸北等处的发电厂和自来水厂，致使市内部分地区停电、停水，史称"二六轰炸"。3天后，华东军区司令员陈毅下达指示：立即抽调交通大学部分学生，前往华东军区淞沪警备司令部防空处雷达队进行突击学习，尽快掌握雷达操作技术。

2月16日上午，校领导与党总支研究决定，把这一任务交给电机系电信组毕业班的团支部。该支部全体团员在共产党员的带领下，纷纷表示坚决完成任务。当天下午，21名交大学生赶赴淞沪警备司令部防空处雷达队报到，他们是计燕华、石松年、史济民、卢象畴、叶隆骏、乔云台、孙祥麟、刘瑜（女）、刘篪、李

① 钱正英：《在祖国的伟大建设中锻炼与提高自己》。《文汇报》1951年9月23日。

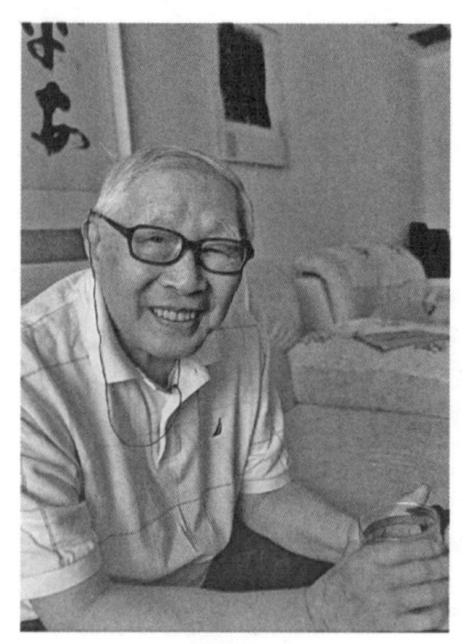
当时指导建立雷达站的交大教师蒋大宗

龙荪、吴炯明(女)、沈逢吉、李曾善、周思文、陈辅伦、唐安琪、桂体仁、夏克同、曹美琪(女)、林学昌、黄秀铭。[1]

在交大教师蒋大宗的精心指导和上海国际无线电台总工程师钱尚平的帮助下,21 位交大学生凭着一股强烈的爱国热情夜以继日地工作,终于修复了两台架在安国路 76 号大楼楼顶上和架在百老汇大厦(现上海大厦)顶上的雷达。3 月 20 日,这两部刚修复的雷达及时发现了 60 公里外来袭的敌机,使我军高射炮部队在第一时间内做好了战斗准备。5 月 11 日夜晚,雷达又发现了距上海上空 200 多公里的敌机。由于情报及时,方位准确,敌机一进入我领空就被我高炮部队和苏联协防战机击落,坠毁于浦东塘桥镇。5 月下旬,雷达队划归上海防空司令部电讯营,编为第一中队。与此同时,淞沪警备司令部防空处委托交大办的雷达集训队第一期学员也结业,他们接替了雷达操作员的工作。之后,这 21 名学生除 1 人转业到地方工作外,其余全部留在部队,先后分配到华东、华北、东北、中南各大区,从事雷达方面的工作,成为新中国雷达部队的技术中坚力量。

(五) 抗美援朝,参军参干[2]

1950 年 10 月抗美援朝战争开始,交大师生立即响应党中央号召,投入到抗美援朝的运动中去。11 月 4 日,中国共产党与中国国民党革命委员会等 11 个民主党派、群众团体发表抗美援朝、保家卫国的《联合宣言》。9 日,学校成立以吴有训为主任的抗美援朝保家卫国委员会。10 日,全校举行盛大的抗美援朝宣传晚会。18 日,部分学生分赴本市五金、纺织及其他 60 多个工厂宣传抗美援朝,学生会美术组和各系班制作了许多揭露美国侵略朝鲜的漫画、墙报,文娱社团配合各系班同学排演了话剧、相声、活报剧、唱歌、舞蹈等 150 多种节目,进行宣传。

1950 年 12 月 1 日,政务院发出招收青年工人、学生参加军事干部学校的决定,交大党总支决定总支委员严祖礽带头报名,交大学生立即沸腾起来,热

---

① 林学昌:《在我军第一个雷达队的战斗生活》。见该刊编印组:《东海领空的忠诚卫士——上海地区老雷达兵回忆录》,第 21 页,2006 年 12 月。

② 参军参干,指 1950 年抗美援朝期间,全国青年学生、工人掀起的响应政府号召,参加军事干部学校的热潮。

情高涨，踊跃报名。21日，学校在图书馆前设立报名点，一部分较早得到消息的学生为了确保能报上名，在头天夜里10点就等候在报名地点，通宵达旦，整整等候了12个小时。几天内共有650多位学生报名参军，要求上朝鲜前线。最后批准380人，占当时全校学生2 312人的16.43%。当时华东学习委员会[①]办公室编印的《华东高等学校情况汇编》对交通大学的评价："在解放后，该校师生员工踊跃参加了各种爱国运动，仅在抗美援朝运动中，全校即有650余人报名，380余人被批准参加了各种军事干部学校，充分表现了该校学生热爱祖国、保卫祖国与建设祖国的热情，保持了过去的光荣革命传统。"[②]1951年1月9日，徐汇、长宁、普陀、龙华、洋泾、新泾等6个区参加军事干校的学生共1 200多人佩戴光荣花，在交大举行欢送仪式后出发。同年7月，中央决定军事干校第二次招生，学校又有200多名学生积极报名，113名学生获批准，其中73名为应届毕业生。学校的一些讲师、助教、员工也纷纷报名。赵富鑫、潘承梁、沈德滋等教授因年龄大不可能报名，就积极鼓励子女和自己的学生报名。赵富鑫教授说："我鼓励儿子参加军事干校，这是人民的天职！可惜我年纪大了不能去，我决心把我所有的力量贡献到祖国最需要的地方！"[③]

么敢保证很快就能"治好"这难度很大的雷达的"毛病"呢！

事后来看，"四式"雷达的结构还是比较简单的，如果时间许可

在钱尚平和蒋大宗的具体指导下，大家对发射、接收系统反复进行了仔细检查与调整，终于在显示器荧光屏上出现了近距离固定回波。

在上海诞生的我军第一支雷达部队

叶介甫

1949年5月27日，上海解放了，人民欢欣鼓舞，而逃到台湾的国民党反动集团却不甘心其失败，不断派飞机对市区、吴淞口和沿海、沿江一带进行轰炸骚扰。

3 雷达初现脉冲回波

自从调出雷达固定回波后，大家的情绪都很高，都想在自己值班时第一次发现敌机。

1950年3月20日上午9时，是我军雷达兵史上值得记下的时刻。当时的值班操纵员石松年，计燕华发现显示器荧光屏上250公里处（方位东南）突然冒出一个微弱的尖峰，且慢慢地在移动，幅度逐渐变大。虽然他们从没有见过飞机回波是啥样子，但凭着直感判定这是来袭的敌机。当即向指挥室报告："敌机！"紧接着通报了敌机的距离、方位。防空处处长刘光远随即来到显示器工作室，经判断后果断地下了炮击的命令。

这天虽然没有击落敌机，但由于雷达队提供了远方情报，高炮部队已有准备，射击及时，火力又猛，敌机不敢低飞，还未接近目标就扔掉炸弹仓皇逃去。当情报科长冯根文将这一消息告诉大家时，大家禁不住流露出胜利的喜悦之情。

第二天，淞沪警备司令部司令员兼政委郭化若还来到雷达队，对他们的工作成绩给予充分的肯定和赞赏。

4 陈毅亲自批示搞器材

3月20日发现敌机后，证实已经架设起来的这部"四式"雷达完全能正常工作了。于是，领导上给他们提出了新的任务：要尽快修复313型和空－6号这两部雷达。前者是中程地面警戒雷达，后者是飞机上用的轻便近程雷达。

根据领导提出的任务，队里重新调整了值班人员的编组，抽出了八九名同志专门负责修复雷达。其他同志在值班之余，也要参加修复工作。修复工作开始后，由唐安琪为修复组组长，下分两个小组：313雷达组，由夏克同牵头；空－6号雷达组，由孙祥麟牵头。队长沈施正仍领着原来几名技术人员继续修复另一部"四式"雷达。

解放初期的陈毅

修复工作展开后，碰到的第一个难题就是资料不全。几位同志经过好几个日日夜夜的苦战，才把缺少的那部分线路确定并绘制出来。为了解决器材问题，刘光远专门去找陈毅。陈毅亲自批示要上海有关单位协助解决。上海当时有几个存放美国援助国民党的军用剩余物资仓库。第二天，他们就带着有陈毅批示的报告去江湾附近的一个仓库。这个"批示"真管用，当天就弄回来一批器材，还搞到了几台频率计、示波器之类的测量仪表。以后又陆续从其他地方收集到一些。

经过一个多月的奋战，胜利完成了修复两部雷达的任务。

5 击落敌机B—24

为了加强上海的防空力量，1950年2月中苏达成协议，由苏联防空军巴基斯基中将率领的歼击机团、探照灯团、雷达部队组成的混合集团军先后来沪协助我军担负上海地区的防空任务。

1950年5月11日，当夜幕降临上海时，敌机贼头贼脑地向上海方向偷袭，敌机离上海上空200多公里处就被安国路的雷达发现了（当时的值班操纵员是计燕华和曹美琪）。由于远方情报保障及时，防空作战部队赢得了足够的战斗准备时间。敌机万万没有想到，一进入上海领空，就被严阵以待的探照灯照中。这时，我军高炮战士抓住战机，猛烈射击。与此同时，苏军歼击机也由待战空域进入敌机尾后，同时进行了射击，将来袭的1架B—24型轰炸机击落，敌机当即起火爆炸，坠毁于浦东塘桥镇，时间在当晚21点左右。当市民们亲眼看到敌机在浦东上空坠落时，无不欢欣鼓舞，拍手称快。

1950年5月下旬，雷达队划归上海防空司令部电讯营，编为第一中队。防空处委托上海交通大学办的雷达集训队第一期学员也结业了，由他们接替了雷达操纵员的工作。第一批大学毕业生操纵员全都改为专门从事雷达维修工作的技术员，除有1位转业到地方工作之外，其他的同志先后分配到华东、华北、东北、中南各区，成为我军扩建雷达部队的技术业务骨干。

可以说，上海防空司令部电讯营基本上实现了陈毅在上海大厦雷达站视察工作时提出的"你们要起'种子'作用"的要求。

《党史信息报》2007年1月3日刊登我军第一支雷达部队的诞生

参军的交大学子充分发挥自己的聪明才智为祖国服务。1950年底在朝鲜新兴里战役中，中国人民志愿军某部3营几乎全歼美军第7师第31团。美军

① 华东学习委员会是中共中央华东局宣传部领导华东地区教育、卫生、文化、科技系统知识分子思想改造的领导机构。

② 华东学习委员会办公室编印：《华东高等学校情况汇编》第1分册，1954年1月，第43页。

③《交通大学1951级毕业纪念刊》1951年。

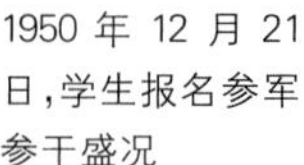

1950 年 12 月 21 日,学生报名参军参干盛况

参加军事干校的学生雄壮地行进在游行队伍中

这个团的 3 191 人大部被歼,团长被击毙,并缴获大炮 100 多门、火箭筒 127 具、枪 2 445 支、坦克 11 辆、汽车 199 辆。当时志愿军 3 营一名战士从战场上捡回一面旗帜,经来自交通大学、担任翻译的刘光裕一看,这面旗帜是北极熊团的军旗,被 3 营歼灭的美军第 7 师 31 团是美军最精锐的王牌团——北极熊团。新兴里战役后来被认为创造了抗美援朝作战史上全歼美军一个加强步兵团建制的光辉战例。如果不是交大的刘光裕,这面旗帜差点被炊事班拿去

做了蒸笼布。[①]

（六）投身政权建设和国家工业化经济建设的第一线

新中国建国伊始，百废待兴，巩固政权需要干部，恢复经济也需要建设人才。交大校友们回忆当年一些同学前一天还在一起上课，第二天突然离校，被抽调去参加工作了。不考虑毕业证书，也来不及与亲人和同学告别，踌躇满志，奋勇向前。特别是地下党员，不少人被抽调到市、区党政机关，也有人参加革命大学、军政大学、西南服务团和南下服务队。为尽快向国家输送专业人才，学校也加快了课程进度，学生则抓紧学完开设课程。例如，电机、机械两系 1950 届学生以一年时间学完两年课程，提前结束学业，然后毫不犹豫地响应国家号召，奔赴东北，参加重工业基地的建设。《文汇报》曾以《大学生一批赴东北》为题，在显著位置报道了交大 48 名应届毕业生奔赴东北工业建设。许多学生在班会上、在欢送会上充分表示“工作需要我们到哪里，我们就到哪里去”，如土木工程系四年级铁路组、公路组表示“只要政府觉得哪里最需要，我们就到哪里去”。不少学生还表示放弃薪金制的待遇，宁愿享受供给制。[②] 魏柏年、黄钟藩两位同学家庭负担较重，他们分别说服了父亲和哥哥，到东北去。学生的政治认识也大大提高，掀起了入党入团的高潮，航空工程系四年级有三分之二的团员要求入党，二分之一的同学要求入团。1950 年 5 月 15 日，首批赴东北的交大学生有电机系电力组 31 人、机械系 17 人。[③]

此外，交大师生还积极响应政府号召，先后开展了节约运动、扫盲运动和积极参加救灾、劳军等活动。

二、政治学习和思想改造运动

1949 年下半年，在上级部门统一要求下，全国各大学的师生员工都普遍开展了政治学习。交大校务委员会把群众性的政治学习写进 1950 年校务委员会工作方针中。具体负责领导政治学习的是校务委员会下设的政治教育委员会。政治教育委员会由校务委员会正、副主任委员，教务长，秘书长，各院院长，系主任，工会和学生会代表及政治教师组成，各系设学习委员会，教职工及学生按单位、班级成立学习小组。1951 年 11 月以后，校委会根据华东教育部指示，取消政治教育委员会，成立时事学习委员会，由教务长负责时事政策学习，每周

---

① 邵岭等:《美军团旗差点做了蒸笼布——毕序阳回忆全歼美军“北极熊团”》。《文汇报》2007 年 7 月 24 日。

② 解放初期老区南下的干部以及党政机关工作人员一般都实行供给制，而科技、卫生人员和大学毕业生则享受收入比供给制要高得多的薪金制。

③《文汇报》1950 年 5 月 16 日。

安排一次群众性的政治学习。

1949年7月至8月是上海解放后的第一个暑假,学校组织了60%的教职工,集中几天学习中国革命与中国共产党、国内形势、国际形势、文教政策、知识分子政策、新人生观等知识,采取听报告和小组讨论相结合的方式进行。新学期开始,政治学习的内容主要是时事和政治理论两个方面,学习《共同纲领》《论人民民主专政》等。理论学习则以《社会发展史》为主。全校90%以上的师生员工参加了学习,教职员工中成立了63个学习小组。

广大师生员工希望了解新社会、了解共产党,政治学习热情很高,有的主动增加学习时间和学习内容,讨论时踊跃发言,谈认识,谈体会,有的还联系实际开展批评与自我批评。

1950年3月2日,吴有训代表校务委员会在半年来的工作总结中,谈到交大政治学习的收获时说:第一是启发教职工建立劳动观点和唯物观点,加强了自我改造,提高了政治认识;第二是在业务上抛弃雇佣观点,开始建立起新的为人民服务、对人民负责的教学观点;第三是学生改变学习单纯为文凭的观点,树立了为人民学习的观点。[①]

1950年6月,在全国政协一届二次会议上,毛泽东提出以批评和自我批评方法进行自我教育和自我改造的建议,号召文化教育战线的知识分子开展一个自我教育和自我改造的运动。[②] 1951年9月29日,周恩来受中共中央委托,在京津两地高等学校教师学习会上作了题为《关于知识分子的改造问题》的报告。[③] 11月30日,中共中央发布《关于在学校中进行思想改造和组织清理工作的指示》,大规模的知识分子思想改造运动在全国开始。[④]

1952年1月,为领导知识分子思想改造运动,根据上级统一部署,学校成立校学习委员会,并上报华东学习委员会高校分会。校学习委员会由陈石英、陈大燮等30人组成,其中除25人系学校教职员外,还有华东学习委员会推荐的华东局宣传部长舒同、副部长匡亚明,华东团工委领导刘导生以及华东局派至交大工作的李培南、万钧等5人。委员会设常务委员13人,陈石英、李培南分任正、副主任委员。下设办公室,由万钧兼主任,设秘书、研究联络、

① 上交档:永-4。
②《高等教育史》,第55页。
③《高等教育史》,第61页。
④《高等教育史》,第63页。

报道三个组。[①]

交通大学思想改造运动于1952年2月开始。由于正值全国开展“反贪污、反浪费、反官僚主义”(简称“三反”)运动，上级指示，学校的思想改造运动从“三反”入手。1952年初，交大成立了“三反”指挥部，2月1日制定了“三反”运动计划。2月19日，思想改造运动开始，至7月20日结束，历时5个月，中间一度停课。全校除极少数生病、休学者外，师生员工共2 603人[②]参加，占师生员工总人数的97%以上。

思想改造运动第一阶段从2月19日开始，“三反”以反贪污为主，以职员为重点，结合学校的物资清理，召开坦白、检举揭发大会。第二阶段从4月22日起，以教师为重点，主要内容是批判教师中存在的崇拜欧美思想、个人主义的资产阶级思想以及脱离政治的技术至上观点。运动后期根据上级统一布置，开展忠诚老实、交代历史、进行批评与自我批评等活动。

1952年7月29日，全校师生员工集会听取学校领导所作《巩固“三反”运动的胜利，为建设新型人民交大而奋斗》的总结报告，报告称：运动揭发出学校中存在的严重贪污浪费现象；批判了个人主义、名利思想、雇佣观念、单纯技术思想、投机取巧、唯利是图等各种非无产阶级思想；提高了政治觉悟和思想认识，划清了无产阶级思想和资产阶级思想的界限；许多人自觉地交代了自己的问题，“积极要求学习政治，学习马列主义、毛泽东思想”，“对党和政府由怀疑、疏远、不相信转为信赖与靠拢，目前申请入党者达170人之多”。报告同时指出运动中出现的偏差和问题：“在前一阶段反贪污斗争过程中，曾产生某些追逼现象，个别发生打人、通宵追问等现象。这种现象在发觉后即及时予以了纠正。”[③]

1952年交大的思想改造运动是全国范围内知识分子思想改造运动的一部分，运动对提高教师的思想认识有很大帮助，但运动过程中存在着简单、粗暴和“人人过关”的现象，给许多教师，特别是老教师造成巨大的思想压力。正如2011年版《中国共产党历史》(第二卷)评价的：“通过思想改造，大多数知识分子抛弃过去不同程度存在的轻视劳动人民的旧思想，进一步站到人民的立场，开始学习掌握唯物史观和唯物辩证法，初步接受马克思主义的世界观。这是新中国成立初期党对知识分子思想改造工作的主流。在党的团结、教育、改造方针的指引下，广大知识分子经受了实际斗争的锻炼，努力适应社会的变化，跟上时代的要求，为发展新中国的教育、科学、文化事业贡献了自己的知识和才智。”[④]这次思想改造运动为不久

---

① 《上海交通大学纪事(1896—2005)》(上卷)，第435页。

② 上交档：永-44。

③ 上交档：永-44。

④ 中共中央党史研究室著：《中国共产党历史第二卷(1949—1978)》(上册)，中央党史出版社2011年版，第158页。

后开始的大规模院系调整和教育改革奠定了思想基础。

第四节 建立校党委、任命校长、设置管理机构

一、公开党组织与成立校党委

交通大学共产党组织成立于1925年。到1949年5月上海解放时,交大地下党总支下设6个支部、2个党小组、1个统战小组,有党员195人,其中学生党员191人,职员党员3人,工人党员1人。总支书记为庄绪良,副书记陈启懋,委员吕甦、张仁衵、赵国士、严祖礽。[①] 解放后,庄绪良、吕甦、张仁衵等党员陆续调离交大。1949年12月交大党总支填报的学校党组织情况,党员人数降至111名,其中正式党员21人,候补党员90人;学生党员107名,工人党员1名,教职员党员3名。总支书记为陈启懋,副书记顾虽愚。

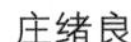
庄绪良　张仁衵　陈启懋

新中国成立后,根据中央方针,在上级党组织部署下,1950年1月17日,交大党组织在群众中公开,并张贴红榜公布了111名党员名单。随后交大党组织举行公开后的第一次党员大会,选举陈启懋为总支书记,祖振铨为副书记,陈启懋、祖振铨、赵国士、严祖礽、李根深、沈友益、夏宗芳、张长弓、刘泉祺、林雄超、曹子真等11人为委员。党员大会明确交通大学党组织的任务要从解放前领导组织学生运动转变为组织、团结广大师生共同建设新交大;党、团员带头学习,争取优良成绩,搞好自身建设,加强以教职工为重点的建党工作。

---

① 《上海交通大学纪事(1896—2005)》(上卷),第419页。

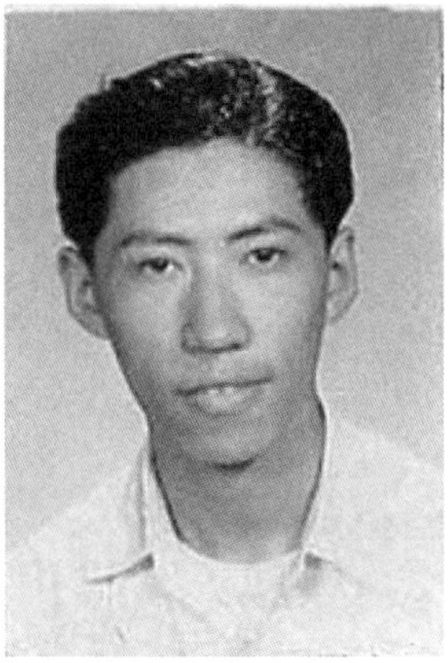
祖振铨

1951年10月，中共交通大学总支又进行改选，祖振铨任书记，李根深为副书记，委员有祖振铨、李根深、史维祥、李焕章、葛如亮、李德元、宗慎元、林宗琦等8人。

从1951年底到1952年初，为加强学校党的力量，并为即将开始的"三反"和知识分子思想改造运动作准备，中共中央华东局从华东局党校、华东人民革命大学等抽调100余人，由李培南、万钧带队来交通大学工作。他们的到来，大大加强了党对学校的领导，与原在校的党员会合，积极筹备成立学校党委会，后来成为20世纪50年代交大干部队伍的主要力量。

1952年2月20日，中共上海市徐汇区委组织部通知交通大学党组织："为适应工作需要，决定交大支部改组为党委会，以李培南同志为书记，万钧同志为第一副书记，祖振铨同志为第二副书记，朱晓初、凌雨轩、朱国筠、宗慎元、史维祥、孟庆隆、李根深、陈向明等8位同志为委员。"[①]

李培南

李培南（1905—1993），江苏沛县人。1927年3月入党，参加过二万五千里长征。曾任中央党校、抗日军政大学政治教员，抗大一分校政治部主任、政委，山东分局党校副校长，鲁中区党委第二书记，中共温州市委、地委书记兼军分区政委，华东局党校第二副校长等职。1952年2月—1953年7月，先后任交通大学党委书记、代理党委书记、代理校长，1953年调离交大。"文化大革命"中受到不公正的待遇。1978年10月任上海社会科学院党委书记、上海市人大常委会副主任。1985年离休。1993年病逝。

1952年2月23日，校党委会成立大会正式举行。党委书记李培南首先宣布党委班子成员，同时宣布在党委领导下成立3个党支部，即学委会支部、工作人员支部、学生支部，以及各支部书记名单。李培南说，今后学校由党委领导，重大问题必须由党委讨论决定。[②]

随后，党委制定了办公会议制度、校务会议制度、工作报告制度，并对学校的组织和人事配备进行了调整，从思想政治教育到行政、教学等实行全面领

① 《上海交通大学纪事（1896—2005）》（上卷），第435页。
② 《上海交通大学纪事（1896—2005）》（上卷），第436页。

导。领导了交大的思想改造运动，院系调整，学习苏联经验，教育改革，整党、建党等各项工作，培养了一批积极分子，在学生中发展了一批党员。至1952年底，交大有党员226人。

1953年，交通大学党委成员任命通知

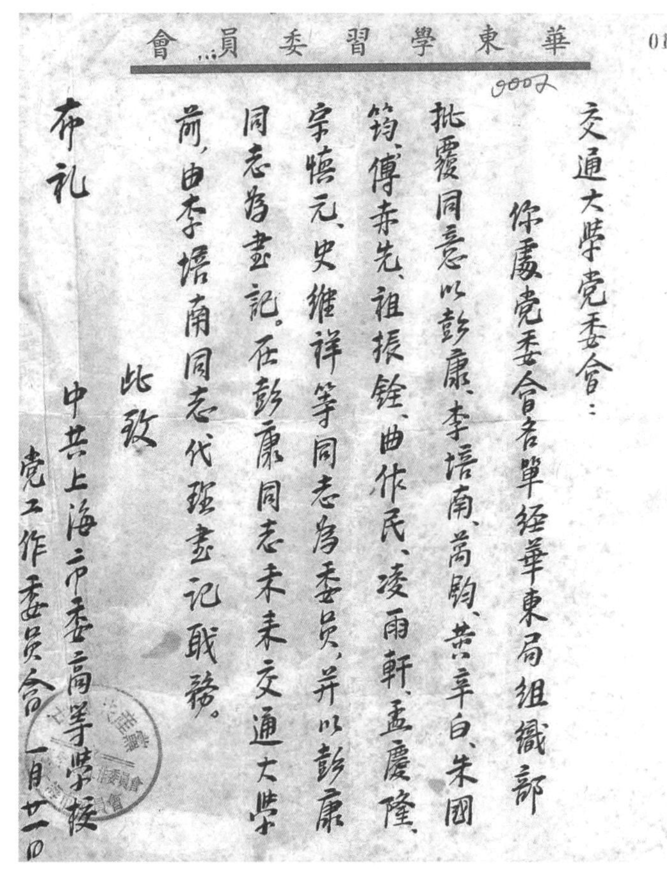
華東學習委員會

交通大學党委會：

你處党委會名單經華東局組織部批覆同意以彭康、李培南、萬鈞、黃辛白、朱國筠、傅赤先、祖振銓、曲作民、凌雨軒、孟慶隆、宗愼元、史維祥等同志為委員，并以彭康同志為書記。在彭康同志未來交通大學前，由李培南同志代理書記職務。

此致

布礼

中共上海市委高等學校党工作委員會

一月廿一日

1953年1月21日，中共上海市委高等学校工作委员会通知：“交通大学党委会：你处党委会名单，经华东局组织部批复同意以彭康、李培南、万钧、黄辛白、朱国筠、傅赤先、祖振铨、曲作民、凌雨轩、孟庆隆、宗慎元、史维祥等同志为委员，并以彭康同志为书记。在彭康同志未来交通大学前，由李培南同志代理书记职务。”24日，中共上海市高等学校工作委员会通知：“同意万钧同志任党委会副书记，并业经华东局组织部批准。”

二、成立政治辅导处

根据华东教育部的指示，1952年7月26日，学校成立政治辅导处作为党委的办事机构，万钧为政治辅导处主任。政治辅导处既是学校党委的办事机构，又是校行政机构的一部分，在校党委、校行政双重领导下工作，具体负责学校的政治思想工作，以马列主义理论提高教职员工的思想水平，通过党、团、工会、学生会等组织发挥作用，协助学校各行政部门完成各项工作。政治辅导处下设3个科：组织科、宣传科、青年科。组织科负责群众工作、保卫工作、党务工作；宣传科负责组织教职员工和青年学生的政治理论学习及时事政策宣传教育；青年科负责学生工作和团委会的工作。同时建立政治辅导员制，每系各有一位政治辅导员受系主任领导，同时又作为政治辅导处的派出代表，兼任该系的党支部书记，具体负责全系的政治工作，协助系主任完成教学任务，组织教工政治学习，通过团委在各系的联络小组开展学生工作。

政治辅导处成立以后，围绕学校在不同时期的中心任务做了大量工作。主要有：①贯彻执行党委、校委会的各项决议。②协助开展教学，参与教务处修订教学计划和大纲，研究课程改革和每一阶段教学工作的任务、要求、作法并作出安排，由教务处负责执行，政治辅导处则通过各系政治辅导员和公共教研室的党团支部加以协助，如：配合系主任组织召开系务会议，动员党、团员和群众支持系领导工作，促使系务会议决议的贯彻及落实；了解和研究教学情况，向系主任通报并协助解决；协助召开师生教学座谈会，教育学生在尊重师长的基础上提出教学上的意见，改进教学等。③推动教师的政治理论学习。这方面虽然主要由工会通过教师学习委员会统一领导，但政治辅导处主任和宣教科科长要参加并具体掌握，同时要参加学习计划的制订和学习小组的划分，进行学习报告的辅导及问题解答，组织开展学习总结和交流。④开展学生的政治思想工作。把与学生思想政治教育有关的部门组织起来，统一领导、统一计划、分工负责地进行。⑤协助团委研究学生工作，从原则上、政策上、方法上对团的工作加以指导并经常定期检查其工作。⑥其他如调查了解学生学习负担情况并及时向有关部门反映，协助有关部门进行调整和改进；协助有关部门对毕业生进行审查，组织开展各种临时性工作和社会活动等。

政治辅导处的工作涉及党政两方面，过于繁杂，因此经常发生部门之间职责不清、主辅不明、沟通协调不够等问题。为此，党委多次召开会议进行研究，明确今后党委通过政治辅导处实施日常工作的领导，政治辅导处与教务处是互相配合的关系。政治辅导处的主要工作职能是调动群众的积极性，通过党、团、群众组织进行思想政治工作和领导马列主义教研室的理论教学工作；纠正代替行政管理事务的现象。

政治辅导处工作运行了4年。1956年3月，根据上级指示，校党委已设立办公室、组织部、宣传部等办事机构，撤销政治辅导处。

彭康

三、彭康任校长，陈石英任副校长

新中国成立初，交大一度实行校务委员会负责制，设校务委员会主任委员、副主任委员，不设校长。1950 年 7 月 28 日，政务院颁布《高等学校领导关系问题的决定》，规定：“大学及专门学院采取校(院)长负责制；大学设校长一人，设副校长一人或二人，协助校(院)长处理校(院)务。”[①]据此，1951 年 8 月 11 日，校务委员会向华东教育部呈递报告，请求早日实行校长制。1952 年 9 月 23 日，华东教育部提名山东省人民政府文教委员会主任彭康任交通大学校长，交大校务委员会副主任委员陈石英为副校长。11 月，提名获政务院批准，毛泽东主席于 11 月 15 日同时签署对彭康、陈石英的任命通知书。1953 年 1 月，交通大学党委改组，经中共中央华东局组织部批复同意，彭康任交大党委书记。此时彭康正参加中国文化教育考察团出国考察。1953 年 7 月初，彭康到校任职。

中央人民政府任命通知書 府字第 4652 號

茲經中央人民政府委員會第十九次會議通過任命彭康爲交通大學校長

特此通知

主席

一九五二年十一月十五日

中華人民共和國中央人民政府之印

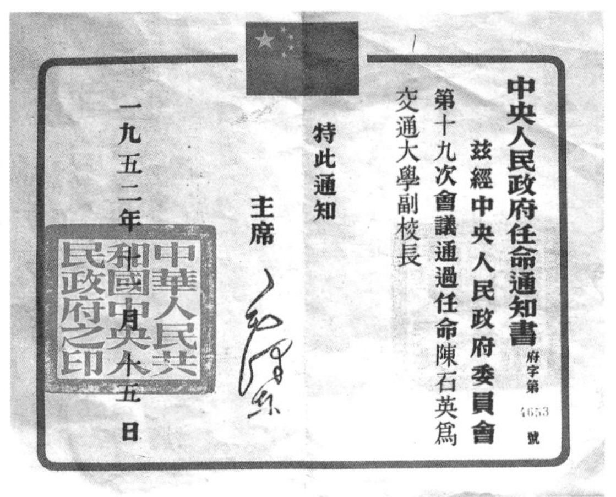

中央人民政府任命通知書 府字第 4653 號

茲經中央人民政府委員會第十九次會議通過任命陳石英爲交通大學副校長

特此通知

主席

一九五二年十一月十五日

中華人民共和國中央人民政府之印

1952 年 11 月 15 日，毛泽东分别签发彭康任校长、陈石英任副校长的任命通知书

四、交大的管理机构

在校党委和校行政领导下，学校机构从 1952 年起经过几次调整，至 1954 年 12 月，设有校长办公室、政治辅导处、人事处、教务处、总务处、图书馆，及机械制造系、动力机械制造系、运输起重机械制造系、电工器材系、电力工程系、电讯工程系、造船工程系 7 个系和一年级办公室。全校共有 33 个教研室。

政治辅导处下设马列主义教研组、宣传科、组织科。人事处下设人事科、学生科、档案材料科。教务处下设教学及教学法科、教学行政科、科学研究科等。总务处下设爱卫会、基本建设科、卫生科、财务科、总务科。[②]

① 《中华人民共和国重要教育文献(1949—1975)》，第 45 页。

② 《上海交通大学纪事(1896—2005)》(上卷)，第 455 页。

1953年10月10日，中央教育部发布《高等学校暂行规程》，规定："在校长领导下设立校务委员会，由校长、副校长、教务长、副教务长、总务长、图书馆馆长、各系主任、工会及学生会代表组成之，校长为当然主席。"[①]据此，学校改组校务委员会，主席彭康，副主席陈石英，委员陈大燮、朱物华、黄席椿、万钧、任梦林、周志宏、庄礼庭、程孝刚、楼鸿棣、沈三多、张景贤、钟兆琳、程福秀、朱麟五、严晙、周玉坤、李永庆、赵富鑫、毛傅庸(学生代表)、刘大恺(学生代表)，以及两名工会代表。根据上述《规程》，改组后的校务委员会不再是学校的最高权力机构，其职权范围为从事审议之责，包括审查各系及各教研组的教学和科研计划及工作报告；通过学校的预算和决算；决议学校有关重大改革事项；奖惩事宜。[②]

① 《中华人民共和国重要教育文献(1949—1975)》，第46页。

② 《上海交通大学纪事(1896—2005)》(上卷)，第445页。

第二章
院系调整及学习苏联改革教育

第一节　院系调整

一、适应新中国建设需要的院系调整

随着国民经济恢复时期的结束，国家制定了发展国民经济的第一个五年计划。“一五”计划的指导方针和基本任务是：集中主要力量发展重工业，建立国家工业化和国防科学技术现代化的初步基础；相应地发展交通运输业、轻工业、农业和商业。而大规模的经济建设必然需要各种专业技术人员，特别是苏联援建的156项重点建设项目急需的专业技术人才，而旧中国高等教育的院系设置显然已不能适应国家建设的这一需要，必须进行调整。

院系调整是针对旧中国高等教育体系存在的系科类型分布不合理，不能适应新中国经济建设的需要而提出的。同时学习苏联是20世纪50年代初的国策，因此院系调整也是学习苏联教育经验的重要方面。

1949年10月，全国高等学校在校学生不足11.7万人，其中工科仅3万人。1952年全国211所高等学校中，高等工业学校和高等工业专科学校只有33所，仅占全国高等学校总数的15%；高等农林学校和高等农林专科学校只有17所，仅占全国高等学校总数的8%；高

等师范学校仅有12所，1952年初才增加到32所。[①] 学科设置上，文、法、财经居多，工科少。据当时估计，第一个五年计划期间，仅工业、运输业和地质勘探等方面就需技术人员约30万人，而已有见习技术员以上技术人员只有14.8万人，相差15万人。当时高校工科每年仅能招收新生1.6万人，第一个五年计划期间只能向国家输送4万至5万名工科毕业生，不到实际需要的25%。[②] “一五”计划明确提出：“5年内，国民经济各部门和国家机关需要补充的各类高等和中等学校毕业的专门人才共约100万人左右；中央工业、运输业、农业、林业等部门需要补充的熟练工人约为100万人。”[③]

当时，高等学校大多数设在沿海地区和大城市，工科大学更是主要集中于工业经济发达的大城市。内地和边远地区较少。教育部长马叙伦1950年曾说：“华东地区就有高等学校85所，占总数的37.4%。单单上海一地就有43所，几占全国高等学校总数的1/5。”[④]

在这种形势下，中央除采取让部分本科生提前毕业，以及在高等工科方面增设两年专修科等临时措施外，决定全国范围内进行大规模的院系调整，以发展高等教育，适应经济建设需要，建立新中国自己的高等教育体系。

二、1949—1951年的院系调整

1949年6月，上海市军事管制委员会接管交通大学时，交通大学是一所理、工、管结合，以工为主的学校，设有3院、17系、1个专修科和1个研究所。

交通大学院系设置见下图。

涉及交通大学的院系专业调整，实际上从1949年起已经逐步开始，既有调出，也有调进。

1949年8月19日，上海市军管会决定将暨南大学理学院并入交通大学。9月9日，暨南大学理学院70余名学生转入交大理学院，另有一部分学生转入交大工学院或管理学院。不久，暨南大学其他系科的60余名学生又陆续转入交大有关系科。之后暨南大学撤销。

1949年底，上海市航务局委托交大代办航务学院。交大请示华东军政委员会教育部，

---

① 《高等教育史》，第82、83页。

② 《高等教育史》，第84页。

③ 《中国教育年鉴(1949—1981)》，中国大百科全书出版社1984年版，第89页。

④ 《中华人民共和国重要教育文献(1949—1975)》，第25页。

1949 年国立交通大学院系设置

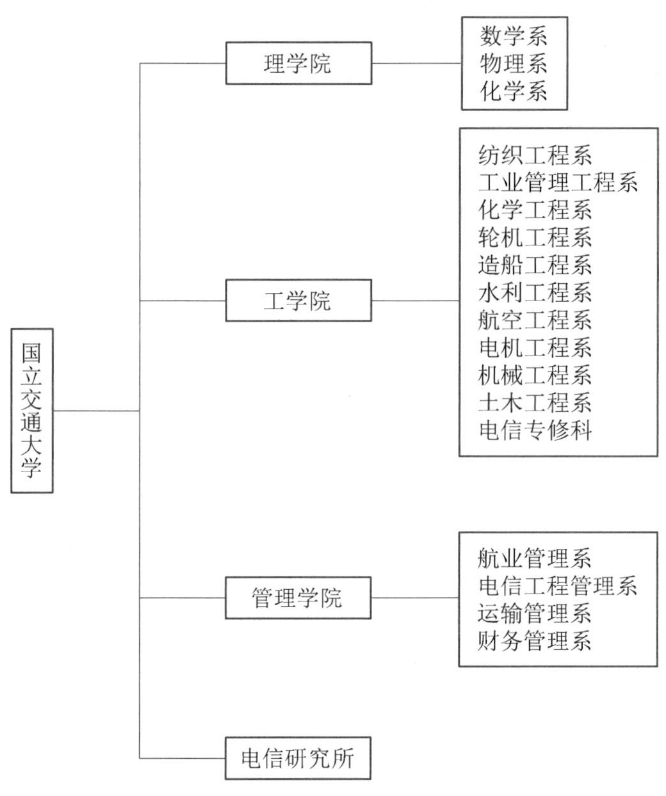

得到的回复是:不必在交大办航务学院,可在吴淞商船学校原址成立国立上海航务学院。1950 年 8 月 15 日,华东军政委员会教育部通知交大:"吴淞商船专科学校业经中央人民政府教育部决定改名为吴淞航务学院,并将你校航业管理系并入该院,希即与该院及航务局协商交接手续。"9 月 5 日,华东教育部又来文称:"奉中央人民政府教育部令,将交通大学航业管理系与吴淞商船专科学校合并成立'国立上海航务学院'。"[①]10 月 12 日,国立上海航务学院正式挂牌,交大航业管理系教授 2 名、讲师 1 名、助教 1 名,一年级新生 40 名、二年级学生 25 名、三年级学生 11 名及该系的仪器设备、图书资料,全部转入上海航务学院。[②]

1951 年 6 月 10 日,华东教育部根据中央教育部的指示通知交大,将交大运输管理系学生 136 名,教授、副教授 9 名,助教 6 名调往北方交通大学。6 月 12 日,华东教育部再次发文给交大,称:"为了更好地培养国家建设人才,兹经呈准中央人民政府教育部,将你校

① 上交档:永-8。

②《交通大学校史(1949—1959)》,第 30 页。

院系作下列调整：(1)电信管理系调整至电机系；(2)工业管理工程系调整至机械系；(3)轮机系调整至造船系，设轮机组。部分学生要求转系问题，可由你校自行慎重掌握处理；(4)纺织工程系与私立上海纺织工学院合组成立华东纺织工学院；(5)运输管理系调整至北方交通大学；(6)财务管理系调整至上海财经学院；(7)复旦大学土木系调整到你校土木系。以上调整方案，应由你校校委会领导，由工会、学生会配合，商定具体进行步骤报部。"①

由于此次调整涉及面较大，6月13日，校委会决定专门成立学校相关院系调整委员会负责实施。院系调整委员会由陈石英、陈大燮、钟伟成、朱物华4位校务委员和11个系的主任及工会、学生会代表组成，陈石英为召集人。相关系则成立院系调整小组。电信工程管理、工业管理工程、轮机工程3个系在交大内部调整；纺织工程、运输管理、财务管理3个系调离交大；土木工程系调入。人员方面，纺织系7名教师、2名技工调整到华东纺织工学院；财务管理系14名教师调往上海财经学院；运输管理系教师大部分调往北方交通大学；少数教师和一部分要求转院、转系的学生，学校也作了妥善处理。

1949—1951年的几次调整，受影响最大的是管理学院。交大管理学院被撤销，其下所属4个系中有3个系调离交大，1个系并入校内其他系。

三、1952年的大规模院系调整

1951年11月，教育部在北京召开全国工学院院长会议。交通大学教务长陈大燮、工学院院长朱物华、理学院代院长张鸿出席会议。教育部长马叙伦作了《关于全国工学院调整方案的报告》。报告提出的院系调整方案，以华北、华东、中南三个地区的工学院为重点，涉及交大的尚不明确。

直到1952年8月，统一领导华东地区高等学校院系调整的最高组织机构——华东地区高等学校院系调整委员会成立，出台《华东区高等学校院系调整设置方案》，《方案》涉及交大的部分规定：

（一）交通大学调整后各类系科的设置

(1)机械类：由交通大学、同济大学、大同大学三校的机械系，中华工商专科学校、华东交通专科学校两校的二年制机械科及上海市工业专科学校动力科合

① 上交档：永-25。

组而成;(2)电机类:由交通大学、同济大学、大同大学、震旦大学4校的电机系,沪江大学物理系电讯组、交通大学电讯科及上海市工业专科学校电力科合组而成;(3)造船类:由交通大学、同济大学、武汉交通学院3校的造船系及武汉交通学院、上海市工业专科学校2校的造船科合组而成。

(二)交通大学调出系科

(1)原交通大学理学院数学、物理、化学3系(留工学院所需师资外)调整至复旦大学。部分师资调整至华东师范大学;(2)原交通大学土木系调整至同济大学;(3)原交通大学航空系调整至华东航空学院;(4)原交通大学水利系调整至华东水利学院;(5)原交通大学化工系调整至华东化工学院。①

为了贯彻上述方案,交大由党委副书记万钧具体负责,制订了调整计划,全校成立福利、师资调配、职工调整、器材调整、图书、房屋家具调配、秘书、运输8个小组,9月份开始行动。华东教育部要求,在10月15日各校开学之前完成调整。为此,校党委召开师生员工大会,提出当前一切工作要服从院系调整这个中心工作,全体师生员工都要行动起来,认真地做好各项工作。由于经过了一系列的思想动员,交大大多数教师认为《华东区高等学校院系调整设置方案》是国家大规模建设的需要,表示服从组织分配。在一次全校大会上,即将到南京华东航空学院工作的航空工程系主任王宏基教授代表将要调整出交大的教师在会上发言说:"只要华东教育部一声令下,我们就像军队般行动起来。我代表航空系同仁,保证胜利完成航空系的调整工作。"调整到同济大学去的土木工程系代表李秉承教授说:"院系调整是改造旧中国建设新中国事业的一部分,我们有决心以实际行动贯彻院系调整的方案。"院系调整中留在交大的师生也纷纷表示要主动关心、团结兄弟院校调整到交大来的师生,把院系调整工作搞好。正是由于广大教师的识大体、顾大局,确保了院系调整的胜利完成,学校于10月15日按新的系科设置开学上课。

调整后的交通大学成为"多科性工业高等学校",②取消了学院建制,设机械、电机、造船3个门类,7个系,18个专业,14个专修科。1952年10月院系调整后的交通大学系和专业设置见表2－1。③

① 《华东区高等学校院系调整设置方案(草案)》。华东学习委员会办公室编印:《华东高等学校情况汇编第四分册》,1954年1月,第2－3页。

② 《中国共产党历史第二卷(1949—1978)》(上册),第283页。

③ 《华东各大学、学院、专科学校系科设置一览表》。华东学习委员会办公室编印:《华东高等学校情况汇编》第四分册,1954年1月。

表 2-1　1952 年院系调整后的交通大学系和专业设置

<table>
<tr><th colspan="2">本　科</th><th>专　修　科</th></tr>
<tr><th>系别</th><th>专业及专门化</th><th></th></tr>
<tr><td rowspan="6">机械制造系</td><td>机械制造工程专业</td><td>金工专修科</td></tr>
<tr><td>金属切削机床专业</td><td>铸工专修科</td></tr>
<tr><td>铸造及铸造工程专业</td><td>锻工专修科</td></tr>
<tr><td>金属压力加工及其车间设备专业</td><td>焊接专修科</td></tr>
<tr><td>金相热处理及其车间设备专业</td><td>热处理专修科</td></tr>
<tr><td>汽车制造专业</td><td>金工工具专修科</td></tr>
<tr><td rowspan="3">动力机械制造系</td><td>锅炉制造专业</td><td></td></tr>
<tr><td>内燃机制造专业</td><td></td></tr>
<tr><td>涡轮机制造专业</td><td></td></tr>
<tr><td rowspan="2">运输起重机械制造系</td><td>蒸汽机车制造专业</td><td></td></tr>
<tr><td>起重运输机械制造专业</td><td></td></tr>
<tr><td rowspan="3">电力工程系</td><td rowspan="2">发电厂配电网及其系统专业</td><td>发电厂电机专修科</td></tr>
<tr><td>输电与配电专修科</td></tr>
<tr><td>工业企业电气化专业</td><td>工业企业电气化专修科</td></tr>
<tr><td rowspan="2">电工器材制造系</td><td>电器绝缘与电缆技术专业</td><td rowspan="2">电机制造专修科</td></tr>
<tr><td>电机与电器制造专业</td></tr>
<tr><td rowspan="2">电讯工程系</td><td rowspan="2">电话电报通讯专业</td><td>长途电话专修科</td></tr>
<tr><td>市内电话专修科</td></tr>
<tr><td rowspan="2">造船工程系</td><td>船舶制造专业</td><td>船舶制造专修科</td></tr>
<tr><td>船舶蒸汽发动机及其装置专业</td><td>船舶动力设备专修科</td></tr>
</table>

四、1953—1957 年的院系调整

继 1952 年全国大规模院系调整后，随着第一个五年计划的实施和国际形势的变化，交大又陆续进行了局部的调整。根据 1953 年 7 月高教部召开的全国工学院行政会议决定，8—9 月，南京工学院电讯系长途电信专修科及机械系铸工专修科分别调整到交大电讯系及机械系；浙江大学市内电话专修科调整到交大电信系；山东工学院有线电专修科调整到交大电机系。与此同时，交大内部原有专业设置也进行调整：增设车辆制造本科专业；停止铸工、发电厂电机、输电与配电、船舶动力设备、长途电话、市内电话、船舶制造 7 个专修科的招生；

停办焊接专修科，原有学生转入机械制造类相近专修科学习，直至毕业。

1954年12月，国务院批准组建长春汽车拖拉机学院，并决定以交大、山东工学院、华中工学院三校汽车专业及华中工学院的内燃机专业为建院基础，为此交大汽车制造专业调往长春。

1955年1月，国务院批准在上海成立造船学院。为此，高教部和第一机械工业部决定，大连工学院造船系的20余名教师和2个年级的学生调入交大造船系。1956年夏，交大造船系由交大分出，独立成立上海造船学院。1957年，上海造船学院与南洋工学院又并入交通大学(上海部分)。

1956年8月，交大电讯工程系的电话电报通讯专业调往成都电讯工程学院。原因是1955年9月中央决定在成都组建电讯工程学院，并以南京工学院无线电系和交通大学、华南工学院两校的电讯系有关专业为建院基础。

1952年，中国高等教育的院系调整是参照苏联高等教育结构模式，分别成立文、理结合的综合性大学和多科性的工科大学，以及许多单科性的工学院和医、农、师范等独立学院或大学，而管理类专业则全国性受到压缩。这次院系调整一定程度上整合了教育资源，满足了国民经济建设对专业人才的急需。而交大共调出土木、航空、水利、化工、数学、物理、化学7个系，包括师资和设备，与其他院校有关系科合并，成立了一批新的工科院校，如华东化工学院、华东航空学院、华东水利学院、华东纺织工学院、成都电讯工程学院等。交大理科的调出也支援了其他兄弟院校的发展。在院系调整中，交大对中国高等教育的发展作出了很大贡献。院系调整中，交大也调进了同济大学、大同大学、中华工商专科学校、华东交通专科学校和上海工业专科学校等校的机械、电机、造船等方面的人才和设备，加强了交大机、电、船三个系科的力量。经过院系调整，学校人才培养的规模也逐年扩大，如1950年交大招生人数为718名，到1954年已增长到1 903名，毕业生也从1950年540名发展到1954年的1 026名，增长近1倍。[①]

这次按苏联模式进行的院系调整也有不足之处。对交大来说，调整后实力削弱，对后续发展增加了难度。如理学院、管理学院的撤销，很多教师调离交大；工科门类减少，以及工科类专业过细等，对交大这所历史悠久、理工管结合的全国知名大学，及其在培养学生的创造力和发扬优良办学传统等方面，均带来明显影响。直到20世纪70年代末，进入改革开放后，上海交大加快恢复理、工、管和发展文、法、医、农，成为具有综合性学科格局的知名大学。

---

① 《上海交通大学志》，第249、253页。

第二节　实施教学改革

一、统一教学计划与教材体系

在全国高等学校进行院系调整的同时，中央教育部要求各校开始全面的教学改革。改革的基本方针是学习苏联经验并与中国的实际情况相结合。改革的重点之一是按专业培养专门人才，制定全国统一的教学计划和课程体系。这是此前中国高等教育中不曾有过的。高教部发文称："为了配合祖国大规模经济建设和文化建设的到来，有计划地培养各种建设人才，彻底改革旧教育，制订全国高等学校各专业统一的教学计划，就成为高等教育改革的中心环节之一。"[①]"教学计划是教学工作的基本大法"，"学校在执行高等教育部批准的统一教学计划时，不得随意变动"。[②]

大规模院系调整结束后的1952年下半年，高教部一时还拿不出各专业统一的教学计划，于是交大参照苏联相同专业的教学计划，先行拟定学校各专业教学计划，并不断修订和具体化。如机械制造工程专业1952年9月制定的教学计划，1953年5月就进行修订，修订后的教学计划规定该专业的培养目标为"机械制造工程师"，具体要求：达到"机械工程专业的技术水平，生产性多于设计性，切削力加工的知识较为丰富，能根据设计图样解决生产计划的制定、劳动力及机床设备的调度、生产程序及方法的决定，夹具及附件的设计，生产潜在力的发挥等问题，并具有相当的基本建设的知识"。教学计划还特别强调，该专业的工程师"在设计工作方面与'金属切削机床及其工具'专业的区别在于前者是根据生产上的特殊要求设计工具夹具，改装特种机床，而后者偏重于产品设计"。[③] 修订后的教学计划在理论学习方面比原计划减少5周时间，与此同时增加了主要专业科目如机械制造工学、金属切削机床等的学习时数；另外增加了一些课程如金相热处理的实验时间。各专业新的教学计划明确学生进行三次实习：第一次为"认识实习"，时间4周；第二次为"专业实习"，时间7周；第三次为"毕业实习"，时间7周。毕业论文方面，要求作1个产品全面设计，时间为15周，这对指导教师也增加了大量的工作。

从1953年下半年起，高教部开始组织或委托高等院校分工制订或修订统一的各专业教

---

① 《高等教育史》，第99－100页。

② 《中国教育年鉴(1949—1981)》，中国大百科全书出版社1984年版，第294页。

③ 《机械制造系修订机械工程专业教学计划的说明》。上交档：永－65。

学计划。1954年,交大先后两次参加高教部召集和委托由交大主持,在苏联专家指导下,与兄弟院校一起共完成内燃机、金属压力加工及其机器、金相热处理等22个专业的统一教学计划的制定和修订。1956年,交大受高教部委托负责修订了机械制造工艺、金属切削机床及工具、发电厂电力网及电力系统等3个专业的统一教学计划。

随着全国工科院校统一教学计划的陆续出台,学校提出:自1954年起,三年内实施统一教学计划,各课程均采用苏联教材;每门课程都要有“教学进度表”,各教学环节都有相应的教学法文件,如实验指导书、课程设计(作业)指导书,实习大纲、试题、答疑卡等。1954年入学的本专科(即一年级新生)全部实行统一教学计划,二、三、四年级则实行过渡性教学计划。

彭康(中)与在校的苏联专家合影

20世纪50年代的全国统一教学计划是参照苏联高等教育的专才教育模式建立的,是引进苏联高等学校同类专业的教学计划或参照其制定的,它包括培养目标及其说明、课程设置、教学进度、教学形式和教学环节、学年编制(教学日历)等;教学形式和教学环节如课堂讲授、讨论、习题课、实验、实习、课程设计、课程作业、毕业设计、答辩、考试、考查等;教学进度如各门课程的总学时数、周学时数、各教学环节的学时分配、课程设计和课程作业表、生产实习表等的安排,所有这些内容都要预先设计好,并分门别类列入计划。

苏联模式的统一教学计划内容系统而繁复，能对教学过程进行有效管理和控制，减少教学活动中的随意性和盲目性；但过于机械和刻板，不利于教师和学生创造性的发挥。

由于实行统一教学计划，学校课程的设置发生变化，政治课课时不断增加，一度占总学时数的12%以上；国文即中文课被取消。交大历史上重视国文教育，毕业生大都具有相当的人文素养和国文根底，但1952年院系调整和教学改革后，这个传统受到削弱，直至改革开放后，建立人文学院时才得到恢复和传承并进一步发展。

在统一教学计划和课程体系中，数学、物理等基础课所占比例很大。如车辆制造等专业的专业课总计3 853学时，高等数学占342学时，专业课程车辆计算及制造为348学时，两者相差仅6学时。因此，虽说实行的是专业教育，但实际上学校还是很重视基础课教学。

1953年金工机制专业学生进行金工实习

统一教学计划的实行和课程的改革对教材提出了新的要求。交大此前使用的教材基本都是欧美原版教材或教师根据欧美教材结合实际自己编写的讲义。1952年以后，要求使用苏联教材。苏联基础课教材系统、严谨，理论性、逻辑性强，符合交大重视基础课教学的传统，如别尔曼的《高等数学》、福里斯的《物理学》、伏龙科夫的《理论力学》、别辽耶夫的《材料力学》等都是比较好的教材，交大教师能接受。1954年9月，交大《1953学年度工作综合报告》说："本年度中基础课与基础技术课全部采用苏联教材；专业课有51门采用了苏联教材，占本年度开设的专业课100门的51%，占全部专业200门的25%。"①

① 上交档：永-62。

苏联教材需要译成中文,虽然高教部组织各高校分工翻译,但赶不上需求,学校就组织力量自己翻译,同时根据苏联教学大纲编写临时讲义。交大教师解放前大多留学欧美,教学中很多使用美国原版教材,熟悉英语,却不懂俄语。为了学习苏联,翻译教材,学校组织教师、学生突击学习俄语,现学现译,仅1953学年全校就翻译了苏联教材40余种。

在使用苏联教材的过程中,教师们感到有些教材并不适合中国情况。高教部也注意到这一情况,要求各高等学校在学习苏联教材的基础上,根据中国实际自己编写教材。1955年,交大在《教学工作今后五年规划的意见(修正案)》中提出:“1955年—1957年内,基础课及基础技术课程按高教部分配的任务编写出质量较高的教科书,并争取1960年全部编写出来。”1957年2月又在《1956—1957学年第二学期教学工作要点》中强调:在教材方面,各专业的主要课程均应自己编写,先出讲义,试用修正后正式出版,要求在4年内做到各课程都有合适的教材。

我国大学本科学制是四年,而苏联是五年制,学习苏联高等学校的专业教育模式,要在4年内完成5年的教学内容,师生负担都过重。学生每周的学习负担实际在60小时左右,导致睡眠不足,影响身体健康。

对教学上的超负荷现象,学校领导非常重视。经过调查研究分析,认为导致以上现象的主要原因是教学计划、教学提纲脱离实际,机械照搬苏联模式,要求过高,以致造成教师教学赶进度,学生学习只求做出题目,对内容的理解和概念的掌握不够重视,影响教学效果。

陈大燮教务长(左2)与学生在一起

针对这一情况,1955年,高教部决定将本科学制改为五年。学校据此修订了教学计划,结合实际调整了课程的学时,严格控制总学时,学生每周课内外学习控制在54小时之内,保证每天8小时睡眠以及早操及课外文体活动时间。

通过上述努力,教学中的忙乱、脱节,负担过重现象得到了改善。

二、加强教学制度建设和建立教研室(组)

按照教育部1950年8月《高等学校暂行规程》中的规定，各校在系下面设立教研室(组)。1952年9月，学校已建立14个专业教研室、6个基础技术教研室，每位教师分别参加一个教研室。教研室人数最多的有29人，如电机原理教研室；最少的只有4人，如企业组织与计划及保护防火技术教研室。

院系调整时，理学院被撤并，留下一部分教师分别成立数学、物理、化学等基础课教研室，主要任务为工科专业学生讲授这些基础课。政治、外语、体育分别成立公共课教研室。学校专门抽调了一部分专业教师分别组成力学(理论力学、材料力学)、制图、热工、机械设计、电工原理等基础技术课教研室。

专业教研室承担专业课程的教学任务和整个教学计划的实施，按专业培养学生。专业教研室的工作：①制定和落实本专业的教学计划与教学大纲；②组织教师进行重点、难点的预讲，定期检查教学效果，召开师生座谈会，听取意见，由任课教师填写教学情况报告表，与学生课代表建立联系，了解学生学习效果等；③集体备课，讨论教学方法；④组织科学研究，编译教材；⑤推动俄文学习；⑥制订教研室及专业发展规划；⑦组织教师进修；⑧实验室建设；⑨研究生的培养等。

在完善教学制度方面，学校制订3年(1954—1957年)《教学工作计划纲要》，主要内容是：①1954年起，逐步完善学术委员会、系主任会议、教学法会议；②加强教务处建设，使之符合新教育制度的要求；加强教务处职能，在教务处下相继增设了教材科、仪器设备科、教学法科等；③成立研究部，加强对科学研究工作的领导；④1954—1955学年开始试行教师工作量及工作日制度；⑤贯彻教师的考核升等制度；⑥从1954—1955学年起，各处、科、系、教研室、教师个人均要制订工作计划和各级组织的工作制度；⑦建立教师进修制度；⑧系要筹划全系教学工作，并审查教研室工作计划、教学大纲及检查各教研室工作进行情况等；⑨排课、统计成绩、补考、升留级与奖惩等工作由系管理，教务处指导；⑩加强教研室在教学中的领导作用，逐步补充教研室教辅人员及技工，根据需要增设与调整各教研室；⑪健全学生成绩的考试考查制度和学籍管理；⑫建立技工、教辅人员管理考核制度；⑬成立物资供应科，划归总务处领导，使教务处集中力量管教学。

学校还制定一系列规章制度，如《交通大学暂行考试通则》《关于本学期课程考查办法的通知》《关于恢复测验办法的决定》《交通大学关于学生请假暂行办法》《交通大学课程考试与考查暂行条例》《交通大学"优等生""优等班"奖励办法》《交通大学教师晋升办法》《关于实验室人员的若干规定》等。

由于交大一部分校舍处在一公里外的徐虹北路,学校决定一年级新生在徐虹北路住宿和就读并设立一年级办公室,全面管理一年级学生的政治思想工作、课程学习以及食宿等生活保障。

苏联教学模式有一些明显不符合中国实际,如“六时一贯制”,即上午连续上6节课,然后吃中饭,下午安排实验等其他活动。由于效果不好,“六时一贯制”不久就停止试行。

三、改革课堂教学和重视教学法研究

过去一门课的教学主要由课堂讲授、实验、考试等几个环节组成。学习苏联教学模式后,课程教学扩展为预习、课堂讲授、质疑、答疑、辅导课、习题课、实验课、考查、考试(笔试或口试),同时还设置三次生产实习(认识实习、专业实习、毕业实习)、学年论文、课程设计、毕业论文或毕业设计等环节,整个过程更加体系化、制度化,而且强调教学法研究。当时,交大教师很认真地学习苏联高校教学方法,经常向苏联专家请教。各教研室普遍开展教学法研究。例如,理论力学教研室总结出要做好:①预习。事先交给学生预习提纲,提出明确的要求和预习范围,使学生了解下一课的中心所在。②讲课。教师要在黑板上写出简短提纲;讲课节奏宜慢、清楚,便于学生作笔记和思考,要突出重点,重逻辑性、系统性;注意启发式教学,在讲述概念前,先向同学提出问题,引导学生主动思考,注意运用形象化教学,培养学生想象能力。③习题。习题内容要求与讲课内容密切配合,注意由浅入深。④检查教学效果和答疑。经常找不同类型的学生交谈,听取学生对课堂教学的意见;对学生提出的问题,做好课堂答疑。

为了深入学习研究教学法,学校成立了教学法研究会,在教务处下设立教学法研究科,经常组织全校性的教学法研究和讨论,召开经验交流大会。如1956年12月举行的教学法会议上,交大教师提交了12篇教学经验总结和研究报告:输配电教研组代理主任李惠亭教授的《有关四年制教学的一些问题》、金相热处理教研组代理主任郑家俊教授的《毕业设计总结》、锅炉教研组主任陈学俊教授的《毕业设计和课程设计》,电机原理教研组副主任胡之光讲师的《毕业设计的几个问题》、发电厂教研组副主任裘益钟副教授的《解决发电专业学生学习运行操作方法——模型发电厂和模型调度所的作用》、内燃机教研组孟广诚讲师的《内燃机实验室的建立》、机制工艺教研组副主任顾崇衔教授的《机制工艺课程总结》、数学教研组主任朱公谨教授的《编写高等数学教科书的体会》、电工原理教研组主任林海明教授的《编写电工基础教科书的体会》、绝缘教研组主任陈季丹教授的《新专业课的备课体会》、发电厂教研组吴励坚讲师的《对实验室的意见》、普通电工教研组副主任袁旦庆讲师的《吸收先进经验改进实验课》等。参加此次会议的有上海市高教局负责人、上海市兄弟院校的代表、学校的苏联专家和有关行政人员。

由于重视教学法的研究，教师讲授效果和学生听课效率明显提高，教学质量也有显著提高。

学习苏联高等教育模式，学校还进行了考试制度的改革，主要是对学生学习成绩的检查采用测验、考查和考试（开卷考试、口试）等办法。学校鼓励上课时采取不定期测验，以督促学生经常复习，并从中了解学生学习情况。列为考查的课程，一般平时无测验成绩，或有测验而不全记分的，可用检查笔记、学生回答问题或笔试等方式进行考查。考查结果分及格和不及格。列为考试的课程，学生必须先考查及格，才能参加考试。考试成绩的记载，改百分制为“优、良、及格、不及格”四级。

从1952年度第二学期起，期终考试的课程逐步实行了口试取代笔试。口试时，学生抽取考题，做40分钟左右的准备，然后向主考教师陈述答案，回答主考教师的补充提问。口试能比较深入了解学生对知识理解的广度和深度，也无作弊的可能，但是，对教师来说，要准备一定数量的考题，与笔试方法比较，工作量大大增加。口试为主的期终考试方法至1957年基本上停止实行。

学习苏联高教经验，1956年6月，根据高教部规定，交大对毕业设计答辩试行国家考试，各专业均组成“国家考试委员会”，聘请有关的工厂、研究设计院的专家及本校教师为委员会成员。有的国家考试委员会还请苏联专家就评分原则、评分标准、答辩程序作详细介绍。1956年，交大共有14个专业的465名本科毕业生参加国家考试，其中成绩获优秀的215人，良好的180人，共占85%。也有少数学生未能通过考试。

1954年机制专业班赴工厂实习

毕业设计（论文）在苏联高等教育中，是培养工程师的最后一个重要的教学环节，交大同样引进。1956年，要求在1952年入学的工科学生中全面完成毕业设计（论文）工作。

为此有关专业教研室进行细致的安排:①要选好毕业设计(论文)题目,选好毕业实习的厂矿,报请高教部审核同意;②派各专业指导教师提前到各实习厂矿制订毕业实习计划,落实实习学生食宿问题;③指定一些教师在苏联专家或本校老教师指导下,试作几个毕业设计,以检查题目难易程度等;④毕业实习前,发给每位学生毕业设计任务书和毕业实习指导书,要求学生实习时按选题要求,作好收集资料的准备。毕业实习一般在寒假前后或寒假中进行,视厂矿安排的可能;实习地点除上海外,远至东北、西安、湖南等地。总之,学校和专业教研室承担了很大工作量。毕业实习结束后,学生就开始进入毕业设计(论文)阶段。

除毕业设计(论文)外,生产实习也是教学环节中的一个重要部分。安排生产实习也是参照苏联的模式进行。学生在不同的年级分别参加认识实习、生产实习和毕业实习,且先后模仿工人、工段长或车间主任、技术员等不同身份参加生产实践。1954 年暑假,学校就组织了1 700多名学生参加生产实习,为此还专门成立了生产实习工作委员会,全面领导这一工作。为保证实习能取得成效,学校十分关心学生生活,例如给到哈尔滨实习的学生在出发前出借御寒棉大衣。学校还注意对学生加强思想教育工作,进厂前对学生进行实习动员:①说明生产实习的意义,提高学生对生产实习的热情和积极性;②进行组织性、纪律性教育;③要求学生虚心向工人学习,尊重工厂技术员,尊敬本校老师,同学之间要团结友爱,互相关心;④进行保密教育、安全教育等。进厂后,还组织工人和技术人员与学生座谈、请技术人员作报告等。实习结束回校后还要进行总结,巩固实习中的收获。

第三节 苏联专家来校与对外交流

一、苏联专家在交大

学习苏联的重要措施之一是中国政府聘请大批苏联专家来华工作。高等教育方面由中央高教部统一聘请,然后分派至有关大学。

1953 年 12 月 12 日,高教部派来苏联专家斯·格·罗纲诺夫和阿·伊·舒金,[①]分别在内燃机制造专业和工业企业自动化专业工作。这是交大最早的两位苏联专家。到 1958 年,在校的苏联专家已有 26 名,民主德国专家 2 名。苏联专家来自莫斯科动力学院、莫斯

① 《上海交通大学纪事(1896—2005)》(上卷),第 447 页。

科包乌曼高等工业大学、列宁格勒造船学院、列宁格勒工学院、哈尔科夫铁道运输工程学院等。

苏联专家指导学生课程设计

苏联车辆专家依·依·契尔诺柯夫审阅研究生的毕业设计

苏联专家在交大一般工作2年，主要承担：

第一，培养研究生，为研究生授课和指导研究生做设计(论文)。内燃机制造、工业企业电气化、起重运输机械、电气绝缘和电缆技术、船舶制造、船舶蒸汽机、发电厂电力网及电力系统、车辆制造、冷冻机、电气机车制造、机械零件、金属切削机床等专业都有苏联或民主德国专家。据统计，到1958年7月，苏联专家在交大共指导培养研究生116人和一部分进修教师，并在22个专业开设专业课。

第二，帮助教研室提高教学质量。如船舶结构力学这门课交大原来只讲解“船体强度”，苏联专家到学校后，开设了“弹性力学”“船体振动”“潜艇强度”等专题讲座，还展示了船体结构力学在船体强度计算中的应用实例，其范围与深度超出教学大纲要求，对提高教研室的业务水平有很大帮助。苏联专家还为交大教师上示范课，指导青年教师做课程设计和毕业设计，提供苏联学生的作业、课程设计、毕业论文等样本，对交大教师很有帮助。担任苏联专家翻译的工企教研室的两位青年教师，在专家指导和中国教授的帮助下，很快开出“电力自动控制”和“生产机械电力装备”两门新课。

第三，帮助进行专业建设。院系调整后，学校根据国家建设需要增设一些新专业。苏联专家和中国教师一起制订发展规划，修订教学计划和教学大纲，组织编写教材。如罗纲诺夫专家编写讲义2本，依斯托明、布库斯、普拉夫金3位专家各编写讲义3本，舒金、克鲁其科夫、曼特罗夫3位专家各编写讲义4本。1953—1959年期间,在交大的苏联专家共编写讲义52种。

第四,指导筹建实验室。1954年11月,在苏联专家舒金的帮助下,学校建成工业企业电气化实验室,属当时国内一流水平。1953—1954年,在交大的苏联专家共指导建立实验室22个。

1953—1959年苏联与民主德国专家名单见表2－2。

二、派遣学生赴苏联及东欧各国留学

20世纪50年代国家统一计划和组织向苏联和东欧派遣留学生。1952年9月26日,华东军政委员会教育部通知交大:"中央业于本月二十三日放榜,你校录取留苏研究生2名,大学生28名。"2名研究生是:万百五、王绍先;28名大学生是:潘裕缦、陈秀纹、葛益恒、江福曾、姚心斋、杨长生、王浣尘、陈培根、胡阿梅、成建民、朱毂君、陈儒庆、惠钟锡、顾叔钊、沈磊、郁永熙、黄福祥、薛沐雍、李超俊、蒋昭、游立中、蒋新松、叶大均、孟庆集、盛虞琴、朱宝理、张宗鼎、田鹤群。[①]

1953、1954两年学校均派出留苏学生。1955年高教部分配给交大的留学生名额37人,其中留苏学生33人,留学东欧其他社会主义国家4人。留学生的主要条件是:①历史清楚,政治可靠,思想进步;②学习、工作积极努力,品质优良,有培养前途,且自愿留学;③家庭成员及主要社会关系无反革命问题;④年龄在30岁以下,身体健康。选拔方法是:①各系行政领导与有关班级党员根据选拔条件先进行排队,提出初步名单,与人事处及有关业务部门协商提出复审名单;②复审名单提出后,由学生科进行政治审查,卫生科进行体格检查;③政治、业务、身体均合格者,在系和班级教师中征求意见,然后确定选送名单,报校长核批;④最后,将选送名单及各审查材料上报高教部核批。

1955年2月19日,根据高教部指示,学校决定从应届毕业生及本科一年级学生中选拔留学生,并专门制订《1955年选拔留苏及赴人民民主国家留学研究生计划》(以下简称《计划》),[②]提出选拔条件和方法。《计划》特别强调必须明确选拔标准,根据中央指示结合学校具体情况,在政治初审合格后的基础上进行身体检查与业务选择。业务选择时要注意其主要专业课和基础课的学科成绩,同时要注意学习是否认真踏实、肯钻研、能独立思考等。最

① 上交档:长－86。

② 上交档:长－206。

表 2-2　1953—1959 年聘请苏联与民主德国专家情况表[①]

序号	姓名	国籍	原工作单位	来校工作时间	离校日期	在学校所任专业	培养研究生数	听课人数（本校）	编写讲义种数	指导建立实验室数
1	谢尔盖·格奥尔其维奇·罗纲诺夫	苏联	莫斯科巴乌曼高等工业大学	1953.12	1955.11	内燃机制造	13	8	2	1
2	阿历克赛·依凡诺维奇·舒金	苏联	莫斯科函授动力学院	1953.12	1956.6	工业企业电气化	9	14	4	1
3	伊凡·彼得洛维奇·克鲁其科夫	苏联	莫斯科巴乌曼高等工业大学	1954.11	1956.12	起重运输机械	9	12	4	1
4	米哈依尔·依凡诺维奇·曼特罗夫	苏联	莫斯科动力学院	1954.12	1956.11	电气绝缘及电缆技术	5	17	4	3
5	亚历山大·安得烈也维奇·普拉夫金	苏联	列宁格勒造船学院	1955.2	1957.1	船舶制造	4	16	3	4
6	廖尼特·依凡诺维奇·库金	苏联	列宁格勒海运学院	1955.2	1955.6	船舶蒸汽机				
7	符拉基米尔·巴夫洛维奇·施密廖夫	苏联	列宁格勒海运学院	1955.2	1955.6	船舶内燃机及装置				
8	格奥尔基·谢尔盖也维奇·保尔恰尼诺夫	苏联	莫斯科动力学院	1955.9	1957.6	发电厂电力网及电力系统	8	10	1	1
9	符拉基米尔·恩得来也维奇·魏佳也夫	苏联	莫斯科动力学院	1955.9	1958.1	锅炉制造	8	19	3	1

① 《1953—1959 年聘请苏联与民主德国专家情况表》。上交档:永久-0249。

(续表)

序号	姓名	国籍	原工作单位	来校工作时间	离校日期	在学校所任专业	培养研究生数	听课人数(本校)	编写讲义种数	指导建立实验室数
10	巴凡尔·阿历山大洛维奇·依斯托明	苏联	列宁格勒造船学院	1955.10	1957.6	船舶内燃机及装置	7	16	3	1
11	依凡·安特列安诺维奇·布库斯	苏联	尼古拉耶夫造船学院	1955.10	1957.6	船舶蒸汽动力装置	6	6	3	
12	阿历克赛特尔·伊西特洛维奇·舍台依	苏联	哈尔科夫铁道运输工程学院	1956.9	1958.6	蒸汽机车制造		12	3	1
13	伊凡·伊凡诺维奇·契尔诺柯夫	苏联	列宁格勒铁道运输工程学院	1956.8	1958.6	车辆制造	6	12	1	1
14	阿历克赛特尔·谢尔也维奇·普洛尼柯夫	苏联	莫斯科巴乌曼高等工业大学	1956.8	1958.6	机械制造工艺金属切削机床及工具	3	19	3	1
15	伊凡·符拉基米洛维奇·维诺格拉道夫	苏联	列宁格勒造船学院	1956.9	1958.6	船舶制造	8	11	3	
16	康斯坦金·巴夫洛维奇·谢列兹尼奥夫	苏联	列宁格勒工学院	1956.9	1958.6	压缩机	7	12	1	1
17	尼古拉·依里奇·恰基廖夫	苏联	奥德萨高等航海学校	1956.9	1957.6	船舶电气设备	8	10	1	
18	康斯坦金·康斯坦金·诺维奇·舍列施柯夫	苏联	列宁格勒铁道运输工程学院	1956.11	1958.6	电气机车制造	8	12	3	1
19	瓦列里·亚历山大洛维奇·波斯诺夫	苏联	列宁格勒造船学院	1957.9	1958.6	船舶制造	1	7	1	

（续表）

序号	姓名	国籍	原工作单位	来校工作时间	离校日期	在学校所任专业	培养研究生数	听课人数（本校）	编写讲义种数	指导建立实验室数
20	瓦列金・彼得洛维奇・阿历克塞耶夫	苏联	奥德萨食品工业学院	1957.9	1959.6	冷冻机	4	20	4	1
21	维克托尔・华西里也维奇・索洛乌辛	苏联	莫斯科巴乌曼高等工业大学	1957.7	1959.4	内燃机车		11	3	1
22	谢尔兹・博里索维奇・鲁卡维什尼柯夫	苏联	列宁格勒电工学院	1958.9	1959.5	船舶电气设备	2	10	2	1
23	多尔吉诺夫	苏联	莫斯科函授动力学院	1958.2	1959.7	高压技术				
24	巴比科夫	苏联	莫斯科动力学院	1958.3	1958.7	电压电器				
25	那塔尔丘克	苏联	莫斯科水利工程学院	1958.9	1959.3	灌溉管理				
26	马秋申	苏联	莫斯科机床与刀具学院	1958.10	1959.3	刀具				
27	伯宁	民主德国	德国罗斯托克造船学院	1957.9	1957.11	机械零件				
28	贝尔特霍德	民主德国	德累斯登工业大学	1958.6	1958.7	金属切削机床				
						合计	116	254	52	22

后，学校分别从电机与电气制造、船舶蒸汽动力制造、电话电报通讯、蒸汽机车制造、汽车制造、内燃机制造、蒸汽动力机械制造、船舶制造、发电厂配电网及联合输电系统、机械制造工程等 10 个专业选拔出 37 名学生。其中留苏 33 人，留学社会主义民主国家 4 人，占这 10 个系学生总数 675 人的 5.5%。[①]

据统计，1953—1956 年，交大共派出公费留学生 328 人。[②]

20 世纪 50 年代越南留学生在阅览室自修

三、接受外国留学生与对外交流

20 世纪 50 年代，我国高等学校培养外国留学生也是由中央高教部按计划统一安排来校。1955 年，高教部分配 4 名越南本科生来交大留学。这批留学生来校前已在桂林中国语文专修学校学习中文 1 年。他们均在交大蒸汽机车制造工程学专业学习。当年还有一位越南本科留学生是院系调整时从大连工学院转学来校的，在船舶内燃发动机及其装置专业学习。1956 年，又有 14 名越南学生分配到交大留学，其中蒸汽机车制造专业 7 名、车辆制造专业 5 名、电机和电器制造专业 2 名。

为了做好留学生工作，学校于 1956 年 4 月 30 日成立由张鸿教授为首的留学生工作组，由副校长苏庄分管。工作组制订了留学生工作计划，涵盖其思想、学习、生活、健康等各方面；要求教务处经常关心留学生学习，推动系和基础教研室加强学习指导；要求任课及辅导教师及时解决他们的困难，作好答疑工作，批改作业要特别予以关心；教师上课要讲普通话，板书要清楚，避免写草字；考试时，适当延长口试准备及口试时间等。留学生 4 人一间寝室，伙食上也予以关心。

1957 年，又有 30 名越南留学生由高教部安排陆续来校，到运输起重机械

① 《1955 年选拔留学生名单》。上海市档案馆、上交档：长－206。

② 《上海交通大学志》，第 660 页。

系学习的有 19 名；从武汉调来的 8 人，从上海机床厂来校进修的 3 人，其中有越南劳动党党员 6 人、团员 13 人。

1958 年，越南在交大(上海部分)的留学生共 17 人。

1959 年 3 月 28 日，校长办公室《1958 年留学生工作总结及 1959 年工作规划》内称，现有留学生 27 人，其中运起系 17 人、船动系 5 人、电机系 4 人、船制系 1 人；另有华侨学生 34 人。

20 世纪 50 年代，校际合作与交流主要在苏联、东欧等社会主义国家之间进行。与交大来往较多的有苏联莫斯科动力学院、莫斯科包乌曼高等工业大学、莫斯科机床刀具学院、列宁格勒乌里扬诺夫电工学院、哈尔科夫列宁工学院，捷克斯洛伐克布拉格高等技术大学、别里列茨机械制造学院，德意志民主共和国德累斯顿工业大学，波兰格坦斯克工业大学等。这些学校有的派专家在交大工作，交大也派遣教师到这些国家进修学习或参观访问。1957 年，根据中国和捷克斯洛伐克文化合作协议，学校与捷克斯洛伐克布拉格高等技术大学建立友好关系。3 月，彭康校长致信捷克斯洛伐克布拉格高等技术大学校长，谈到正在草拟双方的联系计划，以便能具体有效地进行合作，同时还寄去《交通大学学报》及一、二年级各专业课程进度计划等资料，以便加强了解和沟通。5 月，对方回信，介绍了他们学校土木工程等 8 个系的情况，表示很希望与交大开展合作。5 月 18 日，周志宏教授前去参加该大学成立 250 周年纪念日。

20 世纪 50 年代，交大先后接待外国学者、专家、官员等来访，如 1958 年 7 月至年底，共有 18 批、34 人来访；1959 年共有 34 批、127 人来访，涉及苏联、捷克、波兰、民主德国、保加利亚、匈牙利、罗马尼亚、越南、朝鲜、印度、锡兰、法国、日本、荷兰、波多黎各、伊拉克、塞内加尔、几内亚、苏丹、巴西、委内瑞拉、智利等国家。

第四节 培养研究生与举办工农速中

一、恢复招收研究生

新中国成立之初，高等教育中的研究生教育一时未能步入正轨，全国仅招收少量研究生。交大在解放前招收电讯专业研究生已卓有成效，1950 年 6 月 23 日，第 51 次校务委员会会议决定授予两名电讯专业硕士研究生学位，并报教育部备案。[①] 之后，由于高教部还没有

① 上交档：永- 2。

制定大学培养研究生的制度,交大只能中断招生。

直到1952年大规模院系调整结束后,高等教育部于1953年11月27日发布《高等学校培养研究生的暂行规定(草案)》,规定"凡聘有苏联专家(或人民民主国家的专家)或师资条件较好的高等学校均应担负培养研究生的任务,其目的为培养高等学校师资和科学研究人才。研究生毕业后应能讲授所学专业的一、二门课程并具有一定的科学研究能力"。[①] 1953年,交大根据规定招收了3个专业的27名研究生,其中内燃机专业13名、工业企业电气化9名、电绝缘及电缆技术5名,[②]学习年限为2—3年。1955年,交大招收研究生扩大到运输起重、船舶内燃机、船舶蒸汽发动机、电机原理、锅炉制造发电厂等专业。1956年又扩大到金属切削、车辆、电力机车、压缩机、铸造、金属材料、热处理、动力装置等专业。

1953—1959年,学校招收研究生共计273人,详见表2－3。

表2－3 1953—1959年招收研究生人数统计表

专业 \ 年份/人数	1953	1954	1955	1956	1957	1959	合计
内燃机	13	13	13				39
工业企业电气化	9	9	9	1			28
电绝缘及电缆技术	5	5	5	6			21
起重运输		9	9	9		1	28
船舶蒸汽机(涡轮机)			6	6			12
船舶构造及系统			6	4			10
船舶内燃机(辅机)			7	7		2	16
船舶设计与制造				7	7	5	19
船舶电气设备(电工)				7	7		14
电机(原理)			2	4			6
锅炉制造			8	9			17
发电厂			8	8		2	18
金属切削				2	2	1	5
车辆				6	6		12

① 《中华人民共和国重要教育文献(1949—1975)》,第266页。
② 《1955年交通大学研究生名单》。上交档:长－458。

（续表）

专业 \ 年份/人数	1953	1954	1955	1956	1957	1959	合计
电力机车				8	8		16
压缩机				7			7
铸造				1			1
金属材料热处理工艺及设备				1		1	2
钢铁冶炼						1	1
动力装置(内燃机)				1			1
总计	27	36	73	94	30	13	273

说明：以上数据 1957 年为交通大学(上海部分)、1959 年为上海交通大学。

1956 年 12 月，学校根据《1956 年中华人民共和国高等学校招收副博士研究生的暂行办法》，首次招收了 8 名副博士研究生。副博士研究的培养方案，依据有关规定，参照中国科学院研究生暂行条例执行，学习期限一般为 4 年，学校为这些副博士研究生配备了优秀的指导教师。后因多次政治运动，这些学生虽读完了课程，有的写了论文，但全部没有被授予副博士学位。

二、举办工农速成中学和夜大学

20 世纪 50 年代，大学举办工农速成中学是贯彻新民主主义文化教育政策向工农群众开门的重要举措。1949、1950 两年，中央有关部门先后发出《关于举办工农速成中学和工农干部文化补习学校的指示》《工农速成中学暂行实施办法》等文件，要“在全国范围内有计划有步骤地举办工农速成中学和工农干部文化补习学校”。[①]

1952 年，华东区高等学校院系调整设置方案中规定交通大学要“附设工农速成中学及工农预备班”。7 月 11 日，交通大学工农速成中学(简称工农速中)正式成立并开始招生。工农速中设 4 个中学班 153 人，2 个预备班 43 人，共有学员 196 人。10 月 1 日开学。

当年，交大还从工人、农民、高中毕业或肄业的机关青年干部、店员、私营工厂及手工业行业的工人中，招收学员组成工农调干生班，分为电机和机械两类，学制和学籍管理与普通大学生相同。由于这些学员年龄大、文化基础差，跟不上普通班的教学进程。1953 年，学校

① 《中华人民共和国教育部重要教育文献(1949—1975)》，第 69 页。

将工农调干生班单独开课,并根据他们的特点加强课外辅导,适当减免外语、体育等课程。一年以后,将这些学员再分别插入各相应专业继续学习。

以后工农速成中学的规模有所扩大,1954年9月,招收新生380人,有产业工人、工农干部、转业军人及一部分厂矿负责干部。按教育部规定,工农速中学习时间一般2—3年,少数基础好的学生1年后升入高等学校理、工等科系。

1955年7月12日,教育部、高等教育部联合通知称:自1955年秋季起工农速成中学停止招生。交大的工农速中后来并入华东实验学校,1958年又回到交大管理,改名“上海交通大学工农预科”,后来又改名为“交通大学附属中学”。

钟兆琳教授(中)辅导工农学员学习

1956年,为贯彻国务院关于大力开展正规职工业余教育的指示,交大举办夜大学,成立夜校部,当年招生发电厂电力网及其系统、热能动力装置、机械制造工艺专业,正式录取150名,试读生30名,修业期6年。9月11日,夜大学正式上课。这也是新中国成立以后上海高校中最早设立的夜大学之一。夜大学依托日校师资和教学、实验设施,严格要求,坚持教学质量,受到社会、工厂企业的欢迎。

1955年中央决定交大西迁。1956年1月13日,一机部指示,上海造船学院成立夜大学,并于1956年暑期后开始招生,对象为一机部所属在上海市造船系统的工厂、机关、学校中具有相当于高中毕业水平的干部及工人,年龄不限。计划招生220名。学制为本科6年(包括毕业实习),设置船舶制造、船舶内燃机及装置、船舶电气设备、机械制造等专业。1957年中央决定交大分设两地,造船学院夜大学并入交大(上海部分)夜大学。

上海业余机电学校也是由一机部与上海市所属企业、机关联合组建,属夜大学性质,设徐汇、杨浦、闵行、浦东四个分部。

1956年9月9日,上海业余机电学校举行开学典礼,当年招生475名,其中本科新生 372 名。设置机械制造工艺、金属切削机床及工具、电机与电气、内燃机制造、锅炉制造及机器制造、企业经济与组织(4 年制专修科干部特别班)专业,由上海造船学院代管。

1957 年 12 月 23 日,一机部和高教部决定,上海造船学院夜大学、上海业余机电学校并入交通大学(上海部分)夜校部,由交通大学统一管理。

第三章
从决定交大迁校西安到独立成为上海交大和西安交大

第一节　1955年国务院决定交大迁往西安

一、交大西迁的背景和经过

1953年，我国开始社会主义经济建设的第一个五年计划。“一五”计划对高等教育提出了新的要求：“高等教育建设必须符合社会主义建设及国防建设的要求，必须和国民经济的发展计划相配合；学校的设置分布应避免过分集中，学校的发展规模，一般不宜过大；高等工业学校应逐步地和工业基地相结合。”[①]“一五”计划中还包括，为配合工业布局的调整，在原来院系调整的基础上，1955年至1957年再进行一次带有战略转移性质的院校调整，调整的重点是加强内地学校，并将沿海地区个别高等学校有计划、有步骤地内迁，实现新的建设布局并决定加强西北等内地高等学校，计划在西安、兰州、成都、重庆、内蒙古等地新建、扩建、内迁一部分学校。

1955年，全国共有高等学校188所，在沿海城市的占51％强，尤其是高等工业学校有

① 李富春：《关于发展国民经济的第一个五年计划的报告》，转引自《中华人民共和国重要教育文献（1949—1975）》，第492页。

62%在沿海一带。[①] 这与工业建设的发展和布局不相适应。因此，对高等学校尤其是沿海高等学校进行调整和重新部署，有计划地内迁一部分，在内地新工业基地新建一部分，就成为配合"一五"计划的重要工作。

与此同时，国际形势也十分严峻。一方面台湾国民党当局时刻准备反攻大陆，不断地派遣特务对我东南沿海地区及其岛屿进行骚扰破坏；另一方面，1950 年朝鲜战争爆发，我国和美国等西方国家关系更加紧张。1953 年朝鲜战争虽已停战，但美国敌视新中国的政策未变。1954 年 12 月，美国与台湾国民党当局签订《共同防御条约》，第七舰队盘踞于台湾海峡，沿海形势仍然紧张。为准备应对突然事变，上海开始压缩人口，并组织部分工厂学校内迁。

1955 年 3 月 30 日，高等教育部党组根据中央关于沿海工厂、学校内迁的方针，向国务院第二办公室主任林枫递交并上报国务院总理周恩来的《关于沿海城市高等学校 1955 年基本建设任务处理方案的报告》称："我们根据中央关于编制五年计划的方针和沿海城市基本建设一般不再扩建、新建设的指示，重新研究了沿海城市高等学校的分布情况和今年的基本建设任务。"报告涉及交通大学：①将交通大学机械、电机等专业迁至西北设交通大学分校（具体地点和陕西省委商定），准备两三年内全部迁出。②交通大学等校的电讯工程有关专业调出在成都成立电讯工程学院。③原计划今年成立的造船学院，因学校性质关系，仍拟设在上海，暂借用交通大学的校舍进行招生，不另建校舍。④交大等 6 校共需 223 000 平方米，投资 2 325 万元。争取寒假前全部完工。[②] 这是高教部党组报国务院决定交大西迁最早见于文字的一份报告。

31 日，国务院二办主任林枫收到高教部党组报告后即签署意见报陈毅副总理，"其中有些问题，例如交通大学的新校址是否应设在西安等，尚须进一步研究"，但"这个方案，二办已经讨论过，认为可以同意"。隔了一天，4 月 2 日陈毅批示："送陈云副总理核示。"5 天后，4 月 7 日陈云批示："这一件的主要内容是沿海城市的大学内迁，共有 13 起几十个学校或专科。据林枫同志说，这是根据政治局那次听陈毅同志报告上海情况后指示工厂学校内流的方针拟定的。……我认为可以同意林枫和高等教育党组的意见。经刘、朱、彭真、小平阅后退国务院总理办公室。"以后这四位中央领导先后阅圈了此文件。这样，交通大学内迁问题，就在党和国家的最高领导层决定下来。[③]

---

① 《中华人民共和国重要教育文献(1949—1975)》，第 515 页。

② 转引自凌安谷等编著：《交通大学内迁西安史实》，西安交通大学出版社 1995 年版，第 5 页。

③ 转引自《交通大学内迁西安史实》，第 5－6 页。

二、迁校的准备

1955年4月7日陈云副总理批示后，彭康就接到高教部决定交大迁校的电话通知。彭康立即启动准备工作，于4月9日在校党委会和校务委员会进行传达，并决定派总务长任梦林立即晋京，听取高教部迁校何处和建校的具体指示。彭康提出在选址时应注意：①不要选在文化区里，文化区内大专院校集中，学习、工作，包括时间安排都差不多，在物资供应上不易解决，就是看场电影也有困难；②不要靠近工业区，工厂噪音多，污染源多，对环境有影响，不利于学习生活；③尽量靠近市区，与地方领导机关联系方便，解决师生员工的生活问题也好办；④学校的环境需要安静些，同时考虑以后的发展。

1955年4月中旬，任梦林和王则茂先到北京听取高教部刘皑风副部长关于交大迁校和建校有关问题的指示。高教部明确交大迁往西安，按12 000在校学生规模进行基本建设。任与王随即拿了高教部的公函从北京到西安，受到陕西省和西安市有关部门的热情接待。陕西省和西安市规划部门提供5个可供选择的校址。5月6日，彭康从北京直接到西安亲自参加选择校址，并电告上海请朱物华、程孝刚、周志宏、钟兆琳、朱麟五等五位教授也到西安一起选定新校址。五位教授与彭康、任梦林、王则茂最后选择了西安市和平门外、东南近郊、离市区1.5公里的皇甫庄一片黄土地作为新校址。

1955年5月麦黄时节，彭康等踏勘交通大学新址，左起朱物华、朱麟五、任梦林、彭康、周志宏、钟兆琳、王则茂

新校址的对面是唐代兴庆宫和龙池遗址，占地2 016亩。西安市已将其列入计划，要建成全市最大的公园。交大计划征地约1 200亩。这是根据校园占地面积(包括教职工家属宿舍)按10个学生用1亩地计算得出的。彭康等还考察了西安当地的风土人情、生活条件，对大西北和西安有了初步的了解。

5月5日、7日，教务长陈大燮、党委常委祖振铨也先后在校委会和党委扩大会议上传达了高教部关于交大西迁的决定。随

后，学校多次召开座谈会和各种会议，听取各系负责人、教职员工，以及九三学社、民盟等民主党派教师对如何做好迁校工作的意见。

1955 年 5 月 24—25 日，学校召开校务委员会扩大会议讨论迁校问题。彭康介绍了西安的情况和党委常委对迁校工作的初步安排。经过讨论，校务委员会一致通过《交通大学校务委员会关于迁校问题的决议》：①

> 一、中华人民共和国国务院根据我国社会主义建设中，国民经济特别是工业分布和发展速度，对文教事业要作新的安排。在新的安排中，同时也考虑到国防的因素。因此，决定我校迁往西安，并在两年内基本上完成迁校任务，我们一致认为国务院的这个决定是正确的。
>
> 二、这一迁校的决定，我们必须坚决执行，并保证顺利完成。但我们必须充分估计到在进行中可能遇到的困难。为此，我们必须坚决动员全体师生员工正确地接受国务院的这个决定，要有全局观点和克服困难的精神，充分发挥在工作中的积极性和主动性，为顺利完成迁校任务而努力。
>
> 三、在迁校工作中，我们要考虑到尽可能减少对教学工作的影响；估计到在一定的时间内，基本建设任务可能完成的程度；并做到尽量节省搬迁费用等因素。故我们决定：1955 年和 1956 年入学班以及该班级的教师和相当的职工，于 1956 学年度起在西安新址进行教学；其余的师生员工，于 1957 年暑假前基本上完成搬迁任务。
>
> 四、按迁校计划完成基本建设任务，是决定完成迁校任务的关键。全体同志必须关心和重视这项工作。我们除了组织校内的一切可能组织的力量来完成这项任务外，并要大力争取校外有关单位的协助。在节约的原则下，力求按迁校计划逐年完成基本建设任务。
>
> 五、迁校工作，是一件艰巨而复杂的工作。为了顺利完成迁校任务，为了减少在搬迁中对教学工作的影响以及在可能范围内照顾到师生员工的生活福利等问题，就必须对上述问题作周密的、细致的部署与安排。为此，校务委员会决定组织“交通大学迁校委员会”，专门研究与处理迁校中各项问题，以便更好地、顺利地完成迁校任务。
>
> 交通大学校务委员会
> 1955 年 5 月 25 日

① 上交档：永- 165。

5月26日,彭康校长向全体学生作了《有关交大迁往西安问题》的报告。会后,学生们表示热烈拥护迁校决定。系领导和党团干部还走访每位教工家属,向他们进行政策宣传和迁校动员,了解实际困难并协助解决或向学校反映。

1955年7月21日,高教部就交大迁校问题发出书面通知:

交通大学:

根据中央指示:高等教育建设必须符合社会主义建设及国防建设的要求,必须和国民经济建设的发展计划相配合。根据以上精神,经我部研究已经国务院批准,决定你校自一九五六年开始内迁西安,并提前于一九五五年开始进行基本建设工作。上海原址的校舍应让给上海造船学院使用。迁校后的最大发展规模定为12 500人,专业设置及逐年招生人数,目前我部正与有关单位洽商研究中,待确定后当另行通知。现将有关基本建设工作的具体事项通知如下:

一、确定你校一九五五年度基本建设任务为:建筑面积五万一千三百五十平方公尺;建筑安装及其他基本建设投资二百八十八万一千九百七十元。虽因此项基本建设任务确定较晚,故需有计划地列为跨年度工程,将基本建设投资的一部分列入一九五六年的年度预算中支付。请积极创造条件,尽可能地多完成施工工作量。

二、你校应即抽调干部组成基本建设的专职机构,负责进行基本建设的日常工作。施工任务业经我部向建筑工程部统一委托,唯目前该部尚未正式分配下达。你校仍可向当地各施工单位了解承担施工任务的可能性,并将结果报部,以便进一步地与建筑工程部研究,分配下达。

三、为便于我部及时掌握情况,除特殊问题应专案报部请示外,希能按月地有系统地将基本建设工作进行情况汇报我部。

中华人民共和国高等教育部
一九五五年七月二十一日

高教部通知明确规定:交大1956年开始内迁,1955年开始基建,并要“按月地有系统地将基本建设情况汇报我部”;1955年基建任务建筑面积51 350平方米,为跨年度工程,投资288.197万元;迁校后交大最大规模为12 500人;上海交大原址让给上海造船学院。

1955年9月24日,学校正式成立迁校委员会,副校长陈石英任主任委员,教务长陈大燮、总务长任梦林任副主任委员;委员万钧、林星、赵富鑫、孙成璠、张景贤、洪致育、张钟俊、钟兆琳、祖振铨、于珍甫。

1956年7月20日,张鸿副教务长率首批教职工和家属迁往西安。

1956 年 8 月 10 日，苏庄副校长带领一千多名师生员工和家属的“大部队”，从上海徐家汇乘专列迁往西安。

1955 年 12 月 17 日，校党委作出决定，由苏庄、邓旭初、任梦林组成迁校工作领导小组，苏庄为负责人。

与此同时，《交大》校刊陆续刊登文章，宣传迁校的意义。如社论《一定要把学校迁好》，教务长陈大燮的《深刻认识迁校的重大意义，坚决愉快地响应祖国号召》，运起系主任程孝刚、机制系主任周志宏、工会副主席周志诚、起重机教研组主任赵介文、电工系主任程福秀、动力系主任朱麟五、锅炉教研组主任陈学俊等教授都发表文章对中央的决定表示拥护。校刊上还介绍西安的地理情况、经济发展和风土人情，新校区建设及迁校动态，师生员工对迁校问题的看法等。

西安地处西北，与上海相隔千里之遥，尽管它曾是历史名城，但在江南人的印象中，它却是个沙尘漫天、经济落后、生活艰苦的地方。为了实地了解西

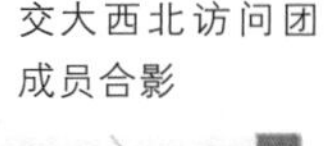

交大西北访问团成员合影

师生欢送西北访问团

北地区的情况，打消师生们的顾虑，顺利完成迁校任务，1956 年 1 月 18 日，学校组织由教师、学生、职员、工人、工会、团委和家属会代表共 33 人的“交通大学西北访问团”赴西北参观访问。访问团分为社会主义建设、文教、卫生保健、福利、生活 5 个组，团长由副校长苏庄担任，副团长为赵富鑫、邓旭初，教师、学生和部门代表各 10 人。访问团先后参观了洛阳、兰州、西安 3 个城市，详细了解当地的工业建设、城市规划、文化教育情况和人情风俗。陕西省省长赵寿山、副省长成柏仁，以及西安市副市长等接待了访问团，并为他们举行了座谈会、招待会。访问团感受到陕西省、西安市领导对交大迁往西安的殷切期望。

陕西省省长赵寿山(第三排左起第四人)与交大西北访问团合影

2月9日，访问团回到学校后，分别向全校教职工和一年级学生报告了他们参观西北后的所见所闻，内容极为详尽，涵盖祖国大西北的社会主义建设、当地风土人情、生活和工作条件、交大新校址情况等。

西北访问团的报告极大地鼓舞了学校的教职员工和学生，也打消了他们中一部分人心头的疑虑，推动了迁校工作的顺利进行。之后，广大教工和学生纷纷以各种形式表示对迁校的理解和支持。

1956年3月，电制1953班学生倡议，结合体育锻炼开展上海到西安的象征性长跑活动，作为对迁校的献礼。倡议一出，各班热烈响应。从3月4日到6月6日，全校有41个班级在里程上"跑到了西安"。

1956年4月，学校举行庆祝建校60周年的盛大活动。学校还举办校庆展览馆，内设"远景馆"，陈列了交大远景规划和西安新校舍总体规划模型，接待万余名应届高中毕业生来校参观。新华社刊发了通讯稿，其中专门介绍了西安新校舍。扩大了在全国的影响。

为了保证迁校各项工作的有序进行，经校党委、校委会、工会以及组织教工、学生代表反复讨论修改后，学校于1955年11月24日公布《交通大学迁校方案》(以下简称《方案》)。

《方案》规定：1955—1957两个学年内，分批将全校师生员工、器材设备安全地运往西安(其中电讯工程系迁往成都)，自1956年起开始在西安招生，准时按教学计划进行教学。两年内西迁6个系、42个教研室、24个实验室，师生员工4 300余人。迁校工作分3批进行。第一批西迁时间为1956年暑假，西迁师生员工2 400余人；涉及马列主义教研室中马列主义基础及中国革命史两部分，俄文、体育的大部分，数学、物理及物理实验室，化学及化学实验室，画法几何与制图、理论力学、电工原理教研室及实验室的一半，金属工学教研室的大部分及实验室，材料力学及材料力学实验室，热工教研室的小部分教职工。第二批西迁时间为1956年寒假，涉及机械原理教研室及其实验室，迁移教师约9人。第三批西迁时间为1957年暑假，西迁师生员工1 900余人，涉及马列主义教研室、体育教研室、电工原理教研室、金属工学教研室、热工教研室等余下的教职工，机械工程系、动力机械工程系、运输起重工程系、电力工程系、电机工程系、机械原理教研组的全部教职工及实验室。

《方案》明确：整个迁校任务由各部门按职责负责完成，不另设专门工作机构。各单位均应按照本计划，切实订出本部门的迁校具体计划，以保证迁校任务的完成。总务处即日起抽调专门人员，开始办理迁校有关工作；其他单位亦应将各项工作指定专人负责。在旅途中，应设立指挥部，负责组织出发，并指挥旅行，保证安全。指挥部于6月初成立，下设服务组、组织组、文娱组，分别由总务处、人事处、工会派人参加。截至1957年4月，迁校工作基本上按这个方案执行。

第二节 西安新校区的建设和部分师生员工迁往西安

一、西安新校区的建设

1955年5月，校址选定后，各项筹备和建设工作随之紧锣密鼓地启动。8月20日，学校在西安成立办事处，着手征地和各种筹备工作。征地工作十分顺利。截至当年11月底，已顺利完成征地734亩。[①]

与此同时，上海华东建筑工程设计院组成设计组到西安进行现场设计。新学校的建设和总体规划按功能分成教学区、学生生活区、教工生活区。教学区和学生区占地1 000余亩，教工生活区占地约260亩。

新校址将建造总面积30余万平方米的建筑，共26项：中心大楼、运起采矿大楼、机制大楼、电制大楼、动力大楼、图书馆、实习工厂、诊疗所、工会俱乐部、风雨操场、体育馆、大会堂、学生食堂、浴室、学生宿舍及员工单身宿舍、福利房屋、幼儿园、小学、托儿所、锅炉房、车库、教工住宅及其他房屋若干。[②]

1955年10月26日，交大西安新校址破土动工。第一批建设项目为教职工宿舍、学生宿舍、中心大楼和饭厅等。

1956年施工中的西安新校教职工宿舍

根据迁校方案，这些工程必须在1956年暑假前完成。承担工程的西安市第三建筑工程公司组织了1 000多名(最多时达2 000多名)建筑工人夜以继日，争分夺秒地施工，无论刮风、下雨、下雪，甚至除夕之夜都没有停止。

1956年6月1日，5 000平

① 上交档：永－104。

② 上交档：永－104。

方米学生食堂、17幢教职工宿舍、14幢学生宿舍基本竣工。到暑假，已完成了10万平方米的建筑。至1956年底，中心大楼和各系的教学大楼，以及商场等配套设施也相继落成。1957年1月，运动场完工。绿化工作也同步展开。从1955年12月起，在中心大楼四面沿路和校园周围已种植梧桐、白杨和洋槐树千棵；还开辟苗圃，种植碧桃、苹果、丁香、刺柏等各种树苗。西安新校址的建设速度之快，出乎人们想像。

二、1956年夏部分师生员工迁往西安

1956年1月10日，交大公布第一批西迁教职员工的名单。他们将在西安安家落户，这就牵涉到配偶的工作调动和子女的入学问题。这些问题解决得不好，教职工将难以安心在西安工作和安家落户。

经过调查摸底，学校掌握了需要解决的教职工配偶调动或安置的情况。1956年3月5日，党委以《为我校迁往西安有关教职工的爱人调动工作的意见》报告上海市委学校工作部，并抄报上海市委、中央高教部。报告称：据初步统计，涉及教职工爱人的工作转移和安置共266人，分布在上海、江苏、安徽、浙江、山东、四川、湖南、河南、贵州、东北、福建、武汉、天津、北京等地区近30个不同单位。学校就各有关具体问题提出了解决办法。

3月7日，彭康又写信给高教部部长杨秀峰，提出交大内迁西安牵涉到200多位干部、教师、工人的配偶工作转移问题，必须妥善解决；由于所涉及的问题不仅在上海市，还请高教部党组转报中央组织部、宣传部给予支持。

杨秀峰收到信后，以高教部党组的名义于4月5日上报中央宣传部。中宣部于4月25日发出《转发高教部党组关于请有关省市委协助解决新建校、迁校问题的通知》，要求各省市委予以大力支持和帮助。

设备装箱准备运往西安

4月28日，学校人事处分别向有关部门提出需要调进的教职工配偶的名单，共计121人。在上海市及有关省市和部门支持和协助下，教职工家属的工作调动问题基本上都得到妥善解决。

1956年4月底5月初，迁往西安

1956 年 7 月 20 日,首批迁校教职工踏上西迁征途

的物资开始装运。至 5 月 31 日,1 000多吨的教学用品和公私家具已运抵西安。之后,实习工厂和有关实验室的仪器设备以及图书馆的图书、教材也陆续运抵西安。

6 月 2 日,以总务后勤部门为主的先遣工作人员及其家属一行 50 余人抵达西安,他们准备接运大批师生员工的到来。

7 月 20 日,副教务长张鸿教授带领一批教工赴西安。

1956 年 8 月 10 日,交大 1 000 人的西迁“大部队”出发了,包括 400 名教职工及家属、600 名学生,由苏庄副校长带队。铁路局组织了一列专车,从与交大一年级分部隔一条凯旋路的徐家汇火车站出发。8 月 12 日下午,专列抵达西安火车站。后勤部门的同志早已等候在那里了。一到学校,看到先行托运的家具、行李已送到各家屋里,打开铺好,就可以休息。这让一路疲劳的教职工及其家属们备感温暖。

45 年后,那时的青年教师、后成为理论力学教授的杨延篪回忆说:

那天,我们教研室的老师们带了家属登上同一节车厢。上了车就好像到了一个大家庭一样。一路上,大家说说笑笑,冒着酷暑乘了两天火车抵达西安,受到先期到西安的同志们热情欢迎。汽车开到宿舍区,我们发现每家的房子都已分配好,行李家具也都安放在房间里。啊! 后勤的同志们真是辛苦了。那时多数道路还来不及铺设。没有食堂,大家只能在一个大竹棚子里用餐。刚好碰上了雨季,道路泥泞不堪,许多同志不当心摔跤也是常事,但是好像也很少人有太多的怨言。

到达西安后第一件教学工作就是给二年级同学安排补考。因暑假前上海感冒大流行,学期末考试被迫暂停。基础课的几个教研室出考题、印试卷,大家忙得不亦乐乎……接着又开始新学期教学的准备,尽管当时的工作条件还很不正常,但同志们高度重视教学质量,老交大的传统丝毫没有削弱,和在上海时相比没有打任何折扣。……同心同德圆满地完成第一步的迁校工作，相信党中央的决策，能够服从国家的大局。[①]

沈莲教授，当年交大二年级学生，45年后回忆道：

一列从上海开往西安的列车，满载千余名莘莘学子从繁华的大上海来到西安。这时正逢西安雨季，下着大雨。列车到达后，十多辆交大校车将我们分批接回学校。我们的大轿车从西安火车站驶向和平门，街上人烟稀少，仿佛行驶在南方小镇上，与上海的南京路无法比拟。驶出和平门后是一望无际的农田，长满了郁郁葱葱的玉米，仿佛行驶在乡间小路上。我们立刻从感性上开始体会到建设大西北的必要性。正在大家叽叽喳喳地惊奇时，大轿车突然陷入泥坑中无法开动，我们只好下车冒雨推车……就这样经过1个小时的奋斗，方将大轿车从和平门推到交大校门口。抬头一看，这哪里是学校，门口只有一个木牌，上面写着"交通大学工地"。地上坑坑洼洼，到处是挖出来的棺材板，还有骷髅头和尸骨，把我们吓得不敢抬头。在各级党组织关怀下，我们逐渐稳定了情绪。来西安的老师们克服了家庭和生活上的困难，兢兢业业地为我们上课，对我们严格要求，把老交大的优良教风和学风带到了西安。我们这些1955级学生来西安已经45年了，对西安交大有着无比深厚的感情。祝西安交大成为世界一流的知名大学，屹立在中国西北部这块热土上。[②]

1956年9月上旬，交大在西安的一、二年级学生已达3 906人，教师243人，主要是数学、物理、政治、体育、外语等基础课教师；职工572人，家属约1 200人。

8月15日，中共西安市委批准成立交大分党委，由苏庄任书记，杨文任副书记，委员为苏庄、杨文、任梦林、王宣、陈文健、曹鸿谟、于晶莹、邹理生、郑祖光、罗晋生、王龙泗、刘继宏、刘德成等13人。分党委隶属交通大学党委领导，同时接受西安市委领导。在各系行政机构未迁来前，先成立一年级办公室和二年级办公室，行使相当于系一级的职能。一年级办公室主任徐桂芳副教授，总支书记陈文健；二年级办公室主任季诚，总支书记刘德成。

9月10日，交大借西安标志性大会堂"西安人民大厦礼堂"举行隆重的开学典礼。陕西省、西安市及兄弟院校负责同志及专程从上海来的几位系主任参加了开学典礼，从此，交通大学出现在中国大西北的古都西安。

---

① 祝玉琴主编：《交通大学西迁回忆录》，西安交通大学出版社2001年版，第16－18页。

②《交通大学西迁回忆录》，第264－265页。

1956年10月15日至19日,高教部部长杨秀峰来到西安,彭康校长陪同他看望师生员工。杨部长还去几位老教授家里访问。他视察了校园,看到师生高昂的工作和学习热情,以及良好的教学秩序,感到十分满意。

此时西安交大基建工作仍在紧张进行,各方面条件十分艰苦。校区内许多道路尚未修好,高高低低、坑坑洼洼,晴天尘土飞扬,雨天泥泞一片。操场、礼堂等都尚在建设之中。为了解决学生上体育课和开大会问题,学校用竹子搭起一座可容数千人的礼堂。

生活方面困难也很多,日常生活用品的缺乏等都考验着交大人。学校尽最大努力解决师生的困难。在上海、西安两地政府支持下,上海商业部门先后从上海动员迁来了成衣、修鞋、理发、洗染、煤球制作等生活服务部门。陕西省和西安市党政部门也给予了最大的关心和照顾。在当地居民都吃不上大米的情况下,他们破例供给交大教职工大米,还经常组织歌舞团周末到交大演出或举行舞会。

这种关心和支持增添了西迁的师生员工克服困难的勇气,鼓舞他们在新的环境下加倍努力地学习和工作。

第三节　交大迁校新方案——分设上海、西安两地

一、迁校问题产生不同意见

1956年,国内外形势发生重要变化。国际方面,1955年万隆亚非会议成功召开;1955年8月中美大使级会谈举行,紧张的国际形势有所缓和。

1956年4月,毛泽东作了关于“十大关系”的讲话,提出要处理好沿海与内地的关系,说:“我国全部轻工业和重工业,都有约百分之七十在沿海,只有百分之三十在内地。这是历史上形成的一种不合理的状况。沿海的工业基地必须充分利用,但是,为了平衡工业发展的布局,内地工业必须大力发展。在这两者的关系问题上,我们也没有犯大的错误,只是最近几年,对于沿海工业有些估计不足,对它的发展不那么十分注重了。这要改变一下。”毛泽东接着指出:“过去朝鲜还在打仗,国际形势还很紧张,不能不影响我们对沿海工业的看法。现在,新的侵华战争和新的世界大战,估计短时期内打不起来,可能有十年或者更长一点的和平时期。这样,如果还不充分利用沿海工业的设备能力和技术力量,那就不对了。……认为原子弹已经在我们头上,几秒钟就要掉下来,这种形势估计是不合乎事实的,由此而对沿海工业采取消极态度是不对的。”毛泽东不仅强调上海“必须充分利用”,而且“也可以建立一些

新的厂矿，有些也可以是大型的”。[①]

据此，1956年6月27日，中共上海市委就交大迁校问题给中央发了特急电报。全文如下：[②]

中央：

交通大学院系调整时，在原有基础上集中7个学校的机械、电机、造船系科而成的多科性工业大学，老的师资较多，去年春季为考虑国防条件及工业口大学的合理分布，高教部提出交大西迁，我们当时曾建议交大西迁后为上海留一分校，或交大仍留上海而为西北筹设新校，逐步一分为二，兼顾上海、西北。以后决定全部西迁，并即在西安筹建新校，交大原址留给新办的上海造船学院，我们曾经同意。上月在京从事科学规划的专家以交大西迁将影响学生质量、科学研究，特别是培养无线电人才的任务，要求改变部署，停止迁校。我们根据总理、富春同志、高教部的指示，会同交大负责同志就以下三个方案进行具体研究：

(1) 交大仍留上海不搬。这一方案的优点是在华东地区可招到水平较高的新生，同时，上海目前电机机械工业生产基础较好，其他高等学校、科学研究机构及图书资料条件也较多较好，可以充分利用原有传统，互相配合发挥潜力，为国家培养人才，发展科学研究事业，亦可支援西北建设新的工业大学。但问题是自交大决定迁校以来，一方面西安校舍已按交大需要设计建筑，今秋已可完成九万平方米，足以容纳一、二年级，明年全部建成可供交大顺利发展之用。另方面，在上海则自去年以来即停建各项专业实验室及其他房屋，现在从(重)新建筑，也须一、二年，在时间上所受损失已与西迁相等或更大。同时，上海造船学院已定今秋开学，若交大不搬，则该院及交大今秋增招的数千学生无法容纳。

(2) 交大仍按原定计划迁西安。这一方案的优点是：从长远看，对西北工业基地的建设及交大本身发展，都比较有利。其次是交大今后将办工程物理专业，可与西北其他学校的原子物理专业互相配合。再次是可以避免改变部署所引起的一系列实际工作的困难。其缺点即是西北地区高中水平还较差，高等学校与科学研究机构较少，在短时期内，将对学生质量与科学研究工作有不利影响。但若在统一招生中仍多招一部分华东区学生，加之西北科学机构与新式工业的建设，这些缺点可

① 《毛泽东文集》第七卷，人民出版社1999年版，第25－26页。

② 转引自《交通大学迁西安史实》，第114－117页。

得补救,但上海无一电机机械类大学,仍是一个缺点。

(3) 我们在权衡了以上两个方案的利弊以后,认为在目前条件下较好的办法是:交大仍按原计划西迁,即自今年开始,由交大负责为上海筹建一所新的电机机械类大学。这一方案的优点是:可以充分运用交大条件配合西北工业基地建设,交大亦可得良好发展条件,而上海仍得适当兼顾;上海新校逐年建设,在交大方面可以从容输送师资,在上海方面又可以逐年完成基建筹备;同时,从筹建一所新校的任务来看,上海的困难也比西北小。当然在交大迁走,上海新校未完全建成之前,在上海的培养人才、科学研究、配合工业生产等方面还会有些脱节,但三、四年内也可逐步弥补这一缺点。在这一方案内也曾考虑另一办法,即不另建一新校,而将上海造船学院予以扩大,改为多科性的工科大学,包括机械电机类专业。这一方案的优点是建校比较容易,但缺点是造船学院本身发展规模已定为7 500人,若再加上新任务,势将超过万人,规模太大,性质太杂,造船与其它系科领导系统又不同,很难办好,还是以另办一校为好。

如中央同意在上海新办一个工科学院的方案,则我们的具体意见是:

(1) 上海新校可定名为:“上海机电学院”(或其它名称),设机械制造工艺金属切削机床工具、铸工、金属热处理、涡轮机、锅炉、发电厂配电网、电机与电器、有线电讯、无线电工学等3个系、9个专业。发展规模日、夜校各4 000人。为充分利用上海条件,减少脱节,今年即开始招生1 000人,暂在造船学院内上课。由造船学院与交大共同负责,以后师资由交大逐年配备,并请高教部指定浙江大学与南京工学院亦予适当支援。其中涡轮机、锅炉专业师资尚须哈尔滨工业大学支持。

交大原有筹建3所新校的任务,这个即做为第一所,并为交大增配新助教,但今后交大为新校配备师资时,应采新老搭配办法,即配一些骨干。

(2) 请将这所新校列入国家计划与预算,并请由高教部即成立新校的领导机构及规定今年的招生任务,通知招生委员会。

至于新校校舍,以利用交大原址为宜,交大原址本不够上海造船学院应用。造船学院不如根本迁至江南造船厂附近建校,这对以后工作将有莫大方便。因此一机部须为造船学院造新校舍,同时高教部也须为“上海机电学院”筹建专业实验室等。

(3) 关于中央科学规划时曾提出的在上海恢复无线电专业,并拟一次招生1 000名事,我们意见,由于在1952年院系调整时,上海原有无线电师资大部调至南京工学院，留下的亦纷纷改教其他课程，现有的师资已经不多，因此我们意见，交大电讯系原定今夏调整至成都电讯工程学院的师资，是否可以留下一部分适合担任有线电讯及无线电课程的给新设的“上海机电学院”，南京工学院原定调整至成都的亦可留下部分师资，由各校分担这一任务。把各校无线电师资过多集中在一、二所学校里，对于将来发展不一定有利。此外，我们将在上海设法另觅师资，这方面的专业，上海今年可招生200名。

以上意见是否有当，请中央考虑决定。

中共上海市委员会
1956年6月27日

7月3日，高教部部长杨秀峰就上海市委关于交大迁校问题的特急电报，给国务院二办并报总理的报告称“关于交通大学内迁问题，根据总理指示，我部党组进行了研究并征求上海市委的意见，都认为仍按去年全国文教会议决定内迁西安较好”，并阐述了理由。陈毅副总理7日批签：“总理，请考虑准其将交大西迁。”1956年7月12日，杨秀峰部长在给《国务院二办并报总理的呈文》上批注：“总理指示：同意搬，必须留一个机电底子，以为南洋公学之续。”[①]上海市委决定成立南洋工学院。交大的迁校工作，1956年暑假按原计划进行。

1957年春，毛泽东作了《关于正确处理人民内部矛盾的问题》讲话和《在中国共产党全国宣传工作会议上的讲话》（简称“两个讲话”），提倡百花齐放、百家争鸣（简称“双百方针”）。接着中央决定在全党开展整风运动，号召广大知识分子大鸣大放大辩论。在这种情形下，对交大内迁的质疑很快被提了出来，并迅速引发全校性大讨论。4月20日，工会会员大会召开，原计划动员全校掀起迁校工作的高潮，但会上对迁校意见分歧很大，有的认为交通大学迁校西安是中央的部署，是正确的，应该迁；有的认为形势变化了，不应该再迁，迁到西安是不正确的；有的认为不要全迁，可以在西安设分校，或者缓迁等等。[②] 两个多星期中，学校内贴出有关迁校问题的大小字报几万张。

校党委如实向高教部汇报了整风鸣放情况。1957年4月21日，彭康在党委会上传达高教部部长杨秀峰的电话指示：迁校问题要让大家“放”。西安分党委24、25日也向教职工传达了杨秀峰的指示。22—24日，中宣部派人来了解情况，先后与彭康、邓旭初以及程孝刚、钟兆琳、周志宏、沈三多等教授谈话，听取意见。之后，上海、西安两地师生关于迁校问题的鸣放和讨论继续进行。

---

① 《上海交通大学纪事（1896—2005）》（上卷），第472页。
② 《上海交通大学纪事（1896—2005）》（上卷），第481页。

4月25日，校党委举行扩大会，对群众提出的意见进行研究。扩大会结束后，校务委员会常委会决定，由陈大燮、郑家俊、程孝刚、钟兆琳、邓旭初组成5人小组，慎重地集中研究对迁校的各种意见，并决定暂停一切搬迁工作，西安校区的基建工作也暂停。28日，党委扩大会讨论5人小组提出的几个方案：①全部迁回上海；②全部迁西安；③在西安设分校；④在上海设分校；⑤交大、造船学院、南洋工学院、西安动力学院4校统筹在上海及西安设两校。[①]

5月6—8日，校务委员会在上海召开扩大会议，讨论5人小组提出的初步方案。已迁西安的4名教师代表和高教部副部长刘皑风参加了会议。会上，陈大燮首先就5人小组提出的几个方案进行了说明，随后进行了热烈讨论。5月8日会议结束时彭康说：已经发言的同志中大部分不同意迁校，但许多具体问题必须考虑。彭康宣布暂时休会，指定专人根据会议意见做具体研究后再继续举行会议。

5月18日，校务委员会扩大会议在上海继续举行。彭康归纳了会上的发言，提出一个综合性意见："第一，根据情况的变化，现在大家认为以不迁为宜；同时西安部分根据上海具体情况有步骤地迁回。第二，西安需要一所多科性工业大学，采取的办法是：(1)请高教部就西安现有的学校统筹安排，增设西安所需要的专业；(2)交大在那边设西安分部，设置若干专业。"[②]但彭康同时表示，这一意见最后还需要由国务院决定，如果国家有更好的办法提出，希望大家能从全局考虑。

会议还根据高教部要求学校派代表到北京向国务院、高教部反映情况的通知，推举校长彭康、教务长陈大燮、机械零件教研组主任沈三多、电工原理教研组主任林海明为代表。

5月19日，彭康、陈大燮、沈三多、林海明4人由沪启程赴京，西安部分则推派殷大钧、朱荣年为代表由西安直接赴京。

二、周恩来总理关于交大迁校问题的重要讲话

交大迁校问题的讨论已经不局限于交大内部，其影响已波及其他学校、地方和一些部委，因此国务院、高教部高度重视，国务院总理周恩来亲自参与处理。1957年5月20日后，国务院、高教部先后多次召开会议，听取学校汇报和有关方面意见，分析研究交大迁校问题。

---

① 《上海交通大学纪事(1896—2005)》(上卷)，第482页。

② 校务委员会扩大会议记录(1957年5月18日)。上交档：永－163。

周总理除参加这些会议以外，还亲自找教工代表和有关负责人谈话。5月23日—25日，周总理连续3天听取汇报，找人谈话。28日，周总理下午听取彭康的汇报后，晚上又约请陈大燮、程孝刚、沈三多、林海明、殷大钧、朱荣年等到中南海座谈，从晚上7时直至次日凌晨2时。之后，他又听取了与交大迁校有关的上海造船学院、南洋工学院、西安动力学院、西北工学院、西北航空学院以及中央有关部委、上海市委、陕西省委、西安市委等各方面意见。

6月4日，周总理先在西华厅寓所召集包括交大彭康、苏庄等在内的少数同志开会，接着在国务院召集了交大代表，西北工学院、西安动力学院、南洋工学院、上海造船学院等校代表，国务院各有关部门和中宣部等领导参加的关于交大迁校问题的会议。周总理在会上作了重要讲话。

新华社6月18日上海电，以高等教育部部长杨秀峰在上海谈周总理对交大迁校问题的意见为题，详细报道了周总理的讲话。全文如下：

> 新华社记者17日就交通大学迁校问题访问了正在上海的高等教育部部长杨秀峰，他告诉记者：6月初国务院曾召开交通大学和各有关部门、上海、西安两地有关高等学校的负责人，讨论了交通大学迁校问题。会上，周恩来总理对交通大学迁校问题作了全面和详尽的分析，并对解决交通大学迁校问题提出了处理方案。目前上海和西安的交通大学师生，正在对总理提出的方案，进行广泛讨论。
>
> 交大迁校问题应该周密考虑。杨秀峰扼要地向记者转述了周总理提出的关于解决交通大学迁校问题的方案的主要内容。他说，总理首先指出了交通大学迁校问题的复杂性，认为这个问题，已牵涉到四面八方，好些部门和好些学校。因之考虑交通大学的迁校问题，应该瞻前顾后，左顾右盼，四面八方都考虑到。
>
> 院系调整是必要的。总理从高等学校院系调整问题谈起，他说，院系调整这一方针是由于旧中国高等教育不能适应新中国社会主义建设的具体要求而来的。中国落后，办高等教育的历史不过几十年，经过学校教育培养出来的知识分子，特别是高级知识分子数目是很小的。根据共同纲领和宪法对教育工作的要求，旧中国高等教育的底子是不相适应的。有许多学科的缺门必须补充，许多专业必须发展。再者，过去高等学校的设置安排也不尽适应新的经济部署的要求。旧中国工业的布局和教育的部署是不平衡不合理的。假如看不到这些基本情况，就无法理解解放后各项改革的必要性，也难于理解在高等教育方面进行院系调整的必要性。院系调整是教育上的一种改革，我们应将这种改革对新中国的需要肯定下来，否则从不同的眼光看，就容易过分强调缺点的一面，甚至否定一切，引起思想混乱。

总理说:过去确定高等学校院系调整的方针和方案是有根据的。当时的国内外形势,在国际上美国帝国主义不甘心我们的胜利,国内尚未取得社会主义革命的胜利,因之在1956年以前,我们的工作不能不照顾到两方面的情况,即国际形势及对国内存在的旧的弱点的注意。工业内迁和交通大学内迁就是根据西北工业基地建设的要求和国防形势的要求下提出来的。西北过去是落后的,但将来必须成为我国巩固的后方,那里有丰富的资源,有条件成为我国的乌拉尔。但是,西北区以及另一工业基地西南区的建成,如果不靠沿海先进地区的支援是不可能设想的。为克服文化教育的畸形发展,从沿海方面作适当的调整和内迁,也是必要的。上海高级知识分子较多,技术条件较好,从上海调动多,是很自然的事。

根据以上要求,才有交通大学迁西北,电讯系调整到西南,航空学院也移向内地发展。

总理指出应肯定院系调整的积极作用,这是主要的一面。但也不是说院系调整一切都弄对了,也有缺点,有安排不当的。产生缺点错误的原因,也有两种情况,有些是可免的,有些是难免的。没看到没料到的问题对任何人来说总是有的。事先考虑周到些,缺点就少些,但不可能什么事情都能预见得正确。

总理说1956年是转变的关头,当时国际紧张局势趋向缓和,国内取得了社会主义革命的基本胜利,由于情况改变,为了更有利于建设,需要重新部署,因而去年5月毛主席在最高国务会议上提出了十大关系问题。但工作转变并不是容易的事,尤其国家大,转弯也慢。交通大学内迁也正处在这转变的关头,所以产生了这个问题,很难说哪个人"一意孤行"。

上海支援外地义不容辞。总理在将上述各方面情况作过分析之后,就谈到交通大学迁校本身问题。总理认为:1955年决定交通大学内迁是对的,为了支援西北建设和考虑沿海形势,是必要的。当时也不是没有想到交通大学内迁的困难。为什么不以扩充西北原有高等学校来解决西北文化教育建设的需要呢?因为当时设想的工业建设速度快,要得急,交通大学搬去,可以收效快些。交通大学搬去虽有困难,但既是国家需要,就要设法克服困难。因之这个决定是对的。总理认为:1956年情况是交通大学可搬可不搬,也可以由交通大学去支援一部分力量来解决问题。"十大关系问题"提出后,按照新的形势,作重新安排,交通大学可以不搬。但另一方面,从西北建设需要来说,从西安校舍已建,学生已招了2 000多,要在上海发展有困难,造船学院又要建校来说,又可搬,所以仍决定搬,搬了一半。当时虽经过商量，但商量得不够广泛。到了今年，产生了困难，形成了如有些人所形容的“骑虎难下”的局势。这个困难是由国内外和校内外等等原因造成的，对各方面的影响也很大。从所发生的问题看来，已经影响到有些学校对过去高等学校院系调整的怀疑，我们必须肯定院系调整这一方针，并要确立一切为了社会主义建设需要的原则。如果因为交通大学不搬西安了，而所有调整的学校都要回老家，就不可能很快建设起西北、西南新的社会主义工业基地。院系调整的缺点要克服，但不能否定这一正确的方针。今后还会有必要的调整，但已取得了经验，会更加慎重。

总理提出了解决交通大学迁校问题的方针和方案，认为着眼点必须要根据从一切有利于社会主义建设，一切为了更好地动员力量为建设社会主义服务，变消极因素为积极因素出发。考虑交通大学问题不能离开这一原则。

总理提出从大的方面讲，不外：一是全搬西安，一是搬回上海。

交大全搬西安虽有困难，但好处多。坚持搬西安，少数不能去的教师不勉强，只要有大多数教师去，做到交通大学的老底子仍保存，那对西北建设很有利。其缺点是当前在进行教学和科学研究条件上同校外结合条件较上海差，但从远处看，过几年还是可以的。大西北包括山西、河南七个省区，西安是中心。西北地区是需要交通大学的。西北党的领导是欢迎交通大学的。西北建设正在发展，建设速度虽比过去计划稍为放慢，但仍是积极的，工业发展的前途是广阔的。但西北不是一切都好，困难还很多。作为工业基地，劳动力少，森林少，水利少，沙漠多等等，都是很不利的条件。东南文化高一些，但有弱点，要看到，要警惕。能到西北去锻炼是很有好处的。尤其是青年，条件太舒服了，是不能锻炼人的。交通大学已去西安的师生员工经历一年风霜是好的。今年交通大学毕业800多学生，其中也将有一批要响应国家号召到西北到艰苦的地方去参加建设。现在上海余下来1 000多学生和几百位教职工，如果能够接受去西安，我并不放弃全搬的可能，年老体弱不能去的可以不去，有时去讲讲学。

当前迁西安有很多困难，可以逐步改善。但我也不愿太勉强。如果经过动员劝说，仍有不少教师不愿去，那就考虑搬回上海。

交大搬回上海有好处，也有不少困难，但支援西北的方针不变。总理说为什么可以考虑搬回上海呢？因为搬不动，就不可太勉强。同时，形势也许可，沿海和内地兼顾，上海也还有需要，交通大学在上海有六十多年历史，同上海各方面关系密切，在教学和科学研究工作方面有许多有利条件。所以搬回上海的方针，也有其好处,也是为了需要。交通大学即使回上海,也必须尽最大的可能支援西北建设。否则无以对西北人民。

总理说搬回上海可考虑三个方案:

第一个方案是多留些专业在西北。我设想所留专业:一种是新的专业,包括尚未招生及已招生的无线电、高压工程、热能动力装置等几个专业;另一种请交通大学考虑是否还有其他的专业或系也去西安,使西北得到较多的帮助,请大家研究不可勉强。

第二个方案是全部搬回上海,一个不留。这怕不好,交通大学师生恐也于心不安。

第三方案是折中方案,师生愿留西安的留西安,一、二年级学生愿留西安学习的也可转专业,新专业设西北。这样对支援西北也有很大好处。总之,要从团结出发,即使交通大学西安师生走了以后,也使西北人民感到交通大学到西北来一趟,对西北人民还是有好处的。这样做就照顾到各方面,对全国人民的团结有利,对交通大学也有利。我相信将道理讲清,会有些人愿在西安的。

如果搬回上海,无论采取哪个方案,都必须讲清,回去以后困难很多。首先在校舍问题上同造船学院有矛盾,也涉及南洋工学院许多问题,要统筹兼顾。如全部搬回,即使今年不招生,也摆不下。因此,搬回上海是有许多困难的。对交通大学今后的发展也将受到局限,上海不能大扩建是国家的方针,基建投资不可能多,因而交通大学规模要受限制。在上海,大规模的企业工业不会搞,交通大学校外条件配合上也有局限性。当然可以着重提高质量、求精。

迁回西安,回上海,由交大师生研究考虑。总理着重指出,问题都摆在大家面前,请交通大学全体师生自己好好讨论,全面考虑,经反复讨论后,由交通大学校委会作出选择,报送高等教育部批准。

杨秀峰说,总理再三强调:总的原则是求得合理安排,条件虽然变了,但是支援西北的方针是不能变的。总理自己是不偏于哪一个方案的,目的是爱护交通大学,要交通大学搞好,并且指出,所有到会的高等学校和各部门的负责同志,在处理交通大学这一问题中必须一切从团结发出,照顾大局。[①]

---

①《人民日报》1957年6月19日。

三、国务院批准交大分设上海、西安两地的方案

6 月 6 日晚，彭康、陈大燮从北京回到上海。杨秀峰部长奉总理之命于 7 日飞抵上海。刘皑风副部长则去了西安。

6 月 7 日党委会、校委会分别听取彭康等传达总理讲话。各系党组织也分头开党员会议传达讲话。

6 月 8 日，全校师生员工大会召开，彭康传达总理讲话。

从 6 月 10 日起，党委与九三学社、民盟成员分别进行座谈。杨部长则约请教授分别征询意见或参加党委会和行政会议，讨论如何贯彻总理讲话。交大内部“迁”与“不迁”还是分歧甚大。

6 月 15 日上午，杨秀峰部长来交大召开无党派教师座谈会，到达总办公厅门前看到一张学生写的题为《傀儡戏》的大字报。杨部长决定召开学生大会，说明总理讲话精神，解答学生提出的问题，批评“傀儡戏”等错误观点。杨部长说：“交通大学对国家作出很大贡献，这是光荣的。交大不但有 60 年历史，而且要有 600 年历史。”杨部长说总理曾转达别人说法：“交大是骄而大，交大应该警惕。”杨部长批评了大字报中不健康的言词。会后被批评的学生表示接受。

讨论至 6 月 20 日，彭康在教职工大会上阐明了他个人的观点，强调周总理所说的“应该瞻前顾后，左顾右盼，四面八方考虑到”。彭康说交大是国家的学校，我国是社会主义国家，一切工作不能脱离一个政治标准，他个人认为如果大家同意的话，还是采取总理提出的第一方针，即全部西迁为好。彭康说没有人愿意搞垮交大，所以“护校”这种说法是不对的；又说不论校委会作出什么决定，大家要从团结出发，不能说不赞成迁校就是个人主义，也不能说赞成迁校是另有企图，什么“分裂交大”“分割交大”“牺牲交大”等说法都是不对的。新华社发表了彭康的讲话消息，表明了交大党政领导的态度。

与此同时，国内政治形势发生急剧变化，从整风运动转向反右派斗争。社会上偏激的言论明显少了。如何解决迁校问题，交大内部渐趋一致。

周总理 6 月 4 日讲话后，高教部领导一直在北京、上海、西安与中央有关部委、上海市委、陕西省委就交大迁校问题进行沟通，商议解决方案。

1957 年 6 月 23 日晚，交大党委扩大会召开，杨秀峰部长出席。会前彭康与杨部长取得一致认识。彭康提出：交通大学分设两地，即交大西安部分与交大上海部分方案。方案的基本点是：一个学校，两个部分，统一领导，统一调度。党委扩大会同意交大分设两地方案。6 月 24 日，彭康向校常委会提出交大分设西安、上海两地方案，统一领导，“新专业去

西安,与新专业有联系的也可去西安。两地重设的专业由上海抽人加强。动力机械系全部迁往西安,运起系留在上海”。会议决定由陈大燮教务长为首组成小组,迅速拟定具体方案,交各教研组讨论,并电请西安部分派代表来上海参加校委会扩大会。6 月 28 日,14 位西安的交大代表到沪。6 月 29 日全天和 30 日下午,交大校务委员会扩大会议召开,代表们在会上畅所欲言同意交通大学分设两地的方案。之后,又经过两次系主任会议研究,对某些具体问题的提法和安排作了修改。7 月 4 日下午举行校务委员会扩大会议,一致通过该方案。杨部长参加了这次会,最后发表讲话。杨部长说:国务院是重视交大,重视发挥交大作用的,而不是削弱交大,分割交大。“一个交大,两个部分,一个系统,统一领导”的办法,解决了许多矛盾。交大同仁创造这个办法很好,合乎情理,有利于工作。交大是一所历史悠久、基础较好的大学,全国像这样的大学不多,希望能在社会主义建设中发挥更大作用。

校务委员会通过的方案,西安设 21 个专业,上海设 14 个专业。但这不是最后实际实施的交大分设两地的方案,因为涉及两地有关高校的调整、合并,必须由高教部决定。1957 年 7 月 29 日,交通大学正式向高等教育部呈报迁校方案:①

高等教育部:

交通大学全体师生员工根据周总理报告精神,并结合本校具体情况,广泛而深入地进行迁校问题的讨论,并在此基础上,校务委员会于本月 4 日召开扩大会议,讨论迁校问题,并一致通过了这个方案(有本校西安部分教研组主任等 14 人参加,杨部长在通过了这个方案后的会议上作了指示),现呈报你部批准。

交通大学

1957 年 7 月 29 日

方案的附件具体列出西安部分设置的 21 个专业名称和上海部分设置的 14 个专业名称及“专业设置原则”。附件中还对教职工的调配、在校学生的安排、苏联专家的安排,以及图书设备的调配作了原则规定。

由于方案涉及西安、上海其他几所高校的合并、调整,1957 年 8 月 4 日,高等教育部正式以《关于交通大学迁校及上海、西安有关学校的调整方案的报告》为题,向国务院第二办公室并报总理报批“解决交通大学迁校问题的方案”。《报告》在叙述解决迁校问题过程后称:“一致同意在上海筹办的南洋工学院撤销,并入交通大学上海部分。上海造船学院则与交通大

① 凌安谷等编著:《交通大学内迁西安史实》,西安交通大学出版社 1995 年版,第 131 页。

学采取合作形式，保留校名，但行政上由交通大学统一领导。”关于西安方面，《报告》称：“西安动力学院全部并入交通大学西安部分。西北工学院纺织、采矿（包括地质）两系及西北农学院的水利土壤改良专业并入交大西安部分。”[①]

国务院在收到高教部报告后，周恩来总理于9月5日亲笔致函杨秀峰部长：

> 杨秀峰部长：
>
> 八月四日高教部报告和九月四日你的来信均阅。关于交通大学解决迁校问题及上海、西安有关学校的调整方案，前已口头同意，现再正式函告批准，请即明令公布，以利进行。
>
> 周恩来
> 1957年9月5日

1957年9月12日，国务院以“文习字第110号”批复：

> 高等教育部：
>
> 国务院同意你部8月4日所报关于交通大学迁校以及上海、西安有关学校的调整方案，希即照办。
>
> 中华人民共和国国务院（章）
> 1957年9月12日

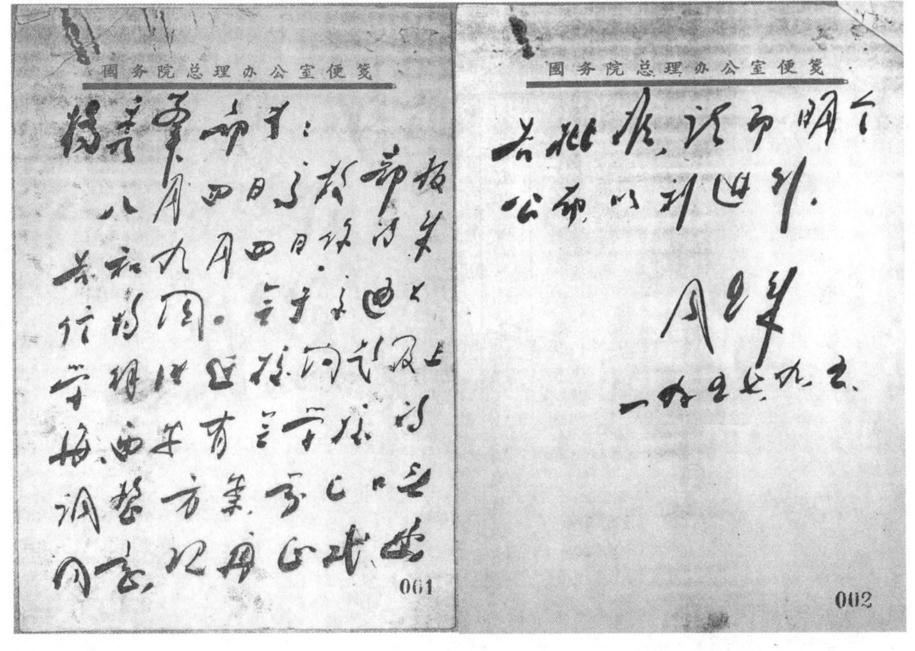

国务院总理办公室便笺

杨秀峰部长：
八月四日高教部报
告和九月四日你的来
信均阅。关于交通大
学解决迁校问题及上
海、西安有关学校的
调整方案，前已口头
同意，现再正式函告

061

国务院总理办公室便笺

批准，请即明令
公布，以利进行。
周恩来
一九五七、九、五

002

1957年9月5日，周恩来写给杨秀峰部长的亲笔信

① 凌安谷等编著：《交通大学内迁西安史实》，西安交通大学出版社1995年版，第67－68页。

至此交通大学的迁校问题得到妥善解决。

根据新方案，在高教部和上海、西安两地政府协调和安排下，造船学院、南洋工学院(筹)并入交大上海部分；西安动力学院，西北工学院的采矿、纺织、地质专业和西北农学院的水利土壤改良专业等并入交大西安部分。与此同时，按新方案迁去和迁回的工作开始进行。交大上海部分设机械制造、运输起重机械制造、电力工程、电工器材制造、船舶制造、船舶动力、动力机械7个系19个专业；西安部分设机械制造、动力机械制造、电力工程、电工器材制造、无线电、水利、工程力学、应用数理、纺织、采矿、地质11个系23个专业。①

四、从分设两地到独立成为上海交大和西安交大

1957年7月4日交大分设两地方案确定后，已是暑假，搬迁、合校、招生、基建、去西安的家属安排、子女入学等工作继续紧张有序地展开。7月31日，杨秀峰部长召集交大、西安动力学院、西北工学院、西北农学院四校负责人宣布成立由15人组成的“四校合作委员会”，彭康任主任委员，并举行第一次会议。② 同时，中共西安市委批准交大(西安部分)成立临时党委，由彭康(第一书记)、苏庄、安乐群(书记)、林星、任梦林、杨文、王宣、陶健生、刘庆宇、革平以及西北工学院一位待定同志组成，并也在7月31日召开了第一次会议。

交大(上海部分)于7月13日已成立交大、造船学院、南洋工学院“三校联合委员会”，由彭康负责。8月28日，彭康主持召开联合委员会，宣布交大新的机构设置和各部处、系负责人名单。10月22日上海市委同意成立交大(上海部分)、造船学院、南洋工学院三校合并后临时党委，由彭康(书记)，胡辛人(副书记)、邓旭初、吴树琴、范祖德、蔡西峰、胡世基、胡也、王芳荆、王耐辛、雷风桐、胡保生、汪应洛组成。③

交大(上海部分)和(西安部分)临时党委互不隶属，第一书记均为彭康，其余人员不重复。

与此同时，按照分设两地方案，迁西安的师生员工在暑期中抓紧进行。当年动力机械系副主任，后为中科院院士、第三世界科学院士，曾任陕西省人大常委会副主任、全国政协常委、九三学社中央副主席的陈学俊教授45年后在《西迁回忆录》中说：“动力机械系是唯一全迁西安的系。当时动力机械系共有教师52人，43人均全家迁往西安。1957年9月，我和袁旦庆带着4个孩子，乘坐第一批交大基础技术课与专业课教师的专列由上海来到了西安，包括全部家具及行李等。当时袁旦庆是电工学教研室副主任。临行前，把上海解放前购买的

① 盛懿等编著：《三个世纪的跨越》，上海交通大学出版社2006年版，第255页。

② 《上海交通大学纪事(1896—2006)》(上卷)，第486页。

③ 《上海交通大学纪事(1896—2006)》(上卷)，第489页。

两间房子交给上海市房管部门。我们当时认为既然去西安扎根西北黄土地，就不要再为房子而有所牵挂；钱是身外之物，就不值得去计较了。”[①]

来虔教授，1957年时任交大机械原理教研室主任，后任交大基础部副主任。他回忆说：“我当时最大的个人困难是，妻子在上海的一个好单位里有一份好的工作，有很多好同事，且单位对她说，如你西迁，去苏联进修的名额取消；而我当时已分到一套好房子，还有一位相依为命的老保姆。我当时40岁左右，是九三社员，中共预备党员。1956年冬，我只身来西安筹备开课。1957年秋，妻子带着孩子从上海迁来西安。她把儿子从火车窗口塞出来，我在月台上把孩子接过来。岁月悠悠，现在儿子已47岁，长大成人，孙子亦已18岁，长到1.8米以上，我则86岁了。妻则终因人生地不熟先我走了。……迁校迁出两所重点大学，功不可没。”[②]

1956年、1957年，赴西安的著名教授还有赵富鑫、殷大钧、沈尚贤、孙成璠、周惠久、陈大燮、严晙、钟兆琳、张鸿、黄席椿、顾崇衔、吴之凤、冯㭎、吴有荣、袁轶群、江宏俊、陆振国、顾逢时、刘美荫、陈季丹、沈三多等，以及一大批中青年副教授和讲师。他们的爱国壮举历史是不会忘记的。

交大分设两地后，1957年底，西安部分由11个系合并为9个系，23个专业。教职工总数2 585人，其中校本部教职工2 413人，教师1 083人；在校学生6 881人，其中研究生17人。[③] 上海部分，教职工总共为2 300人，其中教师890人，学生5 078人[④]；包括交大留在上海的师生员工及合并到交大（上海部分）的上海造船学院和南洋工学院（筹）的师生员工。正如《交通大学内迁西安史实》一书所说“交通大学的主要力量移到了西安”[⑤]，达到了周恩来总理希望的“尽最大的可能支援西北建设”。

1958年7月28日，教育部《关于交接下放高等学校的通知》称：根据中央规定将教育部直属高等学校下放归省市领导，交大（西安部分）下放给陕西省，交大（上海部分）下放给上海市。[⑥]

1959年3月22日，中共中央决定：“指定下列十六个高等学校为全国重点学校：北京大学、清华大学、北京工业学院、中国人民大学、天津大学、北京航空学院、复旦大学、上海交通大学、北京农业大学、中国科学技术大学、西安交通大学、北京医学院、上海第一医学院、华东师范大学、北京师范大学、哈尔滨工业大学。”这个决定第一次将交大两个部分作为两所独立

---

① 《交通大学西迁回忆录》，第7－8页。

② 《交通大学西迁回忆录》，第183－186页。

③ 《西安交通大学大事记（1896—2000）》，西安交通大学出版社2004年版，第180页。

④ 《上海交通大学纪事（1896—2005）》（上卷），第491页。

⑤ 《交通大学内迁西安史实》，第89页。

⑥ 《上海交通大学纪事（1896—2005）》（上卷），第498页。

国务院关于交通大学迁校问题的批复

文习字第110号

高等教育部：

国务院同意你部8月4日所报关于交通大学迁校及上海、西安有关学校的调整方案，希即照办。

抄送：二办。

(经办单位：二办高教组

电话：39-2613)

国务院关于交通大学上海、西安两个部分分别独立成为上海交通大学和西安交通大学的批复

国二陆字212号

教育部：

6月2日报告悉。同意你部关于交通大学上海、西安两个部分分别独立成为上海交通大学和西安交通大学以及两校分设后若干具体问题的处理意见，即可照办。

抄：中共中央宣传部、国务院二办

1957年国务院关于交大分设两地及各自独立的文件

大学并定名“上海交通大学”和“西安交通大学”。6月2日，教育部向国务院提出《关于交通大学上海、西安两个部分分别独立成为两个学校的报告》。报告称：“两年来交通大学西安、上海两个部分在专业设置和师资设备的调整方面，已初步就绪，并且都有了很大的发展和提高。自去年将两个部分分别下放给上海市和陕西省管理后，由于两个部分规模都很大，距离又远，行政上再实行统一管理，有许多不便之处。特别是考虑到今后两个部分已确定为全国重点学校，培养干部的任务都很重，长此下去，对工作不利的。为此，我们拟将交通大学西安及上海两个部分从现在起分别独立成为两个学校。上海部分改称上海交通大学，西安部分改称西安交通大学。原交通大学校长彭康同志改任西安交通大学校长，上海交通大学请中央另派校长。”报告称：“以上意见，经与上海市委、陕西省委商量，都表示同意。”

国务院于1959年7月31日批复“同意”，“即可照办”。①

10月10日，中共中央批准彭康同志任西安交通大学党委书记兼校长。9月5日，中共上海市委通知：经中央批准，谢邦治同志任上海交通大学党委书记兼校长，并参加上海市委，为常务委员。8月7日，上海交大校务委员会开会欢送彭康校长和欢迎谢邦治校长。9月5日，上海交大全体师生员工举行大会欢送彭康校长，欢迎谢邦治校长。

1959年12月，西安交大：暑假招收新生1 773人，毕业学生860人，年末共有学生9 524人，其中研究生28人；年末全校教职工3 384人，其中校本部2 982人，有教师1 223人(教授43人、副教授41人)，行政人员497人，勤杂人员

---

①《交通大学内迁西安史实》，第162、165－169页。

422人;另外,附属机构及其他402人。[①] 上海交大:教职工2 527人,其中教师891人(教授58人、副教授28人、讲师179人,助教626人),在校学生7 670人。[②]

从决定交通大学西迁到独立成为上海交大和西安交大迄今已61年。1981年交大建校85周年纪念,教育部部长蒋南翔专程到西安,祝贺校庆和西迁25周年,他评价交大分设两地:"是我国在调整高等教育事业战略布局的一个成功范例……对于实现祖国社会主义现代化,具有重要意义。"两所交大是同根兄弟,分别屹立在中国的西北和东南,遥相呼应。60年来,两校都成为知名高校,为中国高等教育事业的改革与发展作出了重要贡献。

第四节 上海造船学院和南洋工学院(筹)

一、上海造船学院的建立

中国有辽阔的海域,但近代中国没有强大的造船工业,也没有强大的海军;屡屡遭受帝国主义从海上来的侵略。新中国成立后为改变这一状况,1950年10月,中央重工业部在上海成立船舶工业局;1952年9月,改名船舶工业管理局,划归第一机械工业部主管,办公地点仍在上海,直到1954年才搬到北京。1952年,全国进行大规模高等学校院系调整以适应建设需要,同济大学造船工程系于1952年暑假调整到交大,校址在上海平凉路的上海市立高等工业专科学校的电机、动力和造船科也调入交大。交大造船系力量倍增,教师将近30人,其中一半是从英国和美国回来的教授、副教授。不久,哈军工要建海军工程系,高教部从交大抽调顾懋祥等几位教师,成为哈军工海军系的核心力量。院系调整中成立不少单独的工科学院,却没有造船学院。1954年7月,一机部和高教部在北京开会讨论筹建造船学院,交大派王公衡、李永庆教授参加。这次会议最终商定造船学院建在上海。

1955年1月7日,高教部与一机部发出联合通知:

上海造船学院筹备委员会、交通大学、大连工学院:

关于上海造船学院的建立,经高等教育部与第一机械工业部会同拟订初步方案,于1954年1月28日以(54)工字第111号、(54)机教高字第144号联合报告前政务院文化教育委员会,并经国务院于11月12日以(54)国文习字第9号批复同

① 《西安交通大学大事记(1896—2000)》,第194页。

② 《上海交通大学志》,第172、175页;《上海交通大学纪事(1896—2005)》(上卷),第515页。

意。筹建学院的原则与办法,经高等教育部与第一机械工业部根据批准的原初步方案,正式制定了"关于筹建上海造船学院的方案",兹随文下达,希按照下列几点遵照执行:

1. 上海造船学院的建立,是我国高等工业教育事业发展中的一件大事。……交通大学在师资培养、教学行政组织等准备工作方面,都负有更多责任。……

2. 交通大学、大连工学院有关调整师生在未调出之前,仍是原校的一部分……

3. 有关筹建具体事项,上海造船学院筹备委员会应与交通大学、大连工学院进行密切联系,根据方案具体协商解决。

高教部部长 杨秀峰

一机部部长 黄 敬

1955 年 1 月 7 日

附件要点:①校名"上海造船学院",由一机部负责管理;②1956 年暑假成立;③校址在上海机器制造学院(原沪江大学校址);④1956 年设置船舶制造、船舶蒸气发动机及其设备、船舶内燃发动机及其设备、机械制造工艺、焊接工艺及设备、船舶电气设备等专业,1957 年设置造船工业的经济与组织专业,1958 年设置船舶动力装置的自动控制设备及调节、流体力学及船舶坚固性专业;⑤学制五年;⑥最大发展规模 7 500 人,1956 年由两校调入原有学生 890 人,招生 900 人;⑦1954 年寒假将大连工学院造船系三、四年级学生、研究生、专业教师、苏联专家先调至交大;⑧1955 年暑假大连工学院造船系二年级学生全部合并到交大;⑨1956年暑假造船系由交大分出,独立成立造船学院;⑩院长、副院长请中央调配,其他干部由一机部负责调配;⑪对基础课、基础技术课及教学设备等作了规定;⑫设立筹备机构,主任委员彭康(交大书记、校长),副主任委员姚志健、李葵元,交大陈大燮、李永庆、王公衡,大连工学院杨槱、李铭慰、胡也、江可宗、薛绍清。

高教部和一机部筹建上海造船学院的联合通知发出后,各方面就积极开展工作。1955 年 1 月底,大连工学院造船系 20 多位教师和 100 多位三、四年级学生及 3 位苏联专家迁来上海,两校造船系合并,由李永庆(上海)、李铭慰(大连)任正副系主任,董勋(大连)任系总支书记。

3 个月后中央决定交大迁校西安,高教部同时明确交大迁走后徐家汇校园由上海造船学院使用,造船学院不再择地基建。

1956 年 7 月 1 日,上海造船学院成立,校牌暂挂在交大新建楼大门,胡辛人任院长,杨槱为教务长。7月21日，中共上海市委批准成立由胡辛人、万钧、朱子坚、李仲祥、蔡西峰、胡也、吕宜庄、董勋、于骏民、顾宏中、张永富、姚志健等12人组成的上海造船学院临时党委，胡辛人为书记，万钧为第二书记，李仲祥为副书记。

胡辛人

胡辛人(1920.7—2009.3)，籍贯江苏省大丰市。1938年8月入延安抗日军政大学学习。1938年12月加入中国共产党。1939年2月起任延安八路军总政治部战地服务团团员，皖东新四军五支队教导队指导员，华中鲁迅艺术学院副大队长，苏中泰东县委武装部长，苏中东台县委书记、县独立团政委。1946年10月任华东野战军93团政委，三野28军82师政治部副主任。新中国成立后任福建省委青委副书记，华东工业部党委宣传部长、教育处长，中央第一机械工业部教育司副司长，上海造船学院党委书记兼院长，交通大学(上海部分)临时党委副书记，上海市农垦局副局长，市卫生局党组副书记。1981年任上海第一医学院党委书记。上海市政协六届常委。1990年7月离休。胡辛人还担任上海市新四军历史研究会第一、二届副会长，上海市社联常务理事，上海市集邮协会会长，上海市诗词学会副会长。

1956年暑假，交大90位教师、886位在校学生、3位苏联专家调至上海造船学院。

1956年9月1日上海造船学院在交大大礼堂举行开学典礼，市委书记处书记魏文伯、一机部工教司司长周一萍、东海舰队副政委苏启胜以及兄弟院校代表、全体师生员工2 000人出席。

魏文伯在致词时还宣布：为了充分利用上海工业基础的有利条件，在交大迁往西安以后，将在上海筹建南洋工学院以继承交大的传统……今年委托造船学院招收新生。

1956年秋，交通大学徐汇校园内安置三所大学：交大、上海造船学院、南洋工学院(筹)。

二、造船学院的建设及1957年秋与交大(上海部分)合并

上海造船学院建立后设4个系19个教研室，李永庆任船舶制造系主任，李铭慰任船舶动力系主任，薛绍清任船舶电机系主任，夏安世任船舶机械系主

任。船舶制造系下属7个教研室,成为造船学院师资力量最强的系。实际上经过几次全国院系调整,上海造船学院的造船工程系几乎已成为全国"唯一"的造船工程系。

造船学院学制有五年和四年半两类。其中修业年限五年的专业4个,分别是船舶制造专业、船舶蒸汽机专业、船舶内燃机专业、船舶电气设备专业;1953年入学的船舶制造、船舶蒸汽、船舶内燃机3个专业,修业期限为4年半。

1956年暑期,上海造船学院开始首次招生。当年共招收学生980人。据1957年3月9日造船学院的一份统计资料,讲师以上教师共92人,其中教授11人,副教授17人。

除了本科教育外,造船学院还曾举办职工业余教育等。当年有夜校部和由船院代管的上海业余机电学院学生900名。

1956年9月,造船学院成立院务委员会,成员有胡辛人、万钧、姚志健、朱子坚、李仲祥、吕宜庄、杨槱、余慧、蔡西峰、胡也、李永庆、薛绍清、夏安世、李铭慰、林宏铨、龚应曾、王容荪、翁为、林楷、李士敏、凌渭民、葛衢康、潘新之、孙璧媃、莫善祥、颜家驹、周道本、余传文、魏开泛、蓝章夏、金悫、江可宗、王公衡、陈铁云、杨代盛、潘介人、高志希、李渤仲、杭继寿、范恂如、王希季、杨仁杰、魏东升、陈浩等44人。院务委员会下设人事、科研、教务、总务4个处和院长办公室。

1957年4月2日,造船学院召开首届党员大会,选举产生21人的党委会:胡辛人、万钧、李仲祥、姚志健、朱子坚、蔡西峰、许海涛、孟树模、胡世基、胡也、王芳荆、耿亮、陈伟明、王善庆、陈浩、李士敏、李宏舜、张寿、于邦卿、王蔼、左森。胡辛人、万钧、李仲祥、姚志健、朱子坚、蔡西峰、许海涛、孟树模、胡世基等9人为常委,胡辛人为第一书记,万钧为第二书记,李仲祥为副书记。4月23日市委审批同意。

一机部对上海造船学院的建设十分关心支持,从所属单位抽调一批技术人员和干部到造船学院任教、任职。基本建设经费由于不需要大笔款项用于建造校舍,重点仍放在实验室建设上。

1957年夏,国务院决定交大分设西安、上海两地。由高教部、一机部、电机部、上海市委协调后,并征求造船学院和南洋工学院(筹)意见后决定,上海造船学院和南洋工学院(筹)与交大(上海部分)合并,上海造船学院保留院部名称,由交大(上海部分)统一领导。1959年底,停止上海造船学院公章使用并撤销院名。

三、南洋工学院的筹建及与交大(上海部分)合并

1956年5月,毛泽东主席发表论十大关系讲话,提出"沿海的工业基地必须充分利用",上海市委于6月27日向中央发出特急报告,要求在上海筹建一所工科大学。不久,高教部

部长杨秀峰转来周恩来总理关于交大迁校的口头指示："同意搬，必须留一个机电底子，以为南洋公学之续。"[①]据此，上海市会同第一机械工业部（后改由电机制造工业部参与）正式开始筹建并定名"南洋工学院"。一机部委派雷凤桐参加南洋工学院的筹建。8 月 25 日，上海市人民委员会以"最急件"向上海市高等教育局发文，"同意成立南洋工学院筹备委员会，以刘季平、彭康、陈石英、陈大燮、胡辛人、李广仁、宋季文、舒文、李向群、万钧、杨櫆、顾理等 12 人为筹备委员会委员，以刘季平同志为主任委员。"[②]南洋工学院进入筹建阶段。

刘季平时任上海市副市长，其余成员则分别来自一机部、上海市高教局、交通大学和上海造船学院等方面。筹备委员会下设筹备处，由顾理任处长。此时，筹备处已有工作人员 19 人，各有关部门的临时负责人也已明确：办公室为刘钊，人事处为吴树琴，总务处为朱士亮，教务处的负责人未定。8 月 21 日，上海市高教局发文，通报南洋工学院筹备处正式对外办公，并公布了"南洋工学院筹备处"印模。8 月 30 日的《解放日报》第一版报道了南洋工学院筹备的消息。

10 月 9 日，经中共上海市委高等教育科学工作部批复，中国共产党南洋工学院筹备处支部委员会正式成立，由顾理、刘钊、吴树琴、朱士亮、奚心雄等 5 人组成，顾理为支部书记。[③]

不久，南洋工学院改由中央电机制造工业部和上海市共同筹建，双方商定，"筹建期间以上海市领导为主，筹建结束后，转为电机部领导为主"。[④] 随即，电机部向学校筹备处派来孙达生，加强了力量。12 月 3 日，市人民委员会又发文批复市高教局："为了加强对南洋工学院筹备工作的领导，我委同意增加孙达生、孟树模、孟庆元、顾毂同为南洋工学院筹备委员会委员，并以陈石英、孙达生为副主任委员。"[⑤]

学校筹备处拟定了正式建校后各级部门组成人员的安排方案，不久由于南洋工学院并入交大（上海部分），没有公布。

1956 年夏，经高教部同意，南洋工学院一面筹备，一面招生，并列入上海造船学院当年的招生计划，招收机械制造、电气制造两个专业共 400 人，待学校成立后这批学生划归南洋工学院管理。1956 年秋学校用上海造船学院名义招收机械工程、电气工程两个系的第一批本科学生 387 人。这部分学生 1957 年秋并入交通大学（上海部分）。

---

① 《上海交通大学纪事（1896—2005）》（上卷），第 472 页。

② 上交档：N－1－2。

③ 上海交大保存、南洋工学院档案：N－1－6。

④ 上交档：N－1－2。

⑤ 上交档：N－1－3。

筹备处对学校的发展规划提出了方案。1956年11月6日,上海市人民委员会、电机制造工业部联合呈报周恩来总理和高教部部长杨秀峰,报告南洋工学院筹建中的主要问题,其中关于"专业设置和发展规模"提出:

> 拟在南洋工学院设电机工程、机械工程、仪表制造3个系,第二个五年计划内发展至13个专业,招生人数为5 880人左右;至第三个五年计划拟发展至8 000人左右。今年已招生400名,准备明年招生810名,1958年招生930名,1959年招生1 110名。以后每年招新生递增100名左右。①

1956年12月28日,高教部批复:

> 同意南洋工学院1957年招生400人左右,但由于国家财政、物资、师资等条件的限制,1958年招生数不会很大,因此,该院1958年招生肯定不可达到810人。至于第二个五年内每年招生多少,须等第二个五年招生计划初步确定后才能确定。

随着筹备工作的陆续展开,南洋工学院的师资队伍迅速发展,到1957年2月末,专任教师已有74人;到1957年秋,专任教师已达98人。②

1957年6月,交大确定分设西安、上海两地。7月3日,高教部部长杨秀峰在上海召集上海造船学院、南洋工学院负责人会议,商谈两校与交大上海部分合并事宜。杨秀峰称:上海几所学校合并是国务院的方针,上海造船学院、南洋工学院(筹)并入交通大学上海部分。③

8月4日,高教部将《关于交通大学迁校及上海、西安有关学校的调整方案的报告》上报国务院和周总理,获批复同意。9月13日,高教部、一机部正式下发《关于交通大学迁校及上海造船学院、南洋工学院合并问题的批复》。至此,上海造船学院、南洋工学院(筹)正式与交大合并。12月23日,经第一机械工业部和高等教育部共同决定,上海造船学院夜校部、上海市业余机电学院(包括5个分部)全部专业并入交通大学(上海部分)夜校部,由交通大学统一管理。

---

① 上交档:N－1－2。

② 上交档:N－1－4、N－1－2。

③《上海交通大学纪事(1986—2005)》(上卷),第484页。

第四章
政治运动与1958年教育革命

第一节　整风与反右派斗争

一、整风运动

1956年，我国完成对农业、手工业和资本主义工商业的社会主义改造，经济建设取得显著成就。9月，中国共产党召开第八次全国代表大会。八大关于政治报告的《决议》称："我们国内的主要矛盾，已经是人民对于经济文化迅速发展的需求同当前经济文化不能满足人民需要的状况之间的矛盾。党和全国人民的当前任务，就是要集中力量解决这个矛盾，把我国尽快地从落后的农业国变为先进的工业国。"①

同时1956年，国际上发生了"波匈事件"。苏共二十大后，东欧一些社会主义国家对斯大林时期以来苏联的大国沙文主义表示不满，社会上弥漫着动荡不安的气氛。1956年6月，波兰发生流血冲突，苏军向华沙进发，后苏联被迫让步，苏军撤回军营，波兰局势有所缓和。10月，匈牙利发生大规模骚乱，匈政府宣布退出华沙条约，建立多党制政府，还发生多起捕杀共产党人事件。11月，匈牙利工农革命政府宣告成立，苏军开进布达佩斯，迅速控制了局

① 《中国共产党第八次全国代表大会关于政治报告的决议》。《人民日报》1956年9月27日。

势。波匈事件引起党中央的高度重视和深入思考。斯大林的错误和波匈事件极其尖锐地表明，社会主义制度下仍然存在着各种矛盾。能否正确区分和处理敌我矛盾和人民内部矛盾，关系到社会主义建设的成败，关系到人民政权的存亡。1956年秋冬，中国国内也出现了不安定情况。1956年9月—1957年3月，全国发生数十起罢工、请愿事件。对国内外形势最敏感的知识分子在"百花齐放，百家争鸣"方针提出后，思想日趋活跃，批评教条主义，在政治、经济、文化、教育、科学等问题发表各种意见。有些人对党和政府工作中的缺点以及干部作风上的问题提出批评，其中有不少尖锐意见，也有一些错误议论。

面对新出现的矛盾，许多党员和干部思想上缺乏准备，往往用老眼光，把群众闹事和尖锐批评一概视为阶级斗争的表现，认为凡是聚众闹事的，就是敌我矛盾；一些干部习惯于按照革命时期的经验办事，用类似处理敌我矛盾的办法处理罢工、罢课事件，造成矛盾激化；对于"百花齐放、百家争鸣"和"长期共存、互相监督"的方针也存有怀疑和抵触情绪。上述情况表明，在开始进入社会主义社会，全党和全国工作重心转向经济文化建设的时候，努力教育党员干部从习惯于主要搞阶级斗争转变到主要搞经济建设和学会正确处理人民内部矛盾，是必要的。

1957年2月27日，毛泽东在有1 800多位各方面人士出席的最高国务会议上以《如何处理人民内部的矛盾》为题发表讲话，并于同年6月19日以《关于正确处理人民内部矛盾的问题》为题公开发表。党中央、毛泽东把能不能正确处理人民内部矛盾，看作是在新形势下党的事业能不能向前推进的主要问题，并发动了以正确处理人民内部矛盾为主题的全党整风运动。

1957年4月27日，中共中央发出《关于整风运动的指示》。《指示》提出，由于党已经在全国范围内处于执政的地位，得到广大群众的拥护，有许多同志就容易采取单纯的行政命令的办法去处理问题，而有一部分立场不坚定的分子，就容易沾染旧社会作风的残余，形成一种特权思想，甚至用打击压迫的方法对待群众。因此，有必要在全党进行一次普遍、深入的反对官僚主义、宗派主义和主观主义的整风运动。整风运动的主题是正确处理人民内部的矛盾。从5月8日开始近一个月内，中共中央统战部、国务院第八办公室召开多次各民主党派负责人、无党派民主人士、工商界人士座谈会，欢迎大家多发表批评意见。各党政机关和高校、科研机构、文化艺术单位的党组织也纷纷召开座谈会，欢迎大家"鸣""放"。[①]

---

① 本章第一节历史背景部分参阅中共中央党史研究室著：《中国共产党历史》第二卷(1949—1978)上册"第十一章全党整风和反右派斗争"，中共党史出版社2011年版。

随着全国整风运动的开展，交大开始全校整风学习，要求师生员工对学校工作提出批评意见，帮助领导改进作风，做好工作。当时，学校正根据国务院决定忙于落实迁校工作，校内整风的“鸣”“放”则集中在迁校问题上。4 月 21 日，高教部明确指示：交大迁校问题要“放”，允许发表不同意见。[①] 交大反映在大鸣大放、大辩论、大字报上对迁校问题分歧很大，无论是学生还是教师都有赞成迁校和不赞成迁校的，很难有一致的意见。而此时就全国而言，6 月 8 日《人民日报》发表社论《这是为什么？》后，已转向反右派斗争。

1957 年 7 月 1 日，党委召开全校师生员工大会，全面部署整风工作，号召师生员工根据整风精神对学校工作特别是对党委工作开展“大鸣”“大放”，提出批评意见。接着党委又召开各种类型的座谈会，听取意见。但是由于政治大环境已发生变化，反右派斗争已成为运动的主题，而交大迁校问题的“鸣放”也已结束。国务院批准交大分设两地，上海部分又与造船学院、南洋工学院（筹）合并，占交大（上海部分）的师生员工有一半为上海造船学院和上海南洋工学院（筹），他们没有参加迁校鸣放争论，而是按全国、全市统一的步骤进行整风鸣放，反右派斗争也已开展了一个多月。在此情况下，党委决定开展反右派斗争，待反右派斗争告一段落后再继续整风。

二、反右派斗争

1957 年 6 月 8 日，《人民日报》发表社论《这是为什么？》，指出“当前政治生活中某些人利用党的整风运动进行尖锐的阶级斗争”，“国内大规模的阶级斗争虽然已经过去了，但是阶级斗争并没有熄灭，在思想战线上尤其如此”。同一天，毛泽东起草《中共中央关于组织力量准备反击右派分子进攻的指示》。6 月 19 日，《人民日报》发表经过毛泽东作了若干重要补充和修改的《关于正确处理人民内部矛盾的问题》讲话。发表的讲话稿增加了判断人们言行是非的六条政治标准。毛泽东指出，这六条标准中最重要的是社会主义道路和党的领导两条。此外，文章还增加了强调阶级斗争很剧烈、社会主义和资本主义之间谁胜谁负的问题还没有真正解决的论述。

交大党委和各系及机关总支于 7 月 17—19 日分别召开整风座谈会，听取意见。与此同时，党委根据全国反右派斗争的情况和上级的布置，研究了在全校和各系的范围点名批判的

---

① 《上海交通大学纪事（1896—2005）》（上卷），第 481 页。

"右派分子"名单。[①] 19日,党委领导在民主党派负责人、工会基层委员会主席、各系主任会议上说:"目前迁校问题已告一段落,就应当开展反右派斗争,我们对这么一个重大的思想上政治上的阶级斗争,不应袖手旁观";党委领导根据交大在鸣放阶段的实际情况反复强调"如果有人提到讨论迁校时的情况,我们不应认为反对迁校的就是右派分子,应当以毛主席在《关于正确处理人民内部矛盾的问题》中所提出的六项标准来衡量和作全面的分析"。[②]

7月22日,交大(上海部分)召开反右派斗争动员大会,市委教卫部领导来校作报告。接着党委召开党员大会,动员揭发批判"右派分子"的言行。各系也陆续召开大会,对某些教授的"右派"言行进行揭发批判,同时在学生中也开始反右。7月29日—9月2日期间校刊《交大》(增刊)点名批判教职员右派分子13人和未戴帽子进行批判的2人。8月12日,党委召开教职员大会,作反右派斗争小结,宣布反右斗争已基本结束。[③]

9月2日,中共中央发出《关于严肃对待党内右派分子问题的指示》,批评一些单位对于同党外右派分子政治面貌完全相同的党员姑息宽容,要求"决不应该漏掉真正的党内右派分子"。[④] 上海市相关领导根据市委9月12日《关于克服右倾思想,深入反右斗争的指示》,[⑤]认为交大反右斗争进行得"不扎实、不彻底",需要"继续进行"。于是学校召开教职员工党员大会作进一步开展鸣放动员,进行反右派斗争补课。12月27日,学校召开全体学生大会,党委领导作报告,提出要对以前的鸣放、反右以及整改情况作一次全面深入的检查,"缺什么就补什么"。报告说明了"有右必反"的方针后,提出交大(上海部分)共有160个班级,开展过反右派斗争的只有63个班级,有些右派分子还没有被揭发出来,[⑥]决定1958年1月13—28日停课两周,继续"反右"。由于当时党对阶级斗争的形势作了过分严重估计,并且沿用革命时期大规模的急风暴雨式的群众性政治运动的斗争方法,对斗争的猛烈发展又没有能够谨慎地加以控制,致使反右派斗争被严重地扩大化。在反右派斗争的前后两个阶段,交大(上海部分)总共300多人被错划为右派,其中有学生、教师和干部,也有几位教授和老干部。至1960年夏、秋,被错划右派的100余人,其中多数为学生,分批被遣送新疆等地及市郊农村劳动改造,从此他们的命运被彻底改变,经受了多年难以忍受的磨难。反右派斗争的扩大化,使"许

① 《上海交通大学纪事(1896—2005)》(上卷),第485页。
② 《交大》增刊1957年7月13日。
③ 《上海交通大学纪事(1896—2005)》(上卷),第486页。
④ 《中国共产党历史》第二卷(1949—1978)上册,第454页。
⑤ 中共上海市委党史研究室编纂:《中共上海历史实录》,上海教育出版社2004年版,第214页。
⑥ 《交大》1958年1月4日。

多同党有长期合作历史的朋友，许多有才能的知识分子，许多政治上热情而尚不成熟的青年，还有党内许多忠贞的同志，由于被错划为右派分子，经受了长期的冤屈和磨难，不能在社会主义建设中发挥应有的作用。这不但造成他们个人及家庭的悲剧，也给整个党和国家的事业造成巨大损失"。[①] 1978年9月，根据中央和市委的指示，学校组织专门班子对当时全校被错划为右派的378人进行复查。到1979年12月，经学校党委批准或本人所在单位审查全部改正。对被错划右派的人员都按中共上海市委467号文件精神，做好安置和各项善后工作。[②]

三、继续整风与整改

1957年8月12日，党委宣布全校性反右派斗争已基本结束，按原计划着手继续深入整风。9月11日，学校召开全校教职工大会，彭康作进一步开展整风的报告，动员对党内存在的官僚主义、宗派主义和主观主义继续进行揭发批判，同时要求弄清大是大非，提高思想认识，加强团结，改进工作。大会以后，党委通过召开不同类型的座谈会、讨论会、大字报等形式，广泛开展批评与自我批评。

9月20日，校务委员会常委扩大会决定成立由彭康、陈石英、胡辛人、邓旭初、杨櫆、程孝刚、薛绍清、周志诚等组成的整风委员会。21日，党委再次召开教职工大会作进一步动员。

学校自9月开始继续整风到10月底，校园内共贴出大字报8 000多张，召开大小会议1 000次以上，提出批评意见11 000条。[③]

10月，根据市委指示精神，党委提出在继续整风鸣放的基础上展开辩论。党委在全体教职工中作动员，确定全校辩论的重点是："什么是交大传统？如何保持和发扬交大传统？"教师大会辩论"交大有没有充分发挥全体教师的作用？交大是否落后？落后在什么地方？原因何在？"职员、教辅大会辩论重点是"干部的培养、使用与安排问题"；学生大会辩论"怎样做一个工科大学生——红与专的关系问题"。之后，党委扩大会对"关于正确对待交大传统，充分发挥全体教师作用问题的辩论"作了总结。[④] 11月2日，又召开全校性红专关系问题大辩论。到年底，全校师生员工贴出大字报37 759张，大小辩论会近2 000次。

---

① 《中国共产党历史　第二卷(1949—1978)》上册，第460页。

② 王宗光主编：《中共上海交通大学党史大事记(1949—1994年)》，上海交通大学出版社1996年版，第189－190页。

③ 《上海交通大学纪事(1896—2005)》(上卷)，第488页。

④ 《中共上海交通大学党史大事记(1949—1994)》，第62页。

学校对两个月来整风中提出的意见进行整理,除具体工作中的许多意见外,涉及党员干部思想意识和工作作风上存在的问题,主要有:有些党员干部官僚主义严重,高高在上,脱离群众;有的干部不深入基层,不调查研究,"到处走走,走马观花",单凭主观意志就做决定;有的干部拉帮结派,搞小圈子,任人唯亲;有些干部革命意志衰退,闹待遇、闹地位,工作不好好干;个别干部特殊化,利用职权谋私利。还有不少同志认为过去学校党委政治思想工作一般化,效果不大;党内民主也不够,有些问题没有经过集体充分讨论就轻率作出决定,希望今后加强思想政治工作,从思想上,制度上扩大民主,加强领导。[①]

1957 年 11 月 2 日,在大草坪举行"红与专"关系问题大辩论

1957 年 11 月,学校整风进入整改阶段。11 月 9 日,党委副书记胡辛人代表党委向全校师生员工作整改动员报告,号召全体人员要以革命精神坚决贯彻整改。整改的目的是针对两个月来整风中群众提出的意见,通过整改烈火,烧掉领导干部思想、工作中的官僚主义、主观主义和宗派主义,克服脱离群众,脱离实际的严重倾向,达到加强领导、改进工作的目的,进一步办好社会主义新交大。整改具体内容和要求如下:①改善党与群众的关系。党员要克服宗派主义、骄傲自满、自以为是、脱离群众等倾向,为此必须深入基层,接近群众,克服特殊化,切实履行党员的义务,发挥党员的先锋模范作用,和广大群众特别是党外人士交朋友,密切联系,加强团结。②扩大与健全民主生活,贯彻民

---

① 《交大》1958 年 1 月 20 日。

主集中制，加强集体领导，加强校委会和系委会的组织，并充分发挥其作用。③贯彻执行勤俭办校的方针，厉行精简节约，提倡艰苦朴素作风，切实做到少花钱、多办事，少用人、办好事。④改进和加强对教学、科学研究工作的领导，调动全体教师的责任性、积极性、主动性，提高教学质量，开展科学研究。为此，必须切实整顿现有教师队伍，加强教师的思想工作，确定合理的工作量；加强检查督促和经验交流等工作；认真有效地学习苏联；改进教师的培养进修工作。⑤修订规章制度，明确职责，协调关系，严格执行劳动纪律。⑥改进和加强政治思想工作，对师生员工进行社会主义教育，这是党的经常而基本的工作，逐步要求教师也参加这项工作。[①]

广大师生员工对搞好整改的信心很大。教务处、党委机关、后勤部门群众在讨论中普遍认为党委的整改计划切合实际，对交大的教学、科研、后勤服务各项工作将有很大推动作用。

为了使整改切实达到效果，学校组织有关人员，成立改善党群关系、加强学生工作、精减机构、加强教学和科研工作、厉行节约制订规章制度等6个专题小组，分别对群众提出的整改内容和问题进行研究，提出改进措施。

11月中旬，各专业小组积极开展工作。校整风委员会多次召开会议，进行督促检查，并协调各小组工作。

学校党委特别重视自身的整改，多次举行扩大会议，研究群众提出的批评意见。11月16日，以党委会名义贴出大字报，提出十大措施，以克服官僚主义、主观主义、宗派主义和特殊化，改善党群关系，改进党委领导：①党委委员、总支书记、党员正副处长、党委部长每人深入一个教研组，了解情况，参加会议，与教师打成一片，密切党群关系。②部分党委委员、总支书记、党员正副处长、党委部长联系学生一个小班，了解同学学习、思想、工作、生活各方面情况，研究解决问题。③党委负责同志每月分别召开一次党内外师生员工的小型座谈会，就各种问题听取意见和批评。④确定19名党员担任政治课、党课或时事政策教育。⑤确定从党委各部门及校行政部门抽调20—25名党员干部到系里去，在系总支领导下，担任专职学生思想政治工作。⑥为加强党的思想工作与理论教育，精简机构，马列主义教研组与宣传部统一领导。⑦改进和加强党委对工会的领导，每学期党委讨论1—2次工会工作，并确定党委委员参加工会基层委员会。党委每学期讨论一次青年教职工及青年教职工方面团的工作。⑧改进和加强党委对学生工作的领导，每学期党委至少讨论两次学生工作及青年团工作。专职学生思想政治工作干部尽可能与学生同吃、同住、同劳动、同娱乐。⑨为了有计划

---

① 上交档：永-199。

有领导地组织师生员工参加体力劳动，建议校行政、工会、团、学生会建立劳动指挥部，立即开展工作。⑩为克服领导干部的特殊化，凡党员干部的住房、福利、补助以及其他有关物质方面的待遇，完全按照行政规定执行，不得特殊。今后如有违反，轻则批评、公开检讨，重则给以党纪或行政的纪律处分。凡学校职员 9 级(含机关 14 级)、教师 6 级以上党员干部，应贯彻克己及互助精神，一律不申请困难补助；凡学校职员 10 级(含机关 15 级)、教师 7 级以下党员干部，不论任何职别，申请困难补助，应一律经工会小组讨论及党小组审查，然后由行政批准。[①]

1957 年 12 月 11 日，党委又通过了《关于改进和加强党对学校领导的决议》，内容有：①交通大学的任务是按照国家计划的要求培养为工人阶级服务的、全面发展的、掌握工业技术的知识分子。各级党组织要贯彻党的知识分子政策，加强党对教学与科研的领导。②校党委在学校工作中起领导和监督作用，对于学校行政工作应充分发挥行政部门的作用，党委不要过多干涉。③系党总支对各系的工作起领导、监督、保证作用。④教研室党支部及机关党组织(总支及支部)主要是做深入细致的思想工作，保证党的政策的贯彻。⑤教学和科研是学校的中心工作，党必须加强这方面的领导。⑥必须向全体人员进行马列主义理论教育。⑦加强党对工会、青年团、学生会等群众组织的领导。

校整风委员会也通过了全校整改计划，内容包括学校工作的六个方面。12 月底，学校党委召开全体师生员工大会，先后公布各专题小组拟定的《关于扩大民主、加强集体领导》《组织教职工参加集体劳动》《改进教职员政治理论学习，加强社会主义思想教育》《对教职员培养方面的政治要求的意见》《图书馆节约方案》《教材方面节约方案》《总务方面节约方案》《设备工作整改节约方案》等 8 个整改方案。至此，整风运动整改阶段告一段落。

整改措施在实际中初步得到贯彻，各级党政领导干部深入教研室、深入基层的多了，高高在上脱离群众的作风有了改变，党群关系更加密切。特别是广大教师职工认识到知识分子必须积极参加实践，到工农兵中去，到农村参加体力劳动。1957 年 12 月，第一批被批准下放西郊宝北乡劳动锻炼的人员就有 180 人。[②]

---

① 《交大》1957 年 11 月 16 日。

② 《交大》1957 年 12 月 10 日。

第二节　1958年教育革命的前奏

一、反浪费、反保守运动

交大（上海部分）整风、反右派斗争告一段落后，自1958年1月16日起，根据上级指示开始发动"反浪费、反保守"运动。学校成立检查组，检查各部门勤俭办学方面的整改工作。24日，学校举办"反浪费展览会"，学生中开展"公物还家"运动，交回不合规章占用的公家物品6 284件，价值8 934元。27日，党委召开紧急扩大会，胡辛人副书记传达了市委重要指示后说：整风以来，全国和本市的革命高潮已经到来，群众已经发动起来，形势天天在发展，来势很猛，全校同志要迎头赶上革命形势，打破常规，来一个全面跃进。29日，学校又召开全校教职工大会，胡辛人根据15年赶上英国的口号和全市当时的形势，号召交大在社会主义革命新的高潮中应做些什么。他提出4点要求供大家讨论：①关于培养又红又专工人阶级知识分子的任务问题；②进一步讨论和贯彻在整改中提出的有关教学和科研的方案；③坚决贯彻勤俭办学方针；④大力开展以除"五害"（蚊、蝇、老鼠、蟑螂、麻雀）为中心的爱国卫生运动。

1958年2月，市委传达中央开展全国性的"反浪费、反保守运动"（简称"双反运动"）的决定。2月22日交大（上海部分）召开全校党员大会，彭康作报告，他要求"全体党员必须以加倍的革命干劲投入到反浪费、反保守运动中去"，"争取思想上、工作上的大跃进"。2月25日，彭康、胡辛人向全校师生员工作"反浪费、反保守运动"报告。全校当天"通宵激战"，一夜间贴出的"双反"大字报183 800多张，校园内、马路上、宿舍里贴满大字报。2月26日，党委扩大会认为"反浪费、反保守，又红又专的新革命高潮正在我校汹涌澎湃进展着，但运动发展还不平衡，决定继续大鸣大放、大争大辩、大整大改。"

3月2日，彭康代表党委和行政在交大（上海部分）7 000人师生员工大会上检查"领导上的浪费和保守"，指出"双反"运动所要解决的学校关键问题是"加速提高教学质量，发展科学研究，实现又红又专。从下学期开始，所有教授要开课，教师要下实验室，生产实习教师要和学生一起参加劳动，把一切生产设备组织起来投入生产，学生勤工助学安排、实验室也要少花钱，多办事，办好事"。①

---

①《上海交通大学纪事（1896—2005）》（上卷），第493页。

3月3日,中共中央发出《关于开展反浪费、反保守运动的指示》,指示称"这是一个社会主义的生产大跃进和文化大跃进运动,是在全民整风运动中改进整个国家工作和促进全民大干劲的一个带有决定性的运动"。[①] 为了进一步批判"右倾保守"思想,扫除发动"大跃进"的障碍,《指示》要求采用大鸣大放、大字报、大辩论和开现场会、办展览会等形式,揭露和批判浪费、保守现象,支持群众在各方面的跃进。由于《指示》肯定了已经出现的"大跃进"形势,人们的头脑越来越热,助长了后来高指标、浮夸风等错误的发展。

根据"双反"运动精神,校领导班子检查了"忽视政治思想工作"的"右倾"错误,决定进一步深入加强对教学、科学研究的具体领导。为了清除在贯彻党的教育方针过程中的思想障碍,学校先后组织了有关红专问题、教育方针问题的辩论,开展批判资产阶级教育观、批判资产阶级个人主义的"拔白旗、插红旗"运动。

二、"红专规划"与"思想大跃进"

"双反"运动在高等学校实质上是贯彻教育为无产阶级政治服务、教育与生产相结合的教育革命的第一步,是政治思想上的"教育革命","高等教育的大跃进也从此开始"。[②] "双反"运动首先通过发动群众大鸣、大放、大字报,揭发各级领导的官僚主义、宗派主义、主观主义"三风",打掉官气、暮气、阔气、骄气、娇气"五气"。之后各级领导对群众批评、揭发的意见进行整理,向群众作自我检查,在整改的基础上制定鼓干劲的跃进规划,然后掀起"思想大跃进"高潮。具体做法是以所谓"兴无产阶级思想灭资产阶级思想""搞臭资产阶级个人主义",开展"自觉革命,向党交心"的群众运动,动员教师、干部主动挖自己思想深处的"阴暗面","拔白旗,插红旗",进行自我批判和让别人帮助批判。运动后期,要求师生员工在"思想上大跃进"的基础上,订立个人红专规划,以鼓起大跃进的积极性。特别是把较多的向党交心、检查自己的教授视为"资产阶级教育思想代表人物"集中进行批判,极大地伤害了知识分子特别是老教授的积极性,产生了严重不良后果。

1958年3月,交大(上海部分)工会会员大会围绕交大培养的学生应成为"实践与理论相结合,教授、工程师、科学家三位一体"的人才问题,开展了为期7天的大辩论。市委教卫部副部长舒文、市高教局副局长李向群到会并讲话。

3月8日,40名老教授响应中国科学院17位科学家关于"走又红又专的道路"的倡议,

---

① 《中华人民共和国重要教育文献(1949—1975)》,第804页。
② 《高等教育史》,第157页。

经过认真讨论，制订了《交通大学(上海部分)教师集体规划》。规划共9条，内容包括：打掉骄气、暮气、阔气、官气、娇气，苦干3年，彻底改变学校旧面貌，培养出又红又专合乎规格的工业建设干部。规划提出："我们决心以身作则，把自己改造成为工人阶级知识分子，在3年内转变成为坚定的左派，做到红透专深。"①

3月14日，召开交大(上海部分)、造船学院、南洋工学院(筹)三校合并后的第一次共青团代表大会。大会贯彻比先进、赶先进的精神，全体团员表示要鼓起革命干劲，满怀信心，将自己培养成又红又专的工人阶级知识分子。

4月1日开幕的第一届学生代表大会也将红专问题的讨论列为重要内容，并修订、通过了《交通大学(上海部分)学生红专公约》。

随着运动的深入，根据市委的统一部署，学校(上海部分)党委于1958年5月4日公布《关于深入整风运动，搞臭资产阶级个人主义的意见》，决定从5月5日起到6月5日止，每周用4个半天开展这一运动。第一阶段用1周时间总结整风运动中的收获，肯定进步，鼓舞信心。第二阶段用3周时间，放手发动群众，搞臭资产阶级个人主义。党委分析，交大教师中资产阶级个人主义的主要表现是自我奋斗、名利第一、文人相轻，认为要争取整风运动的完全胜利，进行一次彻底的揭发批判资产阶级个人主义思想是完全必要的。于是除了在教研组内广泛开展批评与自我批评外，还公开点了一些教授的名。6、7月间，校刊《交大》先后刊登一系列有关"拔白旗、插红旗"的文章，如《我们扯下白旗升起红旗决心跃进》《坚决拔除心灵深处的白旗》《把胜利的红旗插在学习阵地上》等，又有几位著名教授受到不公正的批判。

1958年8月6日，学校召开"红专跃进活动分子大会"。校党委发出"比思想、比作风、比干劲，跃进再跃进"的号召。全校师生员工和各单位都制订了"红专规划"，作为个人和部门的奋斗方向。

第三节　1958年教育革命

一、贯彻中央《关于教育工作的指示》

1958年5月，党的八大二次会议通过了"鼓足干劲，力争上游，多快好省地建设社会主

---

①《上海交通大学纪事(1896—2005)》(上卷)，第493、494页。

义”的总路线,发动了“大跃进”。会议把国民经济发展的第二个五年计划纳入了“大跃进”的轨道。会后,全国掀起了学习宣传和贯彻执行社会主义总路线的热潮,“大跃进”运动在全国范围内从各方面开展起来并进入高潮。“社会主义建设总路线、‘大跃进’和人民公社,在当时被称作‘三面红旗’。”[①]

1958 年 4 月和 6 月,中共中央分两段召开全国教育工作会议。“会议讨论了党的教育工作方针,批判了教育部门的教条主义和右倾保守思想,提出了教育发展和改革的任务”。[②]

在全国教育工作会议上,中共中央宣传部长陆定一作主旨报告,他的报告不久以《教育与生产劳动相结合》为题发表在《红旗》杂志上。会后形成中共中央、国务院《关于教育工作的指示》,经中共中央政治局扩大会议讨论后公开发表。

《指示》提出党和国家的教育方针:“教育为无产阶级的政治服务,教育与生产劳动结合;为了实现这个方针,教育工作必须由党来领导。”[③]中央教育工作会议和关于教育工作的《指示》精神在交大传达后,学校通过多次大鸣大放大辩论的形式进行宣传教育,最集中的是关于红专问题、教育与生产劳动相结合问题的大辩论。这些大辩论,从 1958 年初开始陆续开展,直到 9 月 13 日召开全校师生员工大会,校领导作了《教育与生产劳动相结合》的总结报告后才告一段落。

二、实行“教育与生产劳动相结合”

随着“双反”运动和中央教育工作会议精神及《关于教育工作的指示》的贯彻,以教育与生产劳动相结合为中心的改革也一浪高过一浪。实行勤工俭学,学生参加劳动被置于学校教育的首要地位。

在 1958 年 5 月八大二次会议召开前,1958 年 1 月 27 日,共青团中央就发出了《关于在学生中提倡勤工俭学的决定》,强调勤工俭学是具体实现知识分子和工农结合、脑力劳动和体力劳动结合的一个重要途径。教育部于 2 月 4 日发出《关于大力支持团中央〈关于在学生中提倡勤工俭学的决定〉的通知》,说:“教育部完全同意这个决定。各级教育行政部门和中学及师范学校都应该积极支持和帮助青年团执行这个决定。……实行半工半

---

① 《中国共产党历史》第二卷(1949—1978)上册,第 463 页。
② 《高等教育史》,第 150 页。
③ 《高等教育史》,第 152 页。

读、勤工俭学，这是使学校教育与生产劳动相结合的重大措施之一。各地教育行政部门要予以足够的重视。”[①]教育部之后又多次召开全国性会议，进一步强调和肯定了勤工俭学的意义和作用，明确要求各学校都要把生产劳动列入教学计划。

1958年2月6日，交大（上海部分）召开常委扩大会议，通过了向全校师生员工提出的倡议书，倡议厉行勤工俭学，实行半工半读，把学校办成一所先进的社会主义大学。学校还规定工科大学学生每年应有半年时间集中从事生产劳动，先当学徒，后当工人，边读书边劳动；各教研组要尽快与上海有关工业部门联系，接受订货，签订合同，同时开展其他各种服务型劳动。2月13日，学校成立了勤工俭学委员会。3月27日，校常务委员会通过了《交通大学（上海部分）勤工俭学委员会组织条例（草案）》及《关于勤工俭学工作的规划（草案）》。此外，交大上海、西安两部分还分别成立校工业生产技术委员会，设立工业生产办公室，[②]并要求全校一切有生产能力的工厂、实验室在生产委员会统一领导下，组织全体教师职工和学生，进行设计、加工、制造、试验等生产工作。

校刊刊登师生参加劳动的图片

用我們的劳动建設社会主义的大厦

6月3日，校务委员会又通过《交通大学（上海部分）关于修订勤工俭学教学计划的几点意见》，对贯彻教学结合生产的“教学原则”作了说明，如学制维持5年制，但其中要以1年左右的时间进行生产劳动；可将与生产有密切联系的构造课、生产组织等移至劳动生产时讲授，但在参加劳动生产期内，每周上课时数不能超过4小时等。《几点意见》对于基础理论还给予了一定的重视，如它同

① 《中华人民共和国重要教育文献1949—1975》，第799页。

② 《上海交通大学纪事（1896—2005）》（上卷），第493－495页。

时规定“工艺理论课仍应放在理论教学时进行”;“各门课程仍应在保证原有的理论水平上,力求有所巩固和提高”;“各专业应保证有一定数量的较深理论与介绍先进生产技术、最新科学成就的选修课或专题讲座的开设”;“要防止单纯强调实际忽视理论的倾向”,“应给基础课及基础技术课以必要的时数及适当的安排”。这些意见,表明在当时“左”倾思潮下交大的管理层和教授们仍然坚守以学为主和重视基础理论的清醒认识。

教育与生产劳动如何结合,当时交大(上海部分)采用的形式主要有:以校办工厂为主,实行“半工半读”,创办各种形式的勤工俭学小组;大规模组织学生和教师下厂、下乡,参加工业和“三夏”(夏收、夏种、夏耕)、“三秋”(秋收、秋种、秋耕)农业生产劳动。1958 年学校不放暑假。6 月,3 200 多名师生参加郊区夏收夏种,船制系 5 年级一部分学生到沪东造船厂劳动 100 多天。10 月,又组织全校 3 000 名师生以民兵师形式徒步前往南汇参加半个月的“三秋”劳动;另有 1 000 余名师生员工参加上海钢铁厂建筑工地劳动。1958 年上半年,学生先后创办了无线电修理组、生产合作社、钉鞋社、理发社、缝纫组等各种勤工俭学小组,利用课余时间生产计算尺、轧面机、砂轮机、粉笔等。

据统计,1958 年交大(上海部分)参加勤工俭学、各种工农业生产及社会义务劳动的学生达总数的 98%,下放农村劳动的教职工 209 人。如此大规模地组织师生员工参加工农业劳动,占用了大量的教学时间,极大地扰乱了正常的教学秩序,给教学带来严重影响。

三、“大炼钢铁、大办工厂”

1958 年在开展勤工俭学及参加工农业劳动的同时,学校还根据上级号召开展了“大炼钢铁、大办工厂”运动。

1958 年 8 月,中共中央在北戴河召开政治局会议,向全国人民发出为当年生产 1 070 万吨钢而奋斗的号召。接着,上海市委发出指示:“一切为了钢铁,坚决完成国家计划。”全市高校师生响应号召投入大炼钢铁运动。学校除组织师生到工厂、农村参加劳动以外,留校师生员工全部投入“大炼钢铁”运动。

学校决定,因搞教育革命和大跃进不放暑假。师生们纷纷在操场上、空地上搭建起土高炉,夜以继日、通宵达旦地“炼钢”。据有关资料显示,校内自建“炼钢炉”达 227 座。有几天,大操场上炉火熊熊,烟雾腾腾,人声鼎沸。校园内不时有发布“达到国际先进水平和国内领先水平”的产品试制成功的浮夸“喜讯”,称之为“放卫星”,到处张贴大红喜报,如“机械厂铸工车间 3 吨冲天炉出铁水的任务提前两个多月完成”;“5 名学生白手起家建成铬厂”;“3 名学生苦战 2 天炼成国内缺乏的金属钒,纯度达 86.6%,并进一步提炼到 94%”。为了统计数据,上级要求各校每天凌晨 3 时都要向市高教局汇报“成果”,然后市高教局编制成每日简报下发。市委教卫部和高教局领导也经常分赴各高校“贺喜、慰问、检查工作”，给师生加油鼓劲。

学校还派出1 200余名师生去上钢一厂、三厂、五厂支援钢铁生产，其中包括几位年过五六十岁的教授。学校还纷纷办起各种工厂，至8月26日，经学校研究、上级批准筹建的工厂就有机械制造厂、电工厂、造船厂、起重机制造厂、炼钢厂等5个，其中有的厂由系主办。

20世纪50年代机械制造厂一角

20世纪50年代硅铁车间

在“一天等于二十年”的大跃进热潮中，教室变车间，操场变工地，国家财富被大量浪费，正常的教学秩序被搞乱，教育质量下降。这一股从1958年8月开始的狂热，直至12月才逐渐平息。

1958年交大学生参加设计的2 000匹马力“先行号”内燃机车

在“大跃进”期间，临时性社会活动和政治任务也很多，任务一来照例停课。如1958年1月中旬，响应全市以除“五害”(后改为除“四害”)为中心的爱国卫生运动，学校曾经全面停课除“四害”。

根据上级统一部署，1958年8月30日，学校举办“交大教育与生产劳动相结合展览会”,分序馆、劳动锻炼馆、生产馆、科研馆、教学革新馆、向共产主义迈进馆。展览会在新上院展出后,部分展品内容参加“上海市教育与生产劳动相结合展览会”。有些展品又作为优秀展品送往北京参加全国展览。如机车车辆起重机制造系学生参加设计的2 000匹马力“先行号”内燃机车、机械制造系师生和校附属工厂工人合作制成的重型6米龙门刨床以及静电加速器等。这些产品一段时间内在校附属工厂和实验室发挥了实际作用,体现了交大师生的智慧与能力。

1958年制成的重型6米龙门刨床

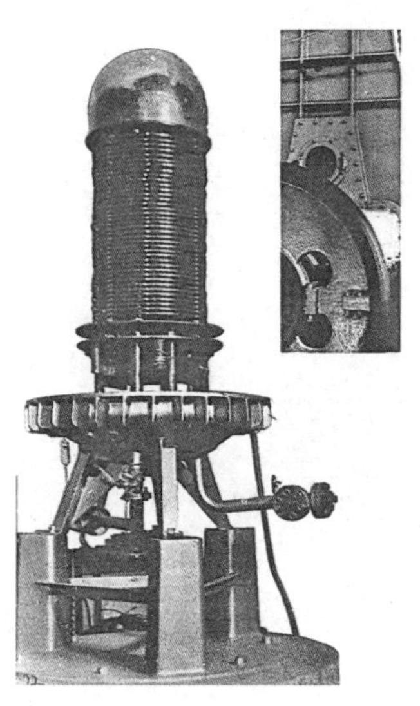
静电加速器

四、改革教学和兴办新专业

改革教学包括改革专业培养计划、改革课程设置、改革教学方法,以及兴办新专业等方面。

改革专业培养计划,“突出”学生参加生产劳动。1958年8月初,校党委、校委会多次召开会议,修订教学计划和教学大纲,号召大胆创造,在每个教学环节里都要体现“教育为无产阶级政治服务,教育与生产劳动相结合”的精神,强调在修订教学计划和大纲时,掌握好教学总时数与劳动时数的比例、基础课和专业课的比例以及相互衔接关系,大量压缩教学时数。修订后的教学计划总时数从3 400学时降到2 500学时左右,减少课程门数,保证有足够的时间参加生产劳动。一般的专业要保证有五分之二的生产劳动时间。每个学生都必须经过从普通工人到技术工人再到技术员的实际操作训练,做到较熟练地掌握生产技能。基础课、基础技术课也都要与生产实际结合,专业课则放到生产劳动中进行讲授。

在教学改革的过程中,各系纷纷发动群众,在大鸣大放大辩论的基础上制订专业教学改革方案。这些方案夸大了以往教学中的不足,认为过去教学“存在少慢差费”的现象,“与实际严重脱节”,课程“内容陈旧”,“没有反映最新科学技术成就”。新教学改革方案,为了增加和扩大生产劳动时间,刻意合并专业课程,压缩课程时数。

新教学计划还要求加强政治思想教育,增加政治活动的时间。实行在党支部领导下,教师、学生、工人三结合的教育方法。广泛听取群众意见,逐条认真修订。修订后的教学计划,由于增加了政治活动时间及各种生产劳动的时间,削减了基础理论课。如一年级基础理论课从5门减到3门,并取消了体育课。

在改革教学方法方面,出现被称之为“群众路线教学法”的“单课独进”。鉴于当时学生参加劳动太多,动不动停课搞运动,学到东西太少,无奈之下,有一个系设想集中一段时间上一门专业课,认为这样至少能保证学到一些知识。这种方法在系里提出后得到学校的支持。1958年8月22日,该系四年级率先在校内采取“单课独进”的教学方法。师生集中20天上完一门课。教学环节包括预习、讲授、小组讨论、班级辩论、参观、请工人讲课、做课题设计、总结考试。整个教学过程都在党支部领导下进行。9月12日,学校党委召开关于“单课独进”的教学经验交流现场会。这样,“单课独进”推广到全校一年级至四年级的125个班级,又先后在上海市教育革命成果展览会和全国教育革命成果展览会上展出。但不久就发现问题。一是因为一段时间只上一门课,而这门课必备的基础知识还没有学,造成与之紧密关联的学科知识上的脱节;同时集中时间每天都上同一门课,学生来不及消化,教师讲课、备课的工作量非常大。这种做法违反了教学规律,影响教学质量。基于上述原因,“单课独进”的教学方法1959年初就停止实行。

江南造船厂老工人给学生上课

发动学生边学习边编写教材也是当年教学改革的内容之一。1958年8月的校刊《交大》上刊登《××讲义苦战7天提前完成》等报道,显见浮夸之风。

根据当时形势和国防需要,1958 年上海市委决定要交大(上海部分)创办火箭技术(工程力学)、核动力工程(工程物理)、自动控制(无线电系)等新专业,并且从三年级办起,学生从校内其他工科专业中选拔和抽调,并要求于 1961 年培养出第一届本科毕业生。

根据上海市委的要求,学校非常认真和快速地研究落实,并于 1958 年 9 月 1 日上报《交大(上海部分)关于尖端技术专业的情况》报告,称:为了适应上海市及华东地区尖端技术的发展需要,决定开设工程物理、工程力学、原子能动力装置、无线电技术等 9 个新专业,各专业从一、二、三年级办起,从相近专业抽调学生到新专业学习,从四、五年级抽调若干名学生培养成为专业教师。11 月,学校又将上述报告中提到的 9 个专业筹建成无线电、工程力学、工程物理 3 个新系。其中无线电系下设计算机、自动控制、无线电、水声学设备 4 个专业;工程力学系设工程力学、火箭技术 2 个专业;工程物理系设原子工程、放射化工、电物理 3 个专业(1959 年 4 月,根据中央专业调整决定,又将这 3 个专业合并为反应堆设计 1 个专业)。①

为创办这些专业,学校抽调一部分老专业教师,再抽调一部分高年级学生提前毕业留校作为新教师,然后分别派往兄弟单位进修。有些新专业同时还承担一些科研项目,如工程力学系就根据上海市委要求承担了设计和建造探空火箭的任务。这些新专业的设立,为交大后来的学科发展奠定了良好基础。后来因有关政策的调整和三年自然灾害影响,要“缩短战线”,有的专业发展了,有的专业停办了。但即使停办的专业,专业教师也已掌握了有关理论和技术,成为交大后来续办这些专业的骨干。

经过增设和调整,至 1959 年,上海交大已发展有 10 个系(包括基础部),30 个专业,51 个实验室;其中 1958—1959 年新建 3 个系,10 个专业,15 个实验室。②

在增设一批新的系科和专业的同时,1958 年 4 月 24 日,市委根据教育部党组《关于高等学校设置工农预科和举办工农中学的意见和办法》的精神,决定交通大学等 6 所高校增设工农预科。这一年 7 月,学校扩大新生招录,仅上海部分招生的人数就达 2 200 多人,为往年的近一倍,其中由工农速中保送的应届毕业生就有 559 人。③

---

① 《上海交通大学纪事(1896—2005)》(上卷),第 501 页。

② 《上海交通大学纪事(1896—2005)》(上卷),第 515 页。

③ 《上海交通大学纪事(1896—2005)》(上卷),第 498 页。

第四节　纠正教育革命中出现的问题

一、贯彻“巩固、调整和提高”的教育工作方针

1958年秋冬，党中央和教育部已经觉察到教育革命中出现的问题，并着手纠正。

1958年12月18日，中共中央转发教育部党组《关于教育问题的几个建议》(以下简称《建议》)。《建议》指出，自贯彻党的教育方针以来，“产生了某些劳动时间过长，忽视教学质量的现象。现在……各级各类学校应当照常上课”。《建议》规定：“全日制的高等学校每年的全部生产劳动时间，一般定为两三或四个月，但最大限度不得超过四个月。……安排生产任务与义务劳动的时候，必须注意保证这些学校的教育计划的完成。……安排生产劳动时，要注意尽量与教学结合。……要保证教师的时间，教师必须有时间认真备课，必须有时间认真改卷子。大中小学教师的主要劳动是教学，他们参加一些体力劳动是完全必要的，但是体力劳动的时间不宜过多，以不妨碍教学为原则。”[①]1959年1月，中共中央书记处召开教育工作会议，指出“至于存在的问题，主要是1958年下半年以后，有一部分学校没有很好上课，学术批判搞得过多……打击面太广，比较粗暴”。会议决定在新的一年里，教育工作的方针主要是巩固、调整和提高，并在这个基础上有重点地发展。全日制学校应该贯彻以教学为主的原则，正确处理学校教育中感性知识同理性知识的关系。会议还要求在学校工作的共产党员应该纠正宁“左”勿右的思想倾向和“资产阶级知识分子是革命对象”的错误认识，正确执行党的知识分子政策，在贯彻党的领导和教学相长的原则下，发挥教师在教学工作中的主导作用，建立正常的师生关系。[②]

教育工作会议后，上海市委多次要求1959年各高校要本着整顿、巩固、提高的方针，“教好、学好、劳动好、安排好”，把学校办好。

中央和上海市委关于稳定教学秩序的文件精神受到上海交大师生的热烈响应和衷心拥护，学校立即着手贯彻落实。1959年1月，党委副书记邓旭初参加中央会议回校后立即进行传达，指出：先将在一年内劳动时间满了或超过3个月的学生，不论是在工厂、研究设计单位或农村，一律调回学校上课；停止学生集体编教材工作和“单课独进”的教学方法，恢复多课

---

① 《中华人民共和国重要教育文献(1949—1975)》，第867－868页。

② 何东昌主编：《中华人民共和国教育史》(上卷)，海南出版社2007年版，第252页。

并进;学生停止"大跃进"式的科研工作;"专业委员会"也停止试验;没有条件硬办起来的一些工厂停办。[①] 党委这一宣布,师生称之为"收兵回营",受到拥护和欢迎。

学校开始在思想和行动上纠正出现的问题,要求大家正确理解党的教育方针,充分认识整顿、巩固、提高的意义,总结一年多来教育革命的经验教训,进行两个方面的调整:一是调整学校教育和教学工作,更好地贯彻党的教育方针;二是调整党群关系、师生关系,正确贯彻党的知识分子政策。学校党委就此开展了一系列工作。

1959 年 1 月 17 日,学校召开系主任及有关负责人会议,讨论如何贯彻教育部《建议》、中央教育工作会议和上海市委"教好、学好、劳动好、安排好"的意见。具体内容包括如何贯彻教学为主的原则,正确处理学校教育中感性知识和理性知识的关系;如何在党的领导和教学相长的原则下,发挥教师在教学工作中的主导地位;如何建立正常的师生关系,正确贯彻执行党的团结、教育、改造知识分子的政策,纠正在学校党员领导干部和部分师生中存在的宁"左"勿右的思想倾向和"资产阶级知识分子是革命对象"的错误看法等。之后党委又要求各总支听取老教师的意见。党委也多次召开小型座谈会。许多老教授从知识分子政策、教育方针、群众路线以及学校教学各方面存在的问题谈了自己的看法,尖锐地批评了教育革命中的失误。

针对前一阶段"双反"运动中对一些教师的错误批判,有教授说,经过去年整风,每个人都有提高,不但干劲大了,而且与党也靠近很多,但也有副作用,整风以后对党不敢提意见了;有的教师说,我个人很希望靠拢党,但希望支部能及时给我提出意见,不要积累到一定阶段再提,那样效果不太好。

运动中认为只要把年轻人发动起来就是走群众路线,造成部分学生看不起老教授。对此,有教授批评说,个别学生对教师当面指名道姓,伤害了教师的尊严。

破除迷信,敢想、敢说、敢做是运动中叫得最响亮的口号,但说过了头。干劲跟材料一样,不能超过强度极限,超过极限就要断裂了。

对教学计划一再修订,有位教授批评说:到现在已不知修订了多少次。总是进进退退,冤枉路走得太多。

从学校一年来教育革命的事实和教授们的批评,说明这一时期学校教育革命中暴露出来的问题是严重的,主要有以下几个方面:

①片面强调教育为无产阶级政治服务,使学校基本功能在实际办学中严重错位,政治运

① 《上海交通大学纪事(1896—2005)》(上卷),第 505 页。

动成了学校工作的头等大事。人才培养的标准、红与专的关系被扭曲，造成对知识分子政策的背离和党群关系的紧张。把努力学习和钻研业务的师生视为走白专道路，错误地开展“拔白旗、插红旗”运动，挫伤了学生的学习积极性，特别是伤害了教授们的感情。②片面强调教育与生产劳动相结合，将生产劳动提到了不应有的高度。不切实际地大办工厂、大炼钢铁，教学时间被大量占用，基础理论课课时被削减，教学质量下降。③扭曲了师生关系。强调要破除对资产阶级专家的迷信，片面发扬敢想敢干的共产主义风格，提倡学生编教材、搞科研，教师没有受到应有的尊重。④打乱了教学秩序，无论是教学计划还是教学大纲，从学校到系、专业，朝令夕改。如学校勤工俭学计划1958年上半年就修订了4次；船舶制造专业教育计划1958年下半年至1959年上半年先后大大小小修订了16次；材料力学教研室修订教学大纲1年中先后拿出过10种版本。这使教师无所适从，负担过重。“单课独进”违背教学规律，影响教学质量。

为了总结教育革命的经验教训，1959年3月，学校决定用4周的时间组织全校师生学习中央教育工作会议精神。彭康校长先给全校师生员工作报告。[①] 报告指出：教学工作是学校的主要工作，教学的对象是学生，教好、学好的关键在教师，要发挥教师的主导作用。这一思想应该体现在学校的各项工作中，也要体现在教学计划里。课堂教学每学年必须保证有8至9个月时间。基础理论是总结科学基本规律的理论，基础课是各专业共同的知识基础，提高教学质量必须学好基础理论课。基础课应该结合专业，但作为一门科学，要保持它本身的系统性，不能为了专业课需要而打乱基础课的系统。数理化要在保证科学系统的基础上来结合专业。基础技术课可以倒过来，即在结合专业的基础上保持其系统性。彭康提出，现场教学不是唯一的教学方法，我们要更多地采用课堂教学的形式，要搞好各个教学环节，教学、科研、生产要三结合。学校的工厂主要是为学校的教学、科研服务的，学校的科研主要是提高教学质量和学习质量。一、二、三年级学生的科研活动不做规定，可以搞课余活动，四、五年级要规定科研任务，可以参加教研室的科学研究，可以组织起来接受科研任务，可以在劳动中参加工厂的技术革新，也可以结合毕业设计进行科研。

4月11日，彭康又在全校师生员工大会上作了《提高教学质量，适应国家需要》的报告。他说首先把学校规模、专业设置、招生人数稳定下来；其次，培养人才既要有较高的政治觉悟和社会主义、共产主义思想，又要有较高的专业水平；第三，制订教学计划要充分体现理论联系实际，教育与生产劳动相结合，还要解决青年、老年教师相互尊重、相互学习等问题。

---

① 《上海交通大学纪事(1896—2005)》(上卷)，第505页。

为了更好了解教学工作的实际情况,有针对性地改进工作,学校于1959年1月12—24日组织了一次对教学工作的全面检查。

同时,学校还先后召开党委会、校委会、党员大会、学代会、工会等不同层面的会议,总结教育革命的经验、教训,研究今后学校的中心工作。

1959年2月25日—3月12日,交大(上海部分)在认真总结1958年的经验教训基础上,制订并通过了《交通大学(上海部分)1959年规划(修正草案)》。《规划》提出"继续贯彻教育方针,巩固发展教育革命,切实教好、学好、劳动好、安排好,提高教学质量,是1959年全校的中心任务",并分别从教学、科研、加强思想教育、学校发展规模等9个方面,对学校一年工作作了全面部署。《规划》强调"本校老教师特多,这是可贵的财富,必须重视发挥老教师的作用",要"根据年龄、健康等情况,分别安排教学、科研,建立实验室,编书、编集资料、培养新教师工作,做到分别情况,适当安排,人人有责,人尽其用"。《规划》同时要求学生端正对红专问题的认识,"既要反对只专不红,也要防止和纠正只红不专"。[①] 在教学方面,《规划》明确教育计划应包括政治思想、业务知识、科学研究、生产劳动、体育等5方面内容,规定根据不同专业1959年全年12个月中,假期、劳动、教学按1∶2∶9或1∶3∶8的比例安排,总学时数3 000—3 700学时,周学时数为54学时,并强调要注意各门课程的衔接,学生每周要保证有6小时的体育锻炼(包括体育课)。在科研工作方面,《规划》规定研究方向是尖端、重大、基础理论,要求既要完成国家任务,又要结合教学进行,有效地促进教学。

《规划》还确定了1959年学校发展规模和专业调整及建立相应研究所(室)和工厂等任务,包括新设置若干系,适当调整一些专业。学校(上海部分)规划设9个系,34个专业,本科每年招2 000人,全校规模为10 000人,预科(后改为交大附中)暂定招生400人;要求各系、各教研室都要抓典型,研究培养目标和规格,试种教学"试验田",召开教学法讨论会,建立正常教学秩序;规定一切课程都要订出进度表,不得任意延长时间等。科学研究计划提出缩短战线,重视理论;研究的重点项目要突出贯彻科学研究为社会主义经济建设服务;劳动生产计划则本着首先满足教学实习和实验的需要为主,在调整、巩固现有三结合基地中,土洋结合,自力更生,提高基地水平,完成国家下达的生产任务,支持地方工业发展。

1959年5月,国务院发布《关于全日制学校的教学、劳动和生活安排的规定》,强调要保证学生的睡眠、休息和娱乐时间。学校根据国务院这一规定,制订了交通大学(上海部分)《对当前教学工作中的几项规定》,它着眼于减轻师生负担,稳定教学秩序。

---

① 《上海交通大学纪事1896—2005》(上卷),第506页。

此外，学校还制订了《改进教学工作的具体措施》《三年培养提高师资的意见》《课程考试考查及升留级暂行规定》以及《修订基础课革新方案》等一系列具体的规章制度。这些规章制度，对前一时期教育革命中造成的教学工作混乱现象作了全面系统的调整和纠正。

在调整师生关系方面，学校党委通过各种方式对全校师生员工进行党的知识分子政策的教育，强调必须紧紧依靠知识分子，充分发挥教授、专家们的作用。交大一大批热爱祖国、热爱社会主义的老教授、老专家是学校的宝贵财富，不依靠他们，不发挥他们的积极性，学校无法完成培养大批专业技术人才的艰巨任务。因此，一定要做到“分别情况，适当安排，人人有责，人尽其用”；教师在教学中发挥主导作用。要建立民主平等的教学相长的师生关系，一定要尊敬老师，虚心学习。

根据中央“在一切高等学校中，应当实行学校党委领导下的校务委员会负责制”的指示，成立交大分设两地后的交大(上海部分)校务委员会，1959年2月25日，交通大学(上海部分)校务委员会召开第一次会议，通过了《交通大学(上海部分)校务委员会组织简则》。校务委员会委员共38人：彭康、陈石英、程孝刚、邓旭初、王公衡、王诚豪、刘桂祥、张传铭、朱士亮、李永庆、李铭慰、李泰云、吴镇、吴树琴、辛一行、沈诚、苏宁、周志宏、周志诚、金悫、范恂如、胡辛人、胡世基、姜圣文、孙璧媃、徐纪良、马捷、许应期、许海涛、程福秀、葛罱康、杨槱、杨代盛、裘益钟、蒋公惠、潘新之、薛绍清、钱君洪。彭康、程孝刚、陈石英、邓旭初、苏宁、周志宏、胡辛人、杨槱8人当选为校务委员会常务委员；主任委员为彭康，副主任委员为陈石英、程孝刚。[①] 列席会议的师生员工代表126人。会议的主要内容是总结1958年的工作，规划1959年的工作。

交大(上海部分)还于1959年4月成立学术委员会，学术委员会的主要任务是对学校教育事业的规划、科学研究和研究生培养等重大问题提出建议；审查、鉴定研究成果；评议研究生毕业论文和毕业设计；参与提升教授、副教授的审议；组织校内学术讨论会、报告会，组织参加国内、国际学术交流活动；指导学报、图书馆和情报资料工作。第一届学术委员会委员23人：王公衡、王希季、邓旭初、张钟俊、李渤仲、贝季瑶、陈石英、金悫、周铭、周道本、周志宏、郑兆益、孟庆元、罗祖道、唐济楫、凌谓民、许应期、程孝刚、曾继铎、蒋公惠、蔡有常、杨槱、楼鸿棣。[②]

学校还任命32位教师为系正、副主任和教研室正、副主任：周志宏任系主任；林栋樑、何友声、张寿、陈湛清、杨代盛、吴善勤、樊应观等7人任副系主任；杨祖贻、姜圣文、蔡有常、黄静安、赵元良、张钟俊、孙璧媃等7人任教研室主任；盛振邦等17人任教研室副主任。[③]

---

① 《上海交通大学纪事(1896—2005)》(上卷)，第506页。

② 《上海交通大学纪事(1896—2005)》(上卷)，第507页。

③ 上交档：长-588。

学校党委还批准一批具备条件的优秀教师入党。在新党员队伍中,有一部分是讲师以上的中老年教师,其中包括副教授王希季,副系主任杨代盛、樊应观等。这些新入党的高级知识分子都是拥护和执行党的方针政策、积极要求进步、工作积极努力、在群众中有威信,经过党组织的慎重考查后被吸收入党的。1958年下半年至1959年7月,学校党委发展了103名教职工入党,为党增添了新鲜血液,也大大提高了党员在教师队伍中的比例。

通过这些措施,教师的地位有了明显的提高,党群关系有了很大的改善。

二、调整工作初见成效

随着一系列调整措施的贯彻实施,学校各方面工作有了明显好转。生产劳动在教学活动中所占比例减少,动辄停课现象得到遏止,下放西郊、金山两地的师生分批调回。8月初,学校完成了教育部委托的五年制共9个专业的指导性教学计划和教学大纲的制订和修订,同时还修订了学校各年级过渡性教学计划和大纲,学校恢复或新设立了一些必要的教学制度,严格按照教学计划和进度安排教学时数,每门课的教学环节,包括讲授、实验、习题、考试等都列入课表之中,保证了基本教学环节的落实。加强了课堂教学,调整了基础理论课的比重。由于有计划地安排各种活动,教师用于教学的时间得到保证,学生自由支配的时间也有了增加,并可根据各自情况,或用于自学,或锻炼身体。

学校总结1959年工作情况,修订了27个专业的教学计划,开设了近百门新课,编写了244种教材和出版了16种教科书,有些课程增加了世界上最新的科学成就;调配了105名教师深入学生班级任学习指导教师;第一学期学生期终考试成绩优良率占79.09%;五年级毕业生参与的一些毕业设计,如卫星号内燃机、双层客车、三角形截面桥式起重机、燃气轮机、塑料救生快艇、135匹马力渔轮等受到普遍好评;新学科建设方面也有一定发展,原子能反应堆新专业开设专业课,某些实验室也初具规模并积累了一些新办专业的经验等。[①]

广大师生拥护调整,认为"党提出教好、学好、劳动好、安排好是深入贯彻党的教育方针的重要措施";"以教学为中心,是要全面提高教学质量,深入贯彻党的教育方针"。根据各系总结分析,80%以上的学生学习劲头很大,时间抓得紧,学习纪律好。大部分学生早饭后上课前半小时也抓紧自修,晚自修一般都认真自学。

广大教师也都把精力集中到教学、科研工作中去。起重运输机械系教师提出"三到":到实验室,工厂中去;到研究工作中去;到学生中去。船制系教师对如何教好学好提出6项具

① 上交档:长-565。

体措施：①每门课有授课计划；②召开教学法讨论会；③进行教学观摩和检查；④做授课总结；⑤成立授课小组；⑥以三年级为试验点，总结经验后推广。

1960年，学校在给杨秀峰部长的报告《1959年工作情况和1960年工作安排及目前需要解决的几个问题》中，提出今后进一步发展的目标，涉及许多方面，其中就学科和专业设置及发展规模提出：

> 根据全国和上海工业发展和科学研究攀登高峰的需要，上海交大今后的专业设置，设想向3个方面发展：(1)向高、精、尖、新发展；(2)增加理科专业，加强基础理论；(3)根据全国教育布局，发挥专长，将专业配合成套。学校长远发展，以船舶工程、尖端技术及机电工程为重点，带动各专业共同前进。
>
> 需将专业由30个增加到52个。1960年增加11个，已得上海市委同意设立；1961年增加6个；1962年增加5个。
>
> 要在原来8 000人的基础上增加50％，达12 000人。每年招2 400人。
>
> 在1967年前有计划有步骤地建立起13个研究所：重型机械研究所、金属研究所、船舶科学研究所、机车车辆研究所、电工研究所、工程力学研究所、机械研究所、动力机械研究所、无线电技术研究所、自动控制研究所、仪器仪表研究所，工程物理研究所、应用数理研究所，使科研和教学密切结合，以攀登高峰。

这份报告其基本精神和学校办学目标向高、精、尖方向发展是正确的，一些具体建议也有前瞻性，对后来交通大学的发展提供了启迪和借鉴。

第五章
科学研究与师资队伍建设

第一节　1953—1957年的科研活动

一、科研活动的规划

1953年，我国开始大规模经济建设，工业建设人才的奇缺和工业生产中的技术问题日渐凸现，一些工矿企业为解决在生产建设中遇到的技术难题找到学校，希望帮助他们解决问题或一起合作研究。这一年，学校有7个教研室接受研究生产单位提出的技术问题。如金相热处理教研室为有关部门研究金属材料中的问题；工业企业电气化教研室为上海机床厂研究龙门刨床电器设备的自动控制问题，为治淮委员会研究水闸闸门同步启闭问题等。

船模试验池是研究船舶航行性能的重要设施。1952年冬，王公衡教授获得了少量经费筹划建立重力式船模试验池。水池主体，学校决定利用体育馆因经费困难而没有使用的室内温水游泳池（25米×8米），船模试验仪器设备自行设计，由工厂加工制造。经过半年努力，建成我国第一座小型重力式船模试验池。虽然水池的尺度小、测试仪器比较简单，仅能作为"船舶阻力"课的教学实验用，但它对20世纪50年代初的教学科研仍有重要意义。[①]

1953年9月，高等教育部召开全国综合大学会议，要求："综合大学应特别重视科学研究

---

① 林启明：《努力赶上世界科学研究先进水平》。《交大》1957年2月20日。

工作,以提高教育质量,提高学术水平。”[①]1954 年 3 月,中共中央在对中国科学院党组报告的批示中又明确指出:“为提高高等学校教学的科学水平,必须在高等学校开展科学研究工作。”[②]

为此,学校在 1954 学年工作任务中提出要在不断提高教学质量的前提下,开展科学研究工作。9 月,在教务处下设立科学研究科。10 月 22 日,校务委员会扩大会议讨论并通过了《交通大学 1954—1957 年教学工作计划纲要》。《计划纲要》提出开展科学研究工作的目的、方针和具体步骤:

> (1) 1954—1955 学年与工厂订立联系合同。成立保密资料室,并初步试作科学研究工作;(2)1955—1956 学年全面开展以“加深与扩充课程的理论知识水平”为重要内容的科学研究,并适当开展工厂实际问题的研究工作。定期举行科学研究报告会。出版刊物;(3)1956—1957 学年中在条件允许的范围内较多地开展研究工厂实际问题,“加深与扩充课程的理论知识水平”。

鉴于交大在机、电、船方面的优势,1954 年 12 月 1 日,张鸿副教务长代表学校到北京与第一机械工业部签订正式联系合同。合同规定:

> 双方及其所属单位、部门可互借、索取、购买各种技术资料,包括讲义、图书杂志、教师及学生的科学研究报告;设计参考资料、产品图纸、工艺规程、产品目录、技术报告、刊物以及可作教学用的模型、废品与少量特殊材料。
>
> 相互聘请对方技术人员、教师或专家做技术报告或兼课。
>
> 甲方(一机部)可接受乙方(交大)学生到所属工厂实习,实习期间接受甲方领导;甲方可根据乙方要求,为其选定的毕业论文设计题目提供各种方便和指导,协助学生收集资料,并参加毕业答辩。
>
> 甲方可提出生产上的问题委托乙方研究试验,乙方根据条件有计划予以协助;乙方可委托甲方进行有关生产技术的试验或加工,甲方应根据条件有计划予以协助。双方认为必要时,可合资筹建双方所需要的实验室。[③]

合同还对资料的保密及委托事项、费用等作了规定。根据合同,一机部所属的上海机床厂等 31 个单位,分别与交大 6 个系(机械制造系、动力机械制造系、电工器材制造系、起重运输机械系、电力工程系、造船系)、19 个教研室、1 个处确定了对应协作关系。如上海机床厂与机械制造系的机械制造工艺、金属学及热处理、机床刀具 3 个教研室互为联系合作单位;造船系与上海船舶试验所、江南造船厂、沪东造船厂、中华造船厂互为联系合作单位;设计总局第二设计分局与教务处互为联系合作单位等。根据合同,双方所属各单位可分别按合同原则再订立具体的分类协议书。

---

① 何东昌主编:《中华人民共和国重要教育文献(1949—1975)》,第 352 页。

② 中央教育科学研究所编:《中华人民共和国教育大事记(1949—1982)》,教育科学出版社 1983 年版,第 99 页。

③《中华人民共和国第一机械工业部、交通大学联系合同》。上交档:短-5。

1955年起,学校着手全局规划科研工作。这一年11月24日,学校制定《科学研究工作暂行条例》,规定:

科学研究工作的范围:(1)对所教课程中各科困难而又重要的问题作深入一步的专题研究;(2)比较复杂而重大的仪器设备的设计、安装及鉴定等工作;(3)进行科学技术的一般性的理论和实际的研究;(4)按工厂、企业或科学研究机关所委托的题目进行研究;(5)解决对国民经济的发展有重大意义的科学技术问题;(6)编写有关本教研室的教科书和专门著作;(7)进行教学法性质的科学研究工作;(8)用讲演、报告、编写科学报告、新书评论等工作,以推广科学技术方面的成就。

《条例》要求:(1)在教研室主任领导下,教研室的教师根据教学需要与可能,提出下学年度的科学研究题目;(2)提出的题目应在教研室会议上讨论,加以肯定,并订出领导人、执行人及完成日期,作出所需仪器设备及其他有关的经费预算,然后交系审查。教师订出个人计划;(3)各教研室拟订科学研究题目,并经系主任同意后,送科学研究科;(4)在教务长领导下,科学研究科邀请有关人员编制全校的科学研究工作计划,并经校务委员会审查,报请高等教育部批准;(5)科学研究题目经批准后,除因特殊原因经校长批准外,不得任意更改或中途停止。

科学研究工作的检查:(1)在学期中及学期末,教研室主任应在教研室会议上听取教师科学研究执行情况的报告,并向系主任书面汇报;(2)科研工作完成后,须在教研室会议上报告,教研室做出结论后,送系检查转教务处;(3)系主任定期检查各教研室科研工作执行情况,并向教务处书面汇报;(4)在教务长领导下,科学研究科编制全校科研工作执行情况的综合报告,经校务委员会讨论审查后,呈报高等教育部。[①]

《条例》还规定每学年召开一次科学讨论会,总结经验,交流情况,并邀请有关单位代表及高校代表参加;对重大科学研究成果上报高等教育部,确有贡献者可按国务院颁布的有关条例予以奖励。

不到一个月,学校又制订《关于科学研究工作规划的初步意见》和《科学研究工作规划》,认为:

(1)我校科研潜力大,老教师多,经验丰富;同时校内有一批已在兄弟学校进修过的青年教师,大多数在苏联专家和老教师指导下初步接触过科研;(2)由于学制改为5年,明年下半年较空,在时间和人力上都有一定保证;(3)学校附近工厂较多,对我校科研工作也是一个有利条件。[②]

学校根据掌握的情况将教师分成三种类型:第一,对本门专业业务水平较高,也有时

① 上交档:长-192。
② 上交档:长-192。

间从事研究工作，以老教师为主要骨干力量；第二，对本门专业还未完全掌握，或今后两三年内因教学任务多，没有时间进行科学研究；第三，刚起步还没有掌握本门专业。据此，学校确定了今后4年的科研工作步骤。第一年（1956）是作好准备，重点试做。第二年（1957）是初步展开。第三年（1958年）科学研究工作进一步开展。第四年（1959年）全面展开，各类教师均要全面开展科研工作，学生也要较广泛地开展。①

这一时期学校充分注意到根据实际情况，按照循序渐进的原则和方法，强调科学研究工作从基础做起；没有脱离实际、一步登天的高指标。

正当学校开始有计划开展科研工作时，中共中央于1956年1月召开知识分子问题会议。会上，周恩来总理代表党中央作《关于知识分子问题的报告》，发出"向科学进军"的号召。报告特别指出"各个高等学校中的科学力量，占全国科学力量的绝大部分，必须在全国科学发展计划的指导之下，大力发展科学研究工作，并且大量地培养合乎现代水平的科学和技术的新生力量"。《报告》要求"在全国高等学校中扩大科学研究工作和扩大培养科学力量的计划，必须在今年暑假以后，就着手加以实现"。② 3月，国务院成立科学规划委员会，编制1956—1967年科学技术发展远景规划。交大张钟俊教授被邀请参加。7月，委员会编制出《规划纲要（草案）》，提出："我国的统一的科学研究系统，是由中国科学院、产业部门的研究机构、高等学校和地方性研究机构4个方面组成的。在这个系统中，科学院是学术领导核心，产业部门的研究机构和高等学校是两支主要力量，地方性机构则是不可缺少的助手。"《规划纲要》同时规定，高等学校"应经常接受产业部门和科学院所委托的研究任务"，"必要时，高等学校可成立独立的研究室"，"还应鼓励产业部门和科学院把规模较小的研究机构附设在高等学校里面"。③

中央召开的知识分子工作会议精神和"向科学进军"的号召，极大地激发了交大师生员工的科研热情。

1956年3月，学校又制定了《交通大学1956年至1967年规划（草案）》，其中就科研工作提出具体指标和措施。要点如下：

1. 各教研组均应掌握世界上最新科学成就，并将它贯彻到教学中。逐步以最新科学成就充实教材，使教学工作能适应科学的发展。

2. 运用理论研究中国建设实际中的问题。应开始按此目标收集生产中的资料，积累一定的数据作为准备。并于1958年后的6到9年中，收集中国科学发展的成果以及中国生产中的各种有关资料和数据，并且应将这些材料充实教学内容，使教材中国化。

---

① 上交档：长-192。

② 《周恩来选集》下卷，人民出版社1984年版，第160、185、186页。

③ 《中国教育年鉴（1949—1981）》，中国大百科全书出版社1984年版，第376、377页。

3. 在1958年内,做到大部分教师都能进行科学研究,逐步提高质量,其中一部分要获得一定的成果。在此基础上,要在12年内争取培养出一批能掌握世界先进科学水平、其研究成果能达到国内第一流或世界水准的优秀专家。并且能为工厂解决实际问题。在学生中建立起适当数量的水平较高的科学技术小组。

4. 加强与科学院及企业部门的合作。①1956年内成立科学研究部。②争取与科学院订立联系合同,并争取在本校设立若干科学据点。③与企业部门保持密切联系。迁校西安后,根据西安工业情况,选定发展生产中的主要问题进行科学研究。④争取与科学院、企业部门合办大型实验所。

5. 1958年前,逐步开展科学研究。到1958年应发展到全体教师都参加科学研究。为此,在1956年即应选择有条件的教师试做有价值的科学研究和学位论文。关于学生科学技术小组,1956年应发展到相当规模,重点培养几个较高级的科技小组。

6. 1956年内,研究各专业科学发展方向及其生长点,按力量制定出12年科学研究计划。要求在12年内,组织全体教师力量,进行本专业科学生长点方面的研究工作。其次是研究中国实际所需的特殊科学研究(如中国产量较多的稀有金属的利用),以及企业部门生产发展中存在的问题的研究。

7. 自1956年起,定期出版学报,定期举行科学讨论会。[①]

1956年5月,根据中央统一要求,学校经过调查研究,在总结前几年科研工作的基础上,制订了《交通大学科学研究十二年规划》(以下简称《规划》),并上报高等教育部。这是一个既着眼长远发展,又能具体操作的规划,很大程度上反映今后学校学科建设、科研发展的走向。《规划》确定学校科研工作的4个重点,一是机械制造工艺方面,二是动力方面(包括热力及电力两部分),三是电器制造方面,四是原子能在工程上的应用;还确定在12年内学校拟采取的方法及步骤。《规划》认为:"我校专业设置全面,老教师多,目前有一定的设备,并且正在逐步发展科学研究用的专用实验室,从而为研究牵涉面较广的生产或学术上的重大问题创造了条件。"[②]

在全面规划科研工作的同时,学校还加强了对科研工作的组织和管理。1954年成立的科学研究科原隶属教务处,随着科研工作规模不断扩大,改变这种体制就成了一个重要问题。1957年7月,在党委召开的部分教师座谈会上,有些教授提出科学研究是由教务处通过科学研究科领导的,应设立更高的部门,如科学研究部。[③] 学校采取教授们意见,当月将科学研究科升格为校科学研究部,全面负责学校的科研工作,并任命沈尚贤教授为科学研究部主任。

---

① 上交档:永-133。

② 上交档:长-242。

③ 《上海交通大学纪事(1896—2005)》上卷,第486页。

二、科研活动的初步开展

20 世纪 50 年代中期，由于正在学习苏联和迁校，教师的教学负担很重，因此科研和教学在时间安排上存在一些矛盾，一定程度上影响了教师对科研工作的积极性。1955 年 6 月 18 日，教务处在向校长报告《1955 年度科学研究计划》时就指出了科研工作中存在的问题，除了"资料和旧期刊不足，特别是缺乏整套的国内外期刊"以及"仪器设备还不能满足科学研究的需要"外，主要原因是"教学工作比较繁重，一般专业教研室忙于备新课、毕业设计的准备工作和专业实验室的建立"，"部分教师对科学研究工作在教学中所起的作用认识还不够"。①6 月 24 日，彭康批示："科学研究工作，是提高教师业务水平的重要环节，也是促进科学技术进步和国民经济发展的重要因素。……必须坚决贯彻学习苏联的先进经验和中国实际相结合的方针，使科学研究工作从低级向高级的发展中，逐步地求得提高，为今后更好地开展科学研究工作打下坚固的基础。"②彭康的批示端正了教师对科研工作的认识。之后，在党中央"向科学进军"号召的鼓舞和学校的推动下，随着《科学研究十二年规划》等一系列文件的出台，教师中对学校科研工作逐步呈现出明显的积极性。

（一）初步形成一支科研队伍

学校在组织科研力量方面明确以老教师（大多为教授、副教授）为主，青年教师多做具体工作，作为老教师的助手。据 1955 年 12 月《交通大学 1955—1956 年科学研究情况介绍》等文件统计，1955 年全校参加科研的教师 99 人，占教师总数的 13%；其中教授 29 人，占教授总数的 25.4%；讲师 36 人，占讲师总数的 22.3%；助教 32 人，占助教总数的 7.4%。1956 年参加科研的教师 142 人，占教师总数的 19.03%；其中教授 34 人，占教授总数的 30.06%；讲师 38 人，占讲师总数的 22.92%；助教 70 人，占助教总数的 16.3%。③ 1957 年，参加科研的教师增至 182 人，占教师总数（890 人）的 20.45%；其中教授 33 人，占教授总数的 32.6%；讲师 74 人，占讲师总数的 31.8%；助教 73 人，占助教总数的 13.1%，研究生 2 人。④ 参加科研教师中有著名教授周志宏、周惠久、周铭、张钟俊、钟兆琳、朱公谨等。

关于学生参加科研，学校一直将其纳入规划，并有明确的目的："为了培养学生的独立工作能力和巩固所学课程，教研室在条件许可的情况下，可组织学生的科研小组。(1)由教研室负责组织，选派教师担任科学指导人，由学生选出小组长。(2)参加成员应学习优良，自愿报名，教研室主任批准，并报教务处备案。(3)科研计划由教研室批准。学生的主要任务是按教

---

① 上交档：长- 192。

② 上交档：长- 192。

③ 上交档：长- 192。

④《关于〈1957 年科学研究计划〉的几点说明》。上交档：长- 348；《上海交通大学纪事(1896—2005)》(上卷)，第 491 页。

学计划进行学习,科学研究工作不应该影响课内学习。(4)科学研究工作结束后,科研小组举行科学报告会,最好的报告在教研室会议上或在全校性的科学讨论会上由学生报告”。[①]

1950 年船舶动力系学生在作射油性能试验

仅 1955 年下半年,学校就组织了 17 个科学研究小组,参加的学生有 120 余人。1956 年 4 月,全校性学生科研团体“交通大学学生科学技术协会”成立。在各教研组教师指导下,学生们积极开展科学研究活动。发电专业四年级学生组成的科学研究小组,进行了以帮助教师准备新课和开出新实验为主要内容的科学研究工作,其中接地测量与变压器负荷能力、厂用电动和启动过程、强制功率分配等小组帮助教研室开发了接地测量、厂用电动和启动过程等新实验;运输起重专业的同学在教师指导下,创造性地设计与制造了电子管电子式时间继电器、自动起重机模型;机械制造专业的科研小组帮助实验室调整好一台搁置很久未曾动用过的新的铲齿机床,等等。通过这些科研活动,学生加深了对专业知识的理解,提高了分析问题和解决问题的能力。

1950 年学生第一次做电力测功器实验

1956 年 4 月 16 日,校刊《交大》刊登消息:“在向科学进军的号召的鼓舞下,我校学生科学研究活动有了比较广泛的开展。

① 上交档:长-192。

据初步统计，目前全校约有900位同学参加了各种形式的科学研究小组的活动。在全校本科二、三年级同学中，已经成立了98个科学研究小组，有580余位同学参加小组活动，占本科二、三年级全体学生的24%。有些班级，如机制三等，40%的同学参加了科研小组。”[①]

（二）多方争取研究课题

学校及各系、教研组主动地对外联系，寻求合作，争取课题。1956年9月，学校与第一机械工业部工具科学研究院联合召开地区性的“工具研究工作座谈会”，中国科学院陶瓷研究所、山东工学院、南京工学院、浙江大学、华南工学院、南京电瓷厂、南京机床厂、交通大学、上海造船学院、上海工具厂、上海机床厂、上海汽轮机厂等单位的代表共40余人参加。会上，交大金属切削机床及刀具教研组与上海工具厂签订了关于“齿轮滚刀螺旋槽改成直槽的研究”和“阿基米德滚刀和法向直廓形滚刀精度分析”方面的合同；金相热处理教研组和该厂签订了“高速钢耐用性研究”“工具变形研究”“丝锥代用钢研究”的合同；焊接教研组则和该厂签订了“改进目前硬质合金焊接工艺的研究”的合同。会后，机制系有关教研组又分别与一机部有关部门讨论了在学校建立研究室的问题，并初步确定在学校建立电加工研究室和工具研究室，作为该部在学校的科研据点。同时，机械系还和长春第一汽车制造厂、上海综合材料研究所等单位订立科技合作合同。10月8日，动力系的热工、内燃、锅炉、涡轮、压气机5个教研组主任组成代表团到北京与一机部接洽成立4个研究室的问题。电工系电机原理教研组关于汽轮发电机的设计工作和上海电机厂签订了合作合同。直流电机的设计工作也和上海电机厂联系合作。起重运输机械系起重机教研组和大连起重机厂、抚顺重型机器厂签订科技合作合同。[②] 11月19日，电力系电气自动装置和工业企业电力装备两个教研组与电气科学研究院签订关于“电子离子拖动和电弧炉的电力装备”项目；发电厂输配电和电压教研组和电力部签订科研合同。同年，学校还和第一机械工业部、第四机械工业管理局、上海综合试验所、无锡柴油机厂签订“球墨铸铁铸造曲轴研究”协议书。1957年，金相热处理教研组采用我国自炼的高铬不锈钢作为汽轮机叶片等零件的材料的研究，与上海汽轮机厂签订技术合作合同。据统计，1954年与学校建立合作关系的单位仅有6个，到1955年增加到27个，1956年增加到35个以上。[③]

学校参与的科学研究课题逐年增加。1955年共有课题58个，其中工厂企业委托专题5个、教师自行拟定的专题研究34个、编写教科书4本、其他15个。[④] 1956年，全校科研课题

---

① 上交档：永-104。

② 《交大》1956年10月17日。上交档：永-130。

③ 《交大》1956年10月17日。上交档：永-130。

④ 《交通大学1955—1956年科学研究情况介绍》。上交档：长-192。

68个,其中,工矿企业委托的21个、教学法研究专题3个、编写教材及校对译稿8个、各教研组自己提出的专题36个。[①] 1957年2月,学校编制完成1957年科学研究计划,共有课题125个,后因考试和西迁等原因来不及上报。

三、科研活动的成果

伴随着科研规模的扩大,学校科研工作取得一定的成果。

(一)服务经济建设,参与研究生产中的技术问题

学校参与生产部门一些重要技术问题的研究,如球墨铸铁铸造曲轴研究、高铬不锈钢作为汽轮机叶片等零件的材料研究、改进硬质合金刀具的焊接工艺的研究、电火花加工的研究、切削刀具的研究、感应电动机的最大转矩测定方法、试制同步电动机研究等。其中球墨铸铁铸造曲轴研究和高铬不锈钢作为汽轮机叶片等零件的材料研究都是针对当时工业建设中的实际需要。感应电动机的最大转矩测定方法和试制同步电动机两个项目是电机原理教研组的研究项目,前者由钟兆琳教授负责。该项目的完成,为大连电机厂解决了感应电动机的最大转矩测定方法。1956年2月,中国科学院紫金山天文台徐家汇观象台为了提高报时精确程度需要每秒一转而准确程度达千分之三秒的同步电动机,电机原理教研组在程福秀、刘美荫两教授指导下,参考国外有关文献,经吴文华、周希贤、关力更诸教师具体计算,终于设计成功,然后在学校电机制造实验室中制造出样机。样机经徐家汇观象台初步测试并应用,精确程度达千分之一秒左右,解决了标准时钟报时的技术问题。上海人民广播电台闻讯后委托学校制造3台。物理教研组周铭教授于1956年研究成功一种可度量1/100秒的精密仪器。这种仪器成本很低,可以节省外汇,同时在工业

周铭教授利用旧机器刻制高精度光栅

① 《交通大学1955—1956年科学研究情况介绍》。上交档:长-192。

生产上可以用来量度超短时间的试验，因此当时许多生产部门、大学、研究部门和军工单位都要求学校代制。同年，电力设计分院为了在电厂设计中解决铜铝接头的问题，根据苏联电弧焊接的最新经验，委托学校金属工学教研组的讲师周光祺负责进行“电弧焊接法试制铜铝接头”研究。经过几十次试验，研究获得成果，焊成的铜铝接头经检验，强度和导电性都符合要求。后上海电力设计分院应国内各有关单位要求，将学校所取得的成果供生产单位试用。

教师们还经常参加工厂的新产品鉴定研究工作。如电机原理教研组教师仅在 1955 年和 1956 年两年中，就参加了 13 次以上的重大项目鉴定研究工作，其中有上海电机厂试制6 000千瓦汽轮发电机，10 000 千瓦、12 000 千瓦的汽轮发电机的新产品鉴定工作。电机原理教研组还协助该厂进行了设计图纸的修改、加工工艺、试验技术等方面的研究。金属切削机床教研组主任郑兆益教授，乐兑谦、金精讲师在上海机床厂作关于“普通车床及仿形车床的半自动化”“成型车刀”“高速切削与强力切削”等讲座，铸工教研组主任周惠久教授为长沙机床厂解决了三排风口冲天炉熔铁温度不足、熔化率过低的问题，球墨铸铁的大气压的液压筒问题，青铜铸件的疏松问题、时化问题，某些铜料与代用品及其热处理过程问题等。该教研组吴之凤教授协助 734 厂解决了在建造铸工砂型烘炉工程中的设计与安装技术问题。高压技术教研组的教师帮助上海电车公司解决了利用旧阀片制造直流避雷器的技术问题，防止电车受到雷击事故的发生；又为国营上海精密医疗器械厂研究关于 X 光高压电缆绝缘问题，提出改进方向等。[①]

（二）科学讨论会

1956 年 4 月 7 日，学校在 60 周年校庆期间举行第一次科学讨论会。讨论会按专业分为金相、铸工、切削、热工、电工、电力、电讯、造船等 8 个组举行。彭康校长、苏联专家以及一些工矿企业的代表 1 200 多人参加了会议。会上周志宏、陈大燮、钟兆琳、吴之凤等教授提交科学报告论文 15 篇。机械制造系主任周志宏教授的两篇论文《钨铁的试炼》《矽铁的试炼》，总结了他历年来的实验结果，并结合现代冶炼工业的先进经验提出了合理化建议。在《钨铁的试炼》一文中，周志宏在关于冶炼钨铁设备对炉渣的选择，如何控制钨铁中碳、锰、硫各项成分，以及对降低钨铁冶炼成本等问题发表了独到的见解，对我国大规模冶炼钨合金具有宝贵的参考价值。铸工教研组张泽仁讲师的《利用纸浆废液作粘合剂》一文，是与东北工业综合试验所、沈阳纺织机制造厂、沈阳水暖器材厂等共同研究并经过多次的试验与实际使用后提出的，这项研究成果可以节省大量的桐油。20 世纪 50 年代中期，国家电气化事业日益发展，在电气设备中如何采用来源充足、价格低廉的铝料来代替铜料焊接是个急待

① 林启明：《努力赶上世界科学研究先进水平》。《交大》1957 年 2 月 20 日。

解决的问题。对此,焊接教研组周光祺讲师与上海电力设计分院合作,共同完成《铜铝接头的电弧焊接》论文。还有陈大燮教授的《蒸汽燃气联合透平装置的研究》、曾继铎教授的《功率放大机的临界速度》、张钟俊教授与夏道止助教的《电力系统中有功功率和无功功率的经济分布》、钟兆琳教授的《感应电动机最大转矩的测定》等论文都有较高的科研水平和应用价值。[①]

1956年6月15日,学校创办《交通大学科学技术学报》,该刊为双月刊,第一期创刊号即刊发基础教研组和专业教研组教师的论文20余篇。

1957年6月8—10日,学校举行第二次科学讨论会,机械系、动力系、电工系、电力系、运起系等1 000多人参加,提交论文55篇,包括周志宏教授的《关于钢的马氏体形显微组织的研究》,程福秀教授的《微小同步电动机的实质》,瞿钰副教授的《蒸发器在凝器式热电厂中应用以及改进其所产蒸馏水品质的措施》,电器自动装置教研组的《电子计算机》,陈学俊教授的《锅炉中烟气流速问题的初步报告》,曾继铎教授的《略论整流子电机电刷电势》,裘益钟副教授的《双鼠笼感应电动机的分析》,赵介文教授的《测飞轮矩法的初步分析》及《单钩强度的考虑》,柴志明教授的《内燃机车电力传动的发展及其比较》等。讨论会按照不同专业划分为五大类九个小组同时举行。会上还邀请了中国科学院动力研究室吴仲华教授作《苏捷动力研究的概况》学术报告。[②]

(三)为高校工科专业提供一批自编教材

1952年后学校学习苏联教育经验,但有些引用的苏联教材不合中国实际,造成教学忙乱现象,于是高教部要求各大学组织力量结合中国实际自编教材。几年中,受高等教育部委托,交大组织教师编写了一批教材,其中一部分公开出版。如数学教研组朱公谨教授、材料力学教研组朱城副教授分别编写了《高等数学》《材料力学》,解决了高等学校基础课程教材不足的问题。起重机教研组洪致育讲师等在苏联专家克鲁其科夫的指导下,编写了专业教材公开出版,填补了工业大学这一专业课程教材的空白。据不完全统计,1956年,交大教师接受高教部委托编写铸工、特种起重机、挖土机、工业企业的起重运输设备、电工材料等专业教材7本;1957年又编写水力学与水力机械、金属热处理、锅炉制造及安装、锅炉地基及构架、锅炉钢与强度计算、涡轮机械制造工学等教材6种。[③]

---

① 上交档:永-130。
② 上交档:永-130。
③ 林启明:《努力赶上世界科学研究先进水平》。《交大》1957年2月20日。

第二节　1958年教育革命期间的科研活动

一、以群众运动方式搞科研

1958年八大二次会议后，在“鼓足干劲、力争上游、多快好省地建设社会主义”总路线和“用十五年时间超英赶美”口号的鼓动下，急于求成、浮夸冒进的心态迅速在全国蔓延。在这种氛围下，学校检查科研工作认为存在“保守思想”，校内一夜间贴出成千上万大字报，批评学校对科研重视不够；科研工作理论脱离实际，没有发动群众，冷冷清清，成果太少。大字报要求快速“端正”科学研究的方向，加快步伐，改变轻科研的状况以及科研工作中理论脱离实际、崇洋媚外、厚古薄今等现象。

1958年8月4日，学校召开全校师生员工大会，校领导进行动员，提出，比思想，比作风，比干劲，跃进再跃进，解放思想，走出课堂，参加生产劳动，努力贯彻教育与生产劳动相结合、科学研究与生产相结合。① 会议还制订了《交通大学(上海部分)1958年工作规划(草案)》《交通大学(上海部分)1957—1958学年度第二学期教学与科研工作计划》《交通大学(上海部分)五年(1958—1962年)规划十四条(草案)》等，对科研工作进行了具体部署和规划。全校很快掀起了一场“大搞科研的群众运动”。一年后，1959年6月12日—20日，上海市有关部门到交大调研，撰写《关于去年科研大跃进的估计和今年科研开展情况》(交通大学调查材料之一)，②称：“交大1955年—1957年中，教师参加科研人数最多的是1957年，只占全校教师总数的25.4%；而1958年参加科研人数占全校教师总人数的84.5%；1958年交大(上海部分)学生参加科研约有3 000人，占全校学生总数的50%以上。”到1958年8月“大跃进”高潮时期，交大(上海部分)群众性的科研队伍人数达5 130人，科研项目达493项。③

在浮夸风影响下，校内科研成果不断放“卫星”。每逢节日，如1958年的“七一”“八一”“十一”和1959年的元旦，“献礼”活动一浪高过一浪；1958年“十一国庆献礼”项目就有1 702项。这些“献礼”“成果”，在“报喜”后大多都烟消云散。

用一哄而上的群众运动来搞科研，违背科学研究工作的规律。很多项目事先既没有进行可行性论证，又缺乏必要的条件就匆忙上马，以致做了一段时间就无法进行下去，半途而

---

① 《上海交通大学纪事(1896—2005)》(上卷)，第499页。

② 上交档：长-582。

③ 《交通大学校史》，第94页。

废。有的初试虽成功了,因缺乏后续条件,随即束之高阁。如1958年12月6日由船制系师生设计、校附属船厂建造的拖航试验水翼艇在黄浦江上"试飞"成功,但该项目没有特定用户,昙花一现。[①] 物理系师生在大搞科研时期,先后研制了威尔逊云雾室,观察到了α-粒子径迹;范德格拉夫静电加速器,打出了X-射线;以及银锌高能蓄电池、场致显微镜、盖格—米勒计数器等。这些研究成果当时在国内是相当先进的,但除个别设备用以充实物理实验室外,大都没有继续下去。[②]

二、科研工作的进展

"大跃进"时期,群众性一哄而上的科研工作虽有上述问题,但相当一部分科研项目是许多教师多年来坚持研究的结果。1958年7月7日,学校携30余项科研成果参加上海市科技研究工作跃进展览会,有的是一机部重大项目,有的是上海市重大项目,有的填补了当时的国内空白和急需。例如6米龙门刨床、大型无轨电车、90匹马力内燃机车、东风号海轮8 800匹马力低速船用柴油机设计、三角形桥式起重机结构、2 000匹马力牵引式燃气轮机机车、交流工频电气机车、缆索起重机、1/50毫米精密游标卡尺、高频发电机、Z2型直流电动机、无机试剂无水硫酸镁、车辆震动模型试验台、减低球墨铸铁加镁量研究等。特别值得提出的是我国第一座双轨拖拽式船模试验池的建成。

交大造船系老教授们梦寐以求要建造一座船模试验池。1954年,国家决定筹建上海造船学院,上海造船学院决定实现这个愿望,由王公衡教授带领船舶原理教研室的师生负责设计和建设。他们确定船模试验池的功能必须覆盖船模阻力、螺旋桨敞水性能、船模自航、在波浪中的耐波性等方面的实验研究。船模长度为3—4米,敞水试验的螺旋桨模型直径为250—300毫米,自航试验用的螺旋桨模型直径为100—150毫米。最后是估算各种测试仪器设备应该具备的量程。测量没有仪器设备,经上级批准向德国Kempf & Remmers公司购置。1956年船模试验池开始土建。1957年土建完成,开始放水。

王公衡教授

① 吴善勤、盛振邦著:《从船舶到海洋工程》,上海交通大学出版社2005年版,第76页。

② 朱美华主编:《上海交大百年物理》,上海交通大学出版社2006年版,第40页。

1958年上半年订购的仪器设备运抵开始安装调试。1958年秋，船模试验池正式建成。试验池水池长110米，宽6米，水深3米，双轨拖车的最大速度为6米/秒，基本上可以覆盖当时我国各类军、民船舶对试验速度的要求。模型加工能制造长度5米以下的船模和直径0.3米以下的螺旋桨模型，能够进行各类军、民船舶的阻力试验，单、双桨船舶的自航试验，螺旋桨敞水试验以及船模在顶浪和顺浪情况下的耐波性试验。实际使用后表明，这座船模试验池的建设是十分成功的。之后接受核动力潜艇模型的试验，也取得满意的数据，为此受到海军党委的表彰。[1]

1958年建成的船模试验池

又如一机部的重点项目15 000吨自卸式运煤船的设计，由船舶制造系的船舶设计研究室和起重运输专业的部分教师一起完成。1959年经交通部、一机部等14个单位审查通过，认为基本满足了设计任务书的要求，某些指标还达到较先进的水平。但由于国家发生严重经济困难，不具备建造这样大

交大师生设计的我国第一台自动扶梯安装在北京火车站

① 《从船舶到海洋工程》，第64页。

型船舶的条件,进一步的设计和建造工作被搁置下来。与上海起重机械厂协作设计试制成功的三角形截面格型桥式起重机,与箱型结构相比,可减轻自重30%—50%。这种起重机后来在冶金、机器制造部门被广泛使用。1959年,洪致育教师指导的在上海电梯厂制造完成的自动扶梯,是当时中国自行设计和制造的第一台自动扶梯,建成后安装在国庆10周年首都十大建筑之一的北京火车站使用。材料力学教研组的偏光弹性应力测试、电阻应变仪等研制,开出了新的应力测试数学实验,从而丰富了教学内容,推动了教学改革。[①]

由于苏联成功发射了人造卫星,国家提出十五年超英赶美的宏伟目标,在科研方向上提出向"高、精、尖"发展。受此鼓舞,京、沪两地科学界率先拥护向尖端科学进军。交通大学作为一所重要的工业大学也积极响应。

创办新专业的方针是"边干边学"。工程力学系从各系抽调师生近100人,全部按军事编制,组成一个营,由青年教师何友声任营长。他们接受市委下达的任务,以设计和建造探空火箭为目标,2个多月中设计了一个近4米长的火箭,弹体外壳的铝板由龙华飞机厂调拨并加工成型。他们还自行设计了固体燃料火箭发动机和液体燃料火箭发动机各一台。前者的燃料为苏联喀秋莎导弹的弹药。1959年春,火箭在宝山县一高射炮阵地进行发射,火箭上去了,但没有探测到飞行高度,也不知最后落到了哪里。不久中央与上海商定在沪筹建上海机电设计院,承担火箭的设计和制造任务,学校承担的研发任务结束。[②] 交大动力系王希季教授和潘先觉调入上海机电设计院,并分别担任总工程师和首枚探空火箭主任工程师。交大还有一批应届优秀毕业生也被分配到该设计院担任研制工作。[③]

"两弹一星"功勋奖章获得者王希季院士

1959年3月12日,交大(上海部分)校务委员会通过《交通大学(上海部分)1959年规划》,提出要"逐步把交大发展成为一个适应上海工业改组,向高、精、大、尖方向发展的要求和国家需要的工业大学"。其中重要的一条:"学校的科研,既要从社会主义建设总任务出发,为经济建设和国防建设服

---

① 《从船舶到海洋工程》,第76页。

② 参阅何友声、刘桦:《工程力学系的前四年和后三十年》。《上海交通大学工程力学系建系五十周年纪念册》2008年11月。

③ 《上海交通大学纪事(1896—2005)》(上卷),第504页。

务，又要结合专业，把尖端科研、解决生产中实际问题的研究和基本理论的研究结合起来，做到既完成国家交给的科研任务，又通过科研有效地提高教学质量。”[①]

第三节　师资队伍建设

一、师资队伍基本状况

新中国成立时，交大在中国高校中有一支很强的“理、工、管”师资专业队伍，特点是教授多、留学归来的多、分布学科面广。1949 年 11 月据资料统计，全校有专业教师 309 人、其中教授 144 人、副教授 39 人、讲师 23 人、助教 103 人，教授、副教授占了教师的一半以上，其中包括兼职教授 31 人，兼职副教授 5 人，但不包括国文、英文、体育等公共课的教师。[②]

这些教师分布在理、工、管 3 院 17 个系和一个专修科。1949 年各院系专业教师的情况见表5－1：

表 5－1　1949 年 11 月各院系专业教师情况表

院系＼人数＼职称		专职教授	专职副教授	讲师	助教	教师总计(含兼职)	教授、副教授(含兼职)占本系教师比例	备注
理学院	数学系	6	4	2	7	19	52.60%	
	物理系	9	6	3	13	33	51.50%	兼任教授 2
	化学系	7	1	4	5	17	47%	
	小计	22	11	9	25	69	49.3%	

① 上交档：永- 252。

② 《上海交通大学志》，第 175 页。

(续表)

院系（职称/人数）		专职教授	专职副教授	讲师	助教	教师总计(含兼职)	教授、副教授(含兼职)占本系教师比例	备注
工学院	土木工程系	12	1	2	10	27	55.50%	兼任教授 2
	电机工程系	10	2	6	17	42	45.20%	兼任教授 3、副教授 4
	电信专修科	1	1			4	100%	兼任教授 2
	机械工程系	16	7	4	17	49	57.10%	兼任教授 4、副教授 1
	航空工程系	6	1		4	11	63.60%	
	工业管理工程系	6			4	12	66.60%	兼任教授 2
	造船工程系	6			3	12	75%	兼任教授 3
	轮机工程系	2	2		2	12	83.30%	兼任教授 6
	纺织工程系	2	2		1	9	88.90%	兼任教授 4
	水利工程系	5		1	3	9	55.60%	
	化学工程系	2	1		3	9	66.70%	兼任教授 3
	小计	68	17	13	64	196	51.7%	
管理学院	运输管理系	10			6	16	62.60%	
	财务管理系	8			6	14	57.10%	
	电信工程管理系	3	5		2	10	80%	
	航业管理系	2	1	1		4	75%	
	小计	23	6	1	14	44	65.91%	
总计		113	34	23	103	309	59%	兼任教授 31、副教授 5

理学院下辖数学、物理、化学三系，院长裘维裕。

数学系有专任教师 19 人，其中教授 6 人：张鸿、朱公谨、武崇林、孙泽瀛、徐钟济、雷垣；副教授 4 人：黄正中、徐桂芳、莫叶、唐济楫；讲师 2 人；助教 7 人；系主任张鸿(兼任)；教授、副教授占该系教师人数的 52.6%。

数学系主任张鸿

物理系主任黄席棠

物理系系主任黄席棠，有专任教师31人，其中教授9人：吴有训、裘维裕、黄席棠、周铭、周同庆、赵富鑫、许国保、王子昌、殷大钧；副教授6人：赵贻镜、沈德滋、杨景才、黄志诚、郑昌时、任有恒；讲师3人；助教13人；另有兼任教授2人：郑一善、周昌寿。教授、副教授占该系教师人数的51.5%。

化学系系主任苏元复(兼)，有教师17人，其中教授7人：苏元复、潘承圻、李懋观、朱子清、顾翼东、梁普、刘馥英；副教授1人：汪蔼融；讲师4人；助教5人。教授、副教授占该系教师人数的47%。

化学系主任苏元复

土木工程系主任杨钦

工学院下设10个系、1个专修科,院长朱物华。

土木工程系系主任杨钦,有专任教师25人,其中教授12人:杨钦、王之卓、王达时、陈本端、康时清、杨培琫、叶家俊、潘承梁、王龙甫、俞调梅、谢光华、钱钟毅;副教授1人:纪增爵;讲师2人;助教10人;另有兼任教授2名:汪定曾、冯纪忠。教授、副教授占该系教师人数的55.5%。

电机工程系系主任钟兆琳,有专任教师35人,其中教授10人:钟兆琳、朱物华、陈湖、张钟俊、林海明、陈季丹、沈尚贤、严晙、居昆、黄方治;副教授2人:施彬、刘侃;讲师6人;助教17人;另有兼任教师7人,其中教授3人:曹凤山、毛启爽、罗钟奇,副教授程文金等4人。教授、副教授占该系教师人数的45.2%。

电信研究所所长张钟俊。

电机工程系教师合影

电信专修科主任陈湖,有专任教师2人,其中教授陈湖1人,副教授王天一1人;另有兼任教授钱尚平、侯德源2人。教授、副教授占该科教师人数的100%。

机械工程系系主任黄叔培,有专任教师44人,其中教授16人:黄叔培、陈石英、陈大燮、柴志明、胡嵩嵒、沈三多、蔡有常、金悫、殷文友、钱逎桢、梁士超、周修齐、吴金堤、殷源之、范元弼、聂光墀;副教授7人:姚祖训、楼鸿棣、贾存鉴、张寰镜、蒋汝舟、张烨、辛一行；讲师 4 人；助教 17 人；另有兼任教师 5 人，其中教授 4 人：周志宏、李泰云、吴有荣、郑家俊；副教授刘昉 1 人。教授、副教授占该系教师人数的 57.1%。

电信专修科主任陈湖

机械工程系主任黄叔培

航空工程系系主任王宏基，有专任教师 11 人，其中教授 6 人：王宏基、曹鹤荪、季文美、许玉赞、姜长英、杨彭基；副教授徐子骏 1 人；助教 4 人。教授、副教授占该系教师人数的 63.6%。

航空工程系主任王宏基

工业管理系主任庄智焕

工业管理工程系系主任庄智焕，有专任教师 10 人，其中教授 6 人：庄智焕、祝百英、周省言、周志诚、唐祖诏、崔克纳；助教 4 人；另有兼任教授杨锡山、陈德荣 2 人。教授、副教授占该系教师人数的 66.6%。

造船工程系系主任叶在馥,有专任教师9人,其中教授6人:叶在馥、辛一心、杨仁杰、赵国华、王公衡、郭锡汾;助教3人;另有兼任教授杨槱、杨俊生、张文治3人。教授、副教授占该系教师人数的75%。

造船工程系主任叶在馥

轮机工程系主任王超

轮机工程系系主任王超,有专任教师6人,其中教授2人:王超、张文治;副教授2人:何瑞龙、杭继寿;助教2人;另有兼任教授王荣瑸、张汝梅、陈创声、潘德民、方文均、裘善宝6人。教授、副教授占该系教师人数的83.3%。

纺织工程系系主任陈维稷,有专任教师5人,其中教授2人:陈维稷、陈彬;副教授2人:李辛凯、薛铭;助教1人;另有兼任教授苏延宾、张方佐、曹致澄、许学昌4人。教授、副教授占该系教师人数的88.9%。

纺织工程系主任陈维稷

水利工程系主任徐芝纶

水利工程系系主任徐芝纶，有专任教师9人，其中教授5人：徐芝纶、严恺、张有龄、刘光文、伍正诚；讲师1人；助教3人。教授、副教授占该系教师人数的55.6%。

化学工程系系主任苏元复，有专任教师6人，其中教授2人：苏元复、章洪楣；副教授王承明1人；助教3人；另有兼任教授沈济川、璩定一、倪吉文3人。教授、副教授占该系教师人数的66.7%。

管理学院下设运输管理系、财务管理系、电信工程管理系、航业管理系。院长钟伟成。

管理学院院长钟伟成

运输管理系主任黄宗瑜

运输管理系系主任黄宗瑜，有专任教师16人，其中教授10人：钟伟成、黄宗瑜、沈奏廷、张震、许靖、熊大惠、王思立、周仁、张宗谦、朱啸谷；助教6人。教授占该系教师人数的62.5%。

财务管理系系主任杨荫溥，有专任教师14人，其中教授8人：杨荫溥、王惟中、邹宗伊、汪旭庄、蒋士麒、龚清浩、蒋凤吾、陈启运；助教6人。教授占该系教师人数的57.1%。

财务管理系主任杨荫溥

电信工程管理系主任郁秉坚

航业管理系主任
黄慕宗

电信工程管理系系主任郁秉坚。有专任教师 10 人,其中教授 3 人:郁秉坚、吴兴吾、卢宗澄;副教授 5 人:汤天栋、傅绍宗、汪延镛、华士鑑、徐松麟;助教 2 人。教授、副教授占该系教师人数的 80%。

航业管理系系主任黄慕宗,有专任教师 4 人,其中教授 2 人:黄慕宗、唐雄俊;副教授江树德 1 人;讲师 1 人。教授、副教授占该系教师人数的 75%。

二、师资队伍实力雄厚

交通大学教师中留学欧美著名大学的占相当高的比例。根据 1952 年 4 月 18 日学校的统计,各系教师留学情况如下:

数学系教授 9 人,留学的有 5 人,其中留日的为张鸿、孙泽瀛 2 人,留美的为雷垣、莫叶 2 人,留德的为朱公谨 1 人,占总数的 56%。

物理系有教授 13 人,留学的有 7 人,其中留美的为周同庆、周铭、殷大钧 3 人,留德的为黄席棠、许国保、王子昌 3 人,留法的为黄长风 1 人,占总数的 54%。

化学系有教授 10 人,留学的有 8 人,其中留美的为朱子清、顾翼东、李世瑨、璩定一、王承明等 5 人,留英的为苏元复、璩定一 2 人,留德的为李懋观、刘馥英 2 人,占总数的 80%。

土木系有教授 18 人,留学的有 15 人,其中留美的为杨钦、王龙甫等 12 人,留英的为康时清、王之卓、俞调梅 3 人,占总数的 83%。

电机系有教授 13 人,留学的有 10 人,其中留美的为钟兆琳、朱物华、张钟俊等 7 人,留德的为沈尚贤等 2 人,留英的为陈季丹 1 人,占总数的 77%。

机械系有教授 23 人,留学的有 18 人,其中留美的为陈石英、陈大燮、沈三多等 14 人,留英的为梁士超等 3 人,留德的为周修齐 1 人,占总数的 78%。

航空系有教授 10 人,留学的有 7 人,其中留意大利的为王宏基等 4 人,留美的为姜长英等 2 人,留比利时的为杨彭基 1 人,占总数的 70%。

造船系有教授 3 人,全部为留学的,其中留英的为王公衡等 2 人,留美的为王超 1 人,比例为 100%。

水利系教授共 5 人,全部为留学的,其中留美的有徐芝纶等 3 人,留荷兰的为严恺 1 人，留德的为伍正诚 1 人，比例 100%。

体育、国文、外文课中有教授 8 人，留学回国的有 2 人，其中留俄罗斯的为李宝堂 1 人，留美的为唐庆诒 1 人，占总数的 25%。

总计，在全部 112 名教授中，81 人具有留学资历，比例高达 72.3%。教师留学欧美各国的情况见表 5－2。

表 5－2　1952 年教师中留学归国人员统计表①

	国家	人数	占教授人数比例	占留学教授人数比例
留学	留美	50	44.64%	61.72%
	留英	11	9.82%	13.58%
	留德	10	8.93%	12.3%
	留意大利	4	3.57%	5.00%
	留日	2	1.80%	2.46%
	留苏	1	0.89%	1.23%
	留荷	1	0.89%	1.23%
	留比利时	1	0.89%	1.23%
	留法	1	0.89%	1.23%
	小计	81	72.32%	
未留学	小计	31	27.68%	
总计	总计	112	100%	

注：1 人同时留学美国和英国，只统计在留美人数内。

学校师资队伍的高水平、高质量还可以从 1956 年高教部全国高校一、二级教授工资评定中可见。

1956 年 6 月，高教部根据党中央和国务院的决定，对全国高等学校一、二级教授工资进行一次全国性的评定。经过深入调查研究，听取各地区意见，又进行科学测算和论证，高教部于 9 月 21 日下发公函《高等学校中一、二级教授的工资评定问题》，对一、二级教授工资的评定原则作了进一步规定："(1)以学术水平和教学成绩为主，适当地照顾教学行政职务，并参照原来的工资级别加以评定；(2)应尽量做好校内平衡，但同时也必须与全国各校之间，特别是同一地区各校之间取得大致上的平衡；(3)由于工资增长指标的限制，掌握平衡时适当

① 上海市档案馆：A26－2－174。表 5－2 据此设计。

从严,可上可下的则向下排。”[①]在高教部6月18日的《高等学校二级以上教授工资排队初步排定名单(二)工科部分》中,按机械、电机、航空、船舶、冶金、化工、土木建筑、水利工程、无线电电讯、石油、采矿、测量、地质、交通运输、纺织、力学、数学、物理、日用品、其他等工科20个专业初步排定全国高校工科一级教授61人,二级教授201人。上海市高校工科一级教授共有11人,交通大学被排定为工科一级教授的有程孝刚、周志宏、陈大燮、周铭、钟兆琳、朱公谨、朱物华7人,连同后来批准的副校长陈石英共8人,占全国工科20个专业一级教授人数的13.1%;二级教授22人,占10.9%。[②]

陈石英

陈石英(1890—1983),上海市人。中国科技界、教育界著名学者,我国著名热工学教育家。1906年烟台海军学校毕业,1913年赴美国麻省理工学院留学。1916年回国后,先后担任交通大学(时名上海工业专门学校、南洋大学)教授兼系主任、代理教务长、校务委员会副主任委员等职,同时兼任南洋铁路学校、复旦大学、劳动大学教授。新中国成立后,任交通大学校务委员会副主任委员、副校长。在交大任教达67年之久。擅长机械及热能工程专业。被老一辈交大人尊称为“陈老夫子”,钱学森尊称他为“恩师”。[③]

程孝刚

程孝刚(1892—1977),字叔时,江西宜黄人。著名机械工程专家和教育家,中国早期铁路机车工业与运用管理的开拓者之一。1955年当选为中国科学院学部委员(院士)。1911年毕业于江西高等实业学堂,1913年留学美国普渡大学,1917年获机械工程学士学位。1919年回国,长期从事铁路机车运营、检修、制造和教育工作,为我国铁路建设、机车牵引动力的发展做出了重要贡献。1947年4月后,主要从事高等教育工作,曾任浙江大学机械系主任、教授。1928年、1947年和1952年,三度任交通大学教授,并担任系主任,1927年曾任交大秘书长,1947年曾任国立交通大学校长,1958年任交大副校长。

① 上交档:造船长-48。

②《上海市高等教育管理局关于你校一、二工资级别教授名单的通知》。上交档:长-267。

③ 王宗光主编:《老交大名师》,上海交通大学出版社2008年版,第39页。

周志宏

周志宏（1896—1991），江苏扬州人。杰出的冶金科学家、教育家，1955年当选为中国科学院学部委员（院士）。1917年就读北洋大学矿冶系，1924年进美国南芝加哥钢厂工作，1925年秋考入美国卡内基理工学院研究生院，1926年获硕士学位后进入哈佛大学半工半读，1927年被授予冶金工程师职衔。1928年获哈佛大学科学博士学位，后进入美国国家钢管公司劳伦钢铁厂任研究员。1929年回国，先后任兵工署委员会助理委员、上海炼钢厂厂长和总工程师、材料试验处技正（总工程师）兼处长。1948年任上海大同大学教授兼机械系主任。1949年兼任交通大学教授，1952年任交通大学机械系主任，创建金属及热处理专业，率先开出了"金属热处理"等专业课程，组建了热处理实验室。1958年交大冶金系成立，任系主任。此后，还担任上海交通大学副校长、学术委员会主任等职。1967年在上钢一厂建成我国第一座氧气炼钢转炉。1979年2月宝钢顾问委员会成立时，被选为副首席顾问，为宝钢的建设做出了重大贡献。

陈大燮

陈大燮（1903—1978），字理卿，浙江海盐武原镇人。著名热力工程学家和机械工程专家。先后就读于唐山交通大学和上海交通大学。1927年，在美国普渡大学攻读机械工程，获硕士学位。1928年回国后，一直从事热力工程的教学与研究工作，先后任教于浙江大学、中央大学、交通大学重庆分校。新中国成立后，任交大教务长。1957年以后，任西安交通大学教授，1959—1966年任西安交通大学副校长，为上海交大和西安交大的建设和发展做出了重要贡献。

周铭

周铭（1888—1968），又名周明诚，江苏泰兴人。著名物理学家，实验物理学大师。1910年毕业于邮传部上海高等实业学堂（交大前身）附中，后赴美国麻省理工学院学习，1919年获化学博士学位。同年回国。1921年任交通大学化学教授。1924年开始，改任物理学教授，协同裘维裕教授进行物理教学改革，主持物理实验室教学及实验室建设，还专攻物理实验仪器的设计

钟兆琳

和制造,是交大物理实验教学和实验室建设的奠基者。

钟兆琳(1901—1990),字琅书,浙江德清新市镇人。著名的电机工业拓荒者和教育家。1923年毕业于南洋大学(交通大学前身)电机系。次年留学美国康奈尔大学,获硕士学位。1927年回母校任教,历任交通大学电机系主任、电工器材制造系主任、西安交大教授、陕西省电机工程学会第一届理事长等职。20世纪30年代,指导研制出中国第一台交流发电机和电动机。

朱公谨

朱公谨(1902—1961),字言钧,又名霭如。著名数学家、数学教育家。1919年9月考入清华留美预备学校,1922年赴德国哥廷根大学数学系留学,1927年毕业,获数学博士学位后回国。1928年受聘为交通大学数学系教授并首任系主任。20世纪30、40年代断续执教于交通大学,同时先后在光华大学、大同大学、同济大学、中央大学、上海医学院、浙江大学师范学院任教,曾担任光华大学副校长等职。1952年院系调整后,专任交通大学教授。1956年赴交通大学西安部分工作,1960年返回上海交通大学,继续从事数学教学。

朱物华

朱物华(1902—1998),江苏扬州人。著名教育家、电子学家和水声工程权威。1955年当选为中国科学院学部委员(院士)。1923年毕业于交大电机系,后留学美国。次年获美国麻省理工学院硕士学位。1926年获哈佛大学电工博士学位。1927年回国,先后任中山大学、唐山交通大学、西南联合大学等校教授。1946—1955年任交通大学教授、工学院院长、副教务长。1955年12月—1961年12月任哈尔滨工业大学教授、副校长。1961年回上海交大执教,1978年任上海交通大学校长,1980年后任交大顾问。从事教育工作70年,在教育界有很高声望。

以100多名教授、副教授为核心的交大师资队伍,是学校工作的基础力量，他们都是爱国的知识分子，拥护共产党，敬业爱校，毕生以发展中国的科学教育事业为己任。他们在学校工作许多年，对学校怀有深厚的感情，承载着老交大的光荣传统和精神文化，是新中国成立后交通大学办学水平的最主要标志。

从 1952 年开始，由于院系调整，交大先后撤销理学院、管理学院，一些专业调出，同时也调入一些专业，教师队伍变化更大。据统计，仅 1952 年交大随院系调整调出去的教师就有 132 人，其中数学系 8 人、物理系 16 人、化学系 19 人、机械系 2 人、电机系 3 人、航空系 10 人、化工系 11 人、土木系 46 人、水利系 14 人、语文 2 人、政教 1 人，涉及学校有复旦大学、同济大学、华东师范大学、华东化工学院、华东水利学院、厦门大学、山东大学、南京大学、南京工学院、苏南师范学院、山东化工学院、长春汽车拖拉机学院、成都电讯工程学院等。调出去的教师中许多都是学科领军人物，包括武崇林、周同庆、王之卓、孙泽瀛、雷垣、莫叶、黄席棠、曹鹤荪、季文美、王宏基、姜长英、许玉赞、苏元复、康时清、杨培琫、潘承梁、王达时、王龙甫、俞调梅、徐芝纶、严恺、杨钦、陈本端、许国保、顾翼东、朱子清、杨彭基、刘馥英、李世缙、朱正华、王承明、黄正中、王蘧常、邵秀林等。[①] 1952—1955 年，又有一批教师随院系调整调出。调出教师中有教授 50 余人，后有 10 人当选为中国科学院院士或中国工程院院士。[②] 但同时学校也从同济大学、大同大学、沪江大学和上海工业专科学校等高校调进教师 103 人，其中包括周志宏教授等正、副教授 47 人。1957 年，上海造船学院、南洋工学院与交大上海部分合并，教师增加近 200 人，其中包括杨槱等教授 7 人。1949—1959 年学校专任教师人数变化情况见表 5－3。

表 5－3 1949—1959 年专任教师人数表[③]

年份 \ 人数 \ 职称	合计	教授	副教授	讲师	助教
1949	273	113	34	23	103
1950	310	107	35	28	140
1951	280	83	26	43	128

① 《交通大学调出教员名单》。上交档：长－82。

② 《院系调整让大学有得有失》。《文汇报》2012 年 12 月 27 日。

③ 《上海交通大学志》，第 175 页。

(续表)

年份＼人数＼职称	合计	教授	副教授	讲师	助教
1952	351	76	31	70	174
1953	494	73	34	73	314
1954	550	76	34	121	319
1955	711	84	35	158	434
1956	761	66	21	180	494
1957	890	69	32	232	557
1958	586	44	23	132	387
1959	891	58	28	179	626

说明：表中数据1957年、1958年为交通大学(上海部分)，1959年为上海交通大学。

以上数据显示，新中国成立后至1959年，尤其是1952年以后，学校教师队伍规模总体上呈快速增长趋势。出现这一变化的原因主要是解放后我国高等教育的整体规模扩大，学生人数增加。如1952年学校有学生3 295人，到1959年达7 670人。从结构上看，这一时期讲师尤其是助教人数增幅明显，而教授、副教授人数却呈下降。这是由于当时随着教育规模扩大，教师队伍不断补充新生力量，而这些新生力量基本上都是国内大学的应届毕业生，甚至是提前毕业留校的学生，这就使青年教师所占比例逐年增大，而中年教师和老年教师人数相对逐渐减少。在学术结构上，助教增多，教授、副教授减少；新中国自己培养的多，具有外国留学背景的逐渐减少。

还值得一提的是，这一时期交大有一批新中国成立后从国外留学归国的教师，如沈嘉猷、邵士斌、顾逢时、杨世铭、蔡颐年、苗永淼、骆正黄、沈炳正、陈铁云、王希季、林宏铨、朱城、辛一行、罗祖道等。① 他们学成回国，为新中国培养建设人才而贡献力量。

三、师资培养与发展

1951年9月24日，校务委员会第118次会议通过决议，成立培养师资委员会，由陈大燮、朱物华、张鸿、蒋大宗、卞祖芬、李道纯、程迺晋、吴国凯、蔡绳武、赵富鑫、杨钦、苏元复、钟兆琳、沈三多、人事组一人等15人组成，负责全校的师资培养工作。

① 上交档：长-268。

1952年大规模院系调整后，开始学苏联，设置专业，引进苏联教材，要开设许多新课等，为了适应新的教育形势，1953年学校选派32名助教到外校学习，并要求助教开课前进行试讲，符合要求后才逐步开课。

1954年，学校制订了《交通大学1954—1957年教学工作规划纲要》，提出要大力提高现有师资及培养新师资，并且指出主要培养方法是开展科学研究工作，以及在教学工作中深入钻研苏联教材，提高业务水平。《纲要》规定，新开课的教师或开新课的教师可按工作量及工作日制度减轻一定工作量，抽出时间自学。此外学校还通过选派教师到外校当研究生、送外校短期学习、在校内交流经验等方法，对研究生、进修生进行培养，提高他们的俄文水平。《纲要》还要求教师2年内能看懂本专业的俄文书籍杂志。

这一时期学校聘请了一批由高教部派来的苏联专家，他们经常为青年教师进行业务指导，包括举办讲座、进行教学示范等。苏联专家对当时学校的师资培养工作起了不小的促进作用。

教师队伍建设还得到中央和市委领导的关怀。1955年，国务院副总理兼上海市市长陈毅参观上海正泰橡胶厂，得知该厂从美国学习轮胎制造技术归来的工程师、轮胎专家杨世铭学非所用，被派去制鞋车间工作时，就很快签发调令，把杨世铭调来交大任教。[①] 杨世铭后来被评为教授、博士生导师，出版专著，其科研成果获国家重大科技进步奖。

1954年5月，学校党委根据中共上海市委高等学校委员会的部署，开展知识分子政策教育，一方面组织全校教职员工学习党的知识分子政策，理解其精神实质；一方面召开党委扩大会议，联系实际，对学校贯彻知识分子政策情况进行检查，并根据存在的问题，提出了改进措施。这些工作对加强师资队伍建设起到了推动作用。

1956年1月，周恩来在党中央召开的知识分子问题会议上代表党中央所作的《关于知识分子问题的报告》中指出："发展社会主义建设，除了必须依靠工人阶级和广大农民的积极劳动以外，还必须依靠知识分子的积极劳动，也就是说，必须依靠体力劳动和脑力劳动的密切合作，依靠工人、农民、知识分子的兄弟联盟。"周恩来强调："他们中间的绝大部分已经成为国家工作人员，已经为社会主义服务，已经是工人阶级的一部分。"《报告》还针对当时存在的主要倾向提出解决知识分子问题的指导原则："第一，应该改善对于他们的使用和安排，使他们能够发挥他们对于国家有益的专长。……第二，应该对于所使用的知识分子有充分的了

① 杨少振：《陈毅下厂》。载《上海文史资料选辑》第68辑《风范永存——忆陈毅市长》，上海市政协1991年编辑出版，第195、196页。

解，给他们以应得的信任和支持，使他们能够积极地进行工作。……第三，应该给知识分子以必要的工作条件和适当的待遇。”[①]

这次会议在知识界引起极大反响，也给交大广大教师极大的精神鼓舞。彭康校长和万钧副书记代表交大出席了这次会议，回校后立即加以传达。2月20日校党委召开党委扩大会，讨论贯彻知识分子工作会议精神，联系实际，检查存在的问题，如没有把知识分子看做是劳动人民的一部分，对他们的进步、作用估计不足；青年教师对老教师不够信任、不够尊重等。会议还讨论了改进的措施，包括决定党委设立统战部，行政上设立教师科；系主任设助理，协助系主任管教学；制定具体措施以保证知识分子有六分之五的时间用于业务；加强党的政策思想教育等。

1956年3月24—25日，学校召开第二届党员大会。会议审议和通过了党委会提出的《中共交通大学1956年—1967年党的工作规划(草案)》和《贯彻中央关于知识分子问题的指示的几项措施(草案)》两个重要文件。《工作规划》指出，一年来学校在执行党的知识分子政策上有不少改进，总的情况是好的，但还存在许多缺点，包括与教师的联系接触还只停留在少数范围内，对他们的情况了解不多；对青年教师缺乏系统的培养；一部分老教师因社会活动多，直接影响了教学和进修，他们的思想苦闷，没有得到及时的解决；工作方式老一套，不适合形势发展和高级知识分子的特点；还不善于利用公开形式进行工作；少数同志有宗派主义情绪，在某些问题的看法上有片面性，如低估了知识分子的水平等。[②]《工作规划》认为，全校党员应正视这些缺点，以极大的努力加以改进，切实贯彻知识分子政策。

《贯彻中央关于知识分子问题的指示的几项措施(草案)》的主要内容有：加强党组织和党员特别是党的负责人与教师的联系，以建立团结互信的良好关系；党组织要关心教师的科学研究和业务活动，并给予积极支持；党委会设专门机构负责指导并检查全体党员执行知识分子政策的情况；学校重大问题的决定应事先征求教师的意见，对教师的意见和要求要迅速处理；加强对教师业务进修和科学研究工作的领导，充分发挥苏联专家和本校老专家的作用，积极提高青年教师业务水平；青年教师应根据不同情况订出5年进修计划，在教研室指导下进行；减少某些老教师的工作量，给予带徒弟的任务；成立科学研究部，统一管理科学研究工作；教师的社会活动时间限制在每周4小时内，以确保教师有六分之五的业务活动时间；学术造诣较深的老教师不兼行政职务，系、教研室主任不兼工会职务，减少校外兼职；建

① 《周恩来选集》(下卷)，第160-170页。

② 《中共交通大学委员会一年工作报告(草稿)》，上交档：永-123。

立会议制度，控制会议时间，党、团、工会、民主党派活动两周一次，无特殊情况不得增加；保证科学研究需要，改善图书资料供应办法，简化借阅手续；筹建教学仪器修配厂；加强教材供应及讲义、论文的出版发行；尽量改善教师的工作和生活条件，解决校内外房租差额，给住房太小影响备课的教师分配住房；在医疗、用车、福利、费用等方面照顾教师，等等。

1956年5月22日，校党委印发《中共交通大学委员会关于党组织在教师中的工作的决定》。《决定》规定教师党组织的主要任务是充分发挥全体教师的积极性，全面发展，提高教学质量，保证教学及行政任务的完成，并在上述工作中贯彻党对知识分子的政策以及进行党建工作。《决定》对系党总支的工作和教师党支部的工作，教师中党、政、工、团的关系，工作方法，工作作风等都作了具体规定。

20世纪50年代，根据教学任务繁重、教师缺口大、青年教师多的特点，学校在师资培养中坚持全面提高、重点培养、结合教学和科研工作、两条腿走路的方针。具体体现就是一方面安排一定数量的青年教师到聘有苏联专家的高校的有关专业如清华大学、哈尔滨工业大学进修；另一方面派遣如刘子玉、李德元、史维祥等青年教师到苏联留学，还有在校内通过教学和科研工作对青年教师进行培养，把他们放到教学一线，承担讲课、指导课程设计和实验、实习等教学工作。在这个过程中，老教师对他们进行指导帮助，组织他们钻研教材、了解教学法、参与集体备课、听讲座，并进行试讲等，让青年教师熟悉教学工作的各个环节，积累经验，逐步完全胜任教学工作。例如1953年，全校助教314人，占全体教师的494人的63.56%，他们中间除有32人被派到外校学习外，其余全部在教学一线，承担讲课、课程设计等教学工作；专业课程中的助教大多参加教授的备课。此外，还专门开设教学班，有34位助教听讲。通过这些措施，当年就有39位助教开课，第二年助教开课增加到64位。

学校还通过科研工作结合教学和生产来培养师资队伍。对于已经完全掌握主要教学环节、能胜任教学的教师，要求他们参与科研；对于基本掌握，但还不是很熟悉教学、尚有一定困难的教师，要求他们适当参加科研，先给老教师当助手；对于还很不熟悉教学、存在较大困难的教师，则暂不参加科研工作，待比较熟悉教学后再参加。1956年知识分子问题会议提出向科学进军的口号后，学校很多青年教师踊跃参加科研工作，他们在老教师的指导下，业务提高很快。

这一时期教师队伍建设除体现在业务培养上外，另一个重要方面是落实知识分子政策，根据中央要求加大在知识分子尤其是高级知识分子中发展党员工作的力度。

1956年2月3日，党委书记彭康在全校党员大会上提出要重视在高级知识分子中发展党员。当年6月,学校制订《教师中建党计划(1956—1957)》。[①] 当时交大讲师以上党员占教师人数的12.5%,但教授中党员只有2人;讲师中的党员大多也是新晋升的讲师。

到1956年5月10日,教师中已有50人提出书面入党申请,17人提出口头要求,有入党表示。

由于各系总支和教研室支部积极开展建党工作,1956年,正副教授中发展党员11人,其中有副教务长朱物华、黄席椿,系主任朱麟五、严晙等。[②] 1959年7月又发展了王希季、樊应观、杨代盛等教师入党。[③]

由于吸收一批优秀知识分子入党,改善了教师队伍的政治结构,激发了广大教师的政治热情和工作积极性,促进了教师队伍的建设。

1956年校庆前夕,高教部批准,瞿钰、蒋大宗、毛钧业、林宏铨、陆庆乐、颜家驹等6人由讲师晋升为副教授。学校批准68人由助教晋升为讲师。晋升的副教授中有3位是教研室主任,其他也是教研室骨干。晋升的新讲师中,绝大部分都担任了讲课、指导课程设计、毕业设计等工作。如理论力学教研组代理组长吴百诗,讲课质量好,又能全面关心同学,出席了当时上海市先进工作者会议。铸工教研组讲师张泽仁和船舶原理教研组讲师何友声,已在科学研究方面有一定成果,张泽仁完成的《亚硫酸盐纸浆液和豆油混合泥芯粘结剂》,何友声完成的《螺旋推进器与机器的配合》,都有较高的水平。1957年11月30日,高教部批准,徐桂芳、张寰镜、李渤仲等3人晋升为教授;邵士斌定级为教授;季诚、张世恩、乐兑谦、王绍先、吴文华、刘耀南、于怡元、何金茂、王季梅、吴励坚、蔡颐年等11人晋升为副教授;杨世铭、苗永淼、骆振黄3人定级为副教授。[④]

伴随着师资水平的提高,学校的教学收到很好的效果。如成立于1958年下半年的工程物理系反应堆专业教研室,共有教员10名,其中讲师1名,助教9名,助教绝大部分是1958年从机车系提前半年毕业的高年级学生。在程守洙教授等帮助下,他们能开出专业课,并编写了教材讲义,能指导第一届毕业生的毕业设计;结合专业建设,进行了一些科学研究工作。而这些教师的平均年龄不满25岁,年纪最大的28岁,最小的22岁。他们工作认真,作风踏实。学校对他们进行培养的主要作法和经验,一是教师的培养方向确定,主要是专业发展方向和业务方向稳定、明确;二是培养方法好,既有被派到校外长期进修或短期听课,也有在校

---

① 上交档:长-225。

②《上海交通大学纪事(1896—2005)》(上卷),第477页。

③《上海交通大学纪事(1896—2005)》(上卷),第509页。

④《上海交通大学纪事(1896—2005)》(上卷),第490页。

内结合专业建设来培养；三是正确处理专业和基础的关系，"学了基础，就钻专业，钻了专业，再补基础"，贯彻理论联系实际的学风；重视教学法的锻炼；贯彻少而精的原则等。1960 年 8 月 3 日，国防科委在召开所属院校院校长会议期间，转发了交大工程物理系的《培养新教师的典型调查》。

1949—1959 年这 11 年间，据不完全统计，交大在教学和科学研究方面取得突出成绩的老教授和青年教师，以及这一时期学习的学生中，后来当选为中国科学院或中国工程院院士的有：吴有训、程孝刚、周同庆、王之卓、苏元复、严恺、朱物华、周志宏、翁史烈、何友声、黄旭华、张钟俊、杨槱、顾翼东、顾懋祥、周惠久、王希季、刘建航、沙庆林、胡仁宇、阮雪榆、林宗虎、谢友柏、陈俊亮、姚熹、陈敬熊、屠基达、朱伯芳、周永茂、蒋新松、赵梓森、徐如人、徐秉汉、蔡睿贤、曹春晓、潘健生、李鹤林、顾诵芬、刘高联、孙钧、沈珠江、汪耕、王景唐、徐芝纶、唐九华、庄逢辰、周尧和、黄宏嘉、匡定波、张煦、方守贤、吴杭生、胡英、李伯虎、李乐民、童铠、陈先霖、范本尧、沈闻孙、唐任远、涂名旌、姚福生、朱英浩、陈志恺、陈新、陈明致、董石麟、沈世钊、徐乾清、赵国藩、毛用泽、钱皋钧、秦裕昆、叶奇蓁、章基嘉、关兴亚、许庆瑞、季国标、汪应洛、王方定、徐芑南、陈学俊、屈梁生、王锡凡等。[①]

据不完全统计，这一时期毕业的校友中，在各自领域有一定知名度的有郑明、杨振怀、张盘、丁关根、裴英武、李根深、毛经权、吴钖军、钱家铭、姚振炎、怀国模、马世忠、张寿、王荣生、胡传治、陆燕逊、沈辛荪、周修典、蒋正华等。

---

① 主要据《上海交通大学院士名录》，上交档；并核对叶取源主编：《上海交通大学校友院士风采录》，上海交通大学出版社 2003 年版，第 1－2 页。

第六章
基础设施建设与校园体育文化活动

第一节　办学经费与校园建设

一、办学经费增长

新中国成立后，交大即归中央教育部主管，交大的办学经费由中央财政部基本上按在校学生数，通过中央教育部划拨“教育事业费”，用于发放教职工工资及福利、学生人民助学金、教学维持费、教学实验经费、行政办公经费、修缮费、学生生产实习费等。但不包括校园扩大，教室、实验室、实习工厂、家属宿舍、学生宿舍、食堂、礼堂等建造及实验室设备的购买或自制。这部分经费，教育部根据学校的需要，经审查批准后另行下拨，称“基本建设费”，每年不一样，变动较大。科学研究经费根据科研项目专项下拨。由于建国初期教育部或其他部门、单位提出的科学研究项目极少，因此基本上没有科学研究的专项经费。但是交大教师，尤其是各专业老教师重视科学研究，不大的费用一般就在教学实验费中列支。1956 年学校科研经费仅为 1 万元。党中央提出“向科学进军”和“大跃进”后，科研经费大幅增加，1958 年为 54 万元，1959 年增到 174 万元。20 世纪 50 年代学校几乎没有收到捐赠，校舍出租等自筹经费收入也极少。

1957 年，国家划拨的教育事业费比 1956 年增加一倍，达 1 248.57 万元，主要原因是中央决定交大迁西安，1957 年一、二年级已在西安入学，大批教工及家庭西迁，大量设备、物资从上海运往西安，同时上海造船学院、上海南洋工学院（筹）在未与交大（上海部分）合并前教育事业费单独下达。1957 年底交大（上海部分）与造船学院、上海南洋工学院（筹）合并完成。1958 年，交大分设两地后，教育事业费和基建费由教育部分别直接下拨。交大（上海部分）的教育事业费 1958 年为 665.2 万元。

1950—1959 年交大的教育事业费，总计收入 4 961.26 万元。国家拨给交大的教育事业费见表 6－1。

表 6－1　1950—1959 年国家拨给交大教育事业费一览表（单位：人民币万元）[①]

类别＼数目＼年份	1950	1951	1952	1953	1954	1955	1956	1957	1958	1959	总计
教育事业费	27.98	142.75	152.37	249.89	403.92	497.54	605.9	1 248.57	665.2	967.14	4 961.26

二、校园面积扩大

1949 年接管时，交大土地共有 505.314 亩，校舍总建筑面积 56 510 平方米。[②]

1952 年 9 月 25 日，华东高等学校院系调整委员会决定，位于徐虹路以西、徐家汇火车站以北，面积 40.385 亩，移交给交通大学使用，连同交大徐虹路以西相邻地块，总面积近 100 亩。交大乃将此处作为基础部办学之用，亦称交大一年级分部或徐虹路分部，1952 年开始建设。相继建成徐虹路分部第三、第四舍，共 2 372 平方米，均为两层、砖木结构。三舍、四舍分别为建筑面积1 186平方米，造价 9.7 万元。另建分部大楼，2 层砖木结构，建筑面积 1 842 平方米，造价 15 万元。

徐虹路分部开办了 6 年。1958 年 5 月，学校把徐虹路分部邻近徐家汇火车站的部分土地约 50 余亩及该地块上的建筑物，包括食堂、平房、工房、传达室、花棚、体育馆、纺织楼、教研楼、学生宿舍等约 9 644.44 平方米，有偿转让给上海机床制造公司使用；剩余土地划给交大附属工厂、子弟小学和幼儿园使用，地址定为徐虹北路 31 号。转让所得，在虹桥路以南 51.488 亩的地块上建造两幢家属宿舍，建筑面积分别为 5 665 平方米和 902 平方米，共计 214 套房屋，称“交大新村”，地址定为徐虹北路 51、52 号。[③]

① 《上海交通大学志》，第 559、602 页。

② 《上海交通大学志》，第 580 页。

③ 《上海交通大学纪事（1896—2005）》（上卷），第 438 页。

1958年,因上海第一师范学院与第二师范学院合并组建上海师范大学,上海市政府决定,将位于闸北区民晏路的第一师范学院校园及建筑物调拨给交大,交大作为预科及一年级基础部之用。1959年第三季度,上海市政府又决定,交大民晏路校园与上海市委党校法华镇路校址进行交换。划出民晏路分部土地220.741亩,建筑37幢,面积44 795平方米;划入法华镇路分部土地49.67亩,建住房14幢,总建筑面积有15 405平方米。

1959年6月3日,经上海市城建局批准同意,交通大学上海部分征用番禺路东土地12亩,作为新建4层楼学生宿舍之用。

新中国成立后至1959年,交通大学还零星购进一些土地和建筑。如1953年,淮海西路229弄8号、9号0.326亩,南丹路286弄12.624亩;1954年,淮海中路1487弄36号、38号,康平路152弄13、15号,203弄15号,宛平路118、120号,吴兴路252号,乌鲁木齐南路396弄17号,天平路101号,新华路211弄22号,共6.87亩,漕溪二村177—192号土地1.03亩;1956年,华山路1485号、湖南路295号、镇宁路391号、巨鹿路845弄7号、南京西路1634弄3号,共5.36亩。①

1959年,上海交通大学校园土地总面积总计有584.632亩,其中包括徐家汇本部378.158亩,法华镇路分部49.67亩,徐虹路分部121.224亩,其他住宅用地35.58亩。有建筑物179幢,总建筑面积151 171平方米,其中教学用房62 630平方米,生活用房67 749平方米,行政办公用房10 406平方米,其他用房10 386平方米。②

三、校舍建设加快

1950—1959年10年间,交大上海校园共新建各类建筑130幢,交付使用的房屋建筑面积共计60 310平方米。

1950年建成4幢建筑:电机实验室边屋、"解放宿舍"1—3号,均为一层,建筑面积共753平方米,总造价28 000元人民币,每平方米造价37.2元。

1952年,学校基建规模明显扩大,总共建成16幢建筑,包括东一楼、东二楼,学生第三宿舍,南一楼、南四楼,交大新村一舍、二舍、六舍、七舍、新村十二舍,徐镇路一、二、三舍(徐虹路),西工房(淮海西路番禺路)、浴室、幼儿园。均为一层或两层砖木结构,总建筑面积8 238平方米,总造价698 000元人民币,每平方米造价84.7元。

---

①《上海交通大学志》,第584页。

②《上海交通大学志》,第581页。

20 世纪 50 年代初的校舍一角

教室、实验室

1953 年，新建 21 幢建筑，分别是新建大楼，学生第四、五、八、九宿舍，交大新村第三、四、五、八、九、十、十一、十三、十四、十五、十六、十七舍，北一、二宿舍，学生食堂，本部浴室。大部分为 3 层砖木结构，总建筑面积 2.39 万平方米，总造价 248.8 万元人民币。

1954 年,新添建筑 5 幢,有新上院、学生俱乐部、本部花房、员工子弟小学、学生食堂加工间,总建筑面积 10 654 平方米,造价 150.73 万元人民币。其中新上院是这一时期的重要建筑。它是在"上院"的旧址上新建的。上院因年久失修,屋架墙壁倾斜严重,于 1953 年被拆除。新上院由上海市建工局设计室设计,上海市建工局建筑工程公司承建,四层,钢筋混凝土结构,总建筑面积 9 746 平方米,总造价人民币 148.2 万元,比老上院增加了 3 200 平方米,多了一层,前面一、二层为实验室,三、四层为教室,后面有 5 间阶梯大教室和 1 间大型活动室。

1954 年建成的新上院

1955 年 4 月,国务院决定交大西迁,教育部对交大的基建投资集中在交大西安新校区,同时决定上海交大校园交给一机部主管的新办上海造船学院使用。1956 年一机部投资在徐汇校园内新建船模试验室池、变电所,总面积3 290 平方米,造价 31.5 万元人民币。

1958 年交大分设上海、西安两地,交大(上海部分)完成基本建设项目 13 项,除 1 幢宿舍、一个食堂、一个花房外,其余均为实习工厂或实验室,包括内燃机实验室、机工车间、铸工车间、冷焊工场、锻工车间、锻工车间工具间、工厂清砂车间、五金仓库、工具仓库（工厂）、变电所，总建筑面积 9 371 平方米，造价共计 46.248 万元人民币。

1959 年，完成建筑项目 8 项，为冶金试验室、危险品仓库、木工厂、学生宿舍、洗衣作坊、小卖部。总建筑面积 4 909 平方米，造价 26.062 万元人民币。[①] 这年的 11 月 28 日，教学一楼（工程物理与无线电实验楼）破土动工，共 5 层，建筑面积 11 700 平方米。工程馆加盖一层，成为 3 层大楼，增加面积 2 400 平方米，共有 19 个大小教室，其中可供 240 人上课的阶梯教室 3 个、30 人上课教室 12 个，还有 80 人上课的 2 个中型教室，可共容纳 1 240 名学生同时上课。该楼于 1960 年建成。[②]

以老校长唐文治命名，由交大同学会理事长茅以升和常务理事赵祖康等于 1946 年发起筹建，校友参与设计的大礼堂"新文治堂"，1949 年初土建完成。1950 年 4 月 8 日，全校师生员工热烈庆祝新中国成立后的第一个校庆暨建校 54 周年时，举行"新文治堂"交接典礼，茅以升、赵祖康等校友代表上海同学会将"新文治堂"移赠母校。这栋建筑凝聚了交大校友"饮水思源"的心愿。"新文治堂"设计座位 1 591 席，主要用于全校性集会、报告会、文艺演出和电影放映等。

1949—1959 年学校建筑面积表见本书附录三。

第二节　图书馆与实验室建设

一、图书馆调整与建设

1949 年上海解放后，市军管会在接管交大的时候曾对全部校产进行清查。校图书馆藏有图书 107 585 册，中文期刊 1 500 种，西文期刊 814 种，报纸 55 种。[③] 图书馆有普通阅览室 3 间，新文化图书阅览室 1 间，报刊阅览室 1 间。随着教育拨款的增加，学校图书馆用于购买书刊的经费也有增加。1950 年下半年，校务委员会主任委员吴有训 3 次下令拨电费余款、教学余款、部分重点设备费给图书馆，用以补购以前缺少的书刊，改善图书馆设备。如 1950 年 10 月 21 日，校委会举行第七十八次会议，讨论重点设备费

---

① 《上海交通大学志》，第 565 - 566 页。

② 《上海交通大学纪事（1896—2005）》（上卷），第 513 页。

③ 《上海交通大学纪事（1896—2005）》（上卷），第 420 页。

35 000元的预算,决定将其中10%的资金用于购置图书。[①] 1951年图书馆经费为人民币32 844元。

1950年6月,校务委员会讨论通过将原属教务处的图书馆升格为校长领导下的一个处级部门,并成立校图书委员会,由教务长、三个学院院长、图书馆主任等13位教授和2位学生组成。

20世纪50年代初开始的多次院系调整,学校图书馆馆藏受到影响,虽有调入,但大量的是调出。1950年10月14日,学校图书馆接受了震旦大学调拨的有关电机工程、应用技术、造船工程、航空工程、物理、机械工程、水利工程等方面的图书1 410册,卡片941张。1952年大规模院系调整中,图书馆调出图书刊物及线装书总数达107 000余册,约占当时馆藏总数的83%,涵盖土木、化工、航空、纺织、水利、工业管理等多门学科;而调入近20 000册,包括船舶、机电等方面的书刊。[②] 调出"高潮"是这一年的10月份,调出图书86 528册,包括64 155册线装书,其中调给华东师范大学和安徽大学两校达65 085册,其中光绪钦批《古今图书集成》一套调给了华东师范大学。[③] 但机械、电机、动力等方面的书刊保存较好,略有增加。1953年后馆藏又逐年增加,1954年为136 000余册,1955年增至近170 000册。

交大分设两地后,据1957年底统计,交大(上海部分)馆藏图书138 227余册,期刊合订本9 463册,现期期刊1 750种。所藏书刊由交大(上海部分)、上海造船学院、南洋工学院(筹)三校合并而成。

1958年以后,图书馆的书刊资料增加较快。1958年底,馆藏书刊共227 689册,比1957年增长54%。1959年馆藏书刊又有增加,年终为302 785册,图书284 057册,其中中文图书195 260册,外文图书88 797册;期刊18 728册,其中中文期刊3 496册,外文期刊15 232册。比1958年增长32%。全年书刊资料借阅近1 561 480册次,利用率比1958年提高4倍。[④]

1949—1959年馆藏图书期刊统计,见表6-2。

① 《上海交通大学纪事(1896—2005)》(上卷),第429页。
② 《上海交通大学纪事(1896—2005)》(上卷),第440页。
③ 《上海交通大学纪事(1896—2005)》(上卷),第439页。
④ 《1959年财务工作总结》。上交档:永-256。

表 6 - 2　1949—1959 年馆藏图书期刊册数

年份	年终馆藏总数	每年投资金额(元)	图书				期刊			
			合计	中文	外文		合计	中文	外文	
					社会主义国家	资本主义国家			社会主义国家	资本主义国家
1949 年	113 710	474	106 655	81 655		25 000	7 055	736	185	6 134
1950 年	118 826	23 057	111 659	86 659		25 000	7 167	768	195	6 204
1951 年	128 982	32 844	121 702	95 703	999	25 000	7 280	709	300	6 271
1952 年	151 621	46 229	145 695	112 548	2 500	30 647	5 926	486	324	5 116
1953 年	154 947	42 182	148 361	116 673	8 885	22 803	6 586	778	516	5 292
1954 年	136 425	48 121	129 038	98 546	7 823	22 669	7 387	1 095	728	5 564
1955 年	169 411	73 494	159 149	122 103	11 536	25 510	10 262	1 783	1 184	7 295
1956 年	189 681	237 693	189 681							
1957 年	147 690	218 084	138 227	100 130	25 660	12 437	9 463	1 245	2 093	6 125
1958 年	227 689	159 807	213 644	145 126	49 025	19 493	14 025	2 417	3 315	8 293
1959 年	302 785	263 300	284 057	195 260	56 958	31 839	18 728	3 496	4 536	10 696

说明：(1)1956 年 189 681 册不包括期刊；(2)1949 年投资金额是 6—12 月数；(3)1959 年起为上海交大各书馆馆藏数。

二、实验室调整与建设方案

1949年6月市军管会接管时，全校共有48个实验室，仪器设备固定资产总值约191万元。

为了适应办学规模日渐扩大的发展趋势，1950年3月15日，校委会举行第三十一次会议，通过了关于加强实验室工作的决定，任命周铭教授为普通物理实验室主任，周同庆教授为高等物理实验室主任。同年10月21日，校委会第七十八次会议决定从教育部下拨的重点设备费35 000元的预算中划出15%作为扩充实验设备之用。

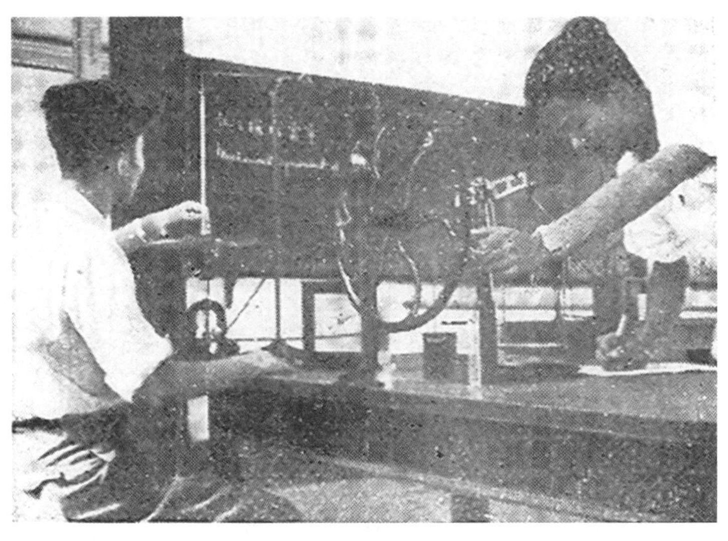

20世纪50年代初的普通物理实验室

由于当时多次进行院系调整，实验室工作处在动态之中，一方面在不断建设和加强，另一方面又在不断调整、变动。

20世纪50年代初的院系调整中，交大原有的化工系、管理系、航空系、土木系、纺织系及其所属实验室先后调整到其他院校，实验室由刚解放时的48个降至6个，即物理实验室、材料实验室、实习工厂、机工实验室、电机实验室、电讯实验室。但同时由于院系调整，学校成为以机械、电机、造船为主的多科性工业大学，开始设置一批新专业，规模扩大将近一倍，而这些专业没有配套的专业实验室及其设备。因此，学校一方面要大力扩充已有实验室，另一方面要增建新的专业实验室，以满足新的学科和专业布局需要。1952—1954年，在苏联专家的帮助下，学校在实验室建设方面取得不小的成绩，开设一批新的专业实验课。据校刊《交大》1954年12月23日报道，3年来学校实验室建设已初步开展，高教部3年中拨给本校的教学设备费高达500万元，[①]新建了12个实验室，分别是化学

① 《交大》1954年12月23日。

实验室、电工原理量计实验室、金属切削实验室、精密度量实验室、金属热处理实验室、压力加工试验室、铸工实验室、内燃机实验室、输配电实验室、发电厂实验室、工企实验室、高电压实验室。

20 世纪 50 年代初的分析化学实验室

到 1954 年，学校已有实验室 18 个，仪器设备总金额达人民币 400 万元，实验室用房 12 404 平方米。即使如此，仍不能满足教学需求，根据统一教学大纲要求，学校还应建立实验室 13 个。1954 年的 11 月 6 日，校工会召开制定发展实验室计划座谈会，广泛听取教职员工意见，30 余人参加。会上，教授们热烈发表意见，切削、内燃机、热处理等 3 个实验室介绍了自身的做法和经验。参加会议的教授对实验室建设达成以下几点看法：①计划筹建实验室首先要根据教学大纲确定实验室内容，再根据实验内容确定实验设备的项目，然后再根据学生人数、实验进度表、轮流实验时间表确定设备的套数。②筹建实验室时必须照顾到教师研究工作所需的设备。研究工作可分为提高教学理论水平与帮助国内制造厂解决目前存在的生产问题两个方面。③制定 3 年计划时，设备及人员要考虑得实际些，但厂房面积应考虑得长远些，设备种类不宜多，每种有 1 部便可。④轻便的设备做成活动性的，用时推出，不用时收藏。⑤计划中安排实验时间表时，需考虑每班学生可能同时做其他实验，故设备利用率需按照理论教学的安排酌量放宽。⑥必要时可在晚上安排实验。⑦有密切联系的两个实验室，在制定计划时应密切协商。⑧国内买不到且较简单的设备，可由实验室考虑包商承办。实验室工作应由教研室全体人员参加，每人负责一项设备的建造或一项工作，以发挥集体力量。⑨实验室必须与外界如五金进出口部门密切联系，仪器设备科应多做些具体的联系工作。⑩下厂实习时应附带收集有关筹建或扩建实验室的资料。⑪确定实验室计划时应考虑技工问题，最好由自己培养，或与厂方交流培养。[①]

① 《交大》1954 年 11 月 19 日。

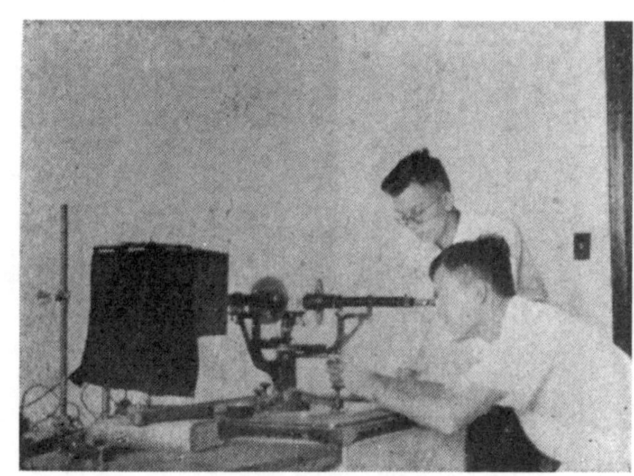

光学实验室

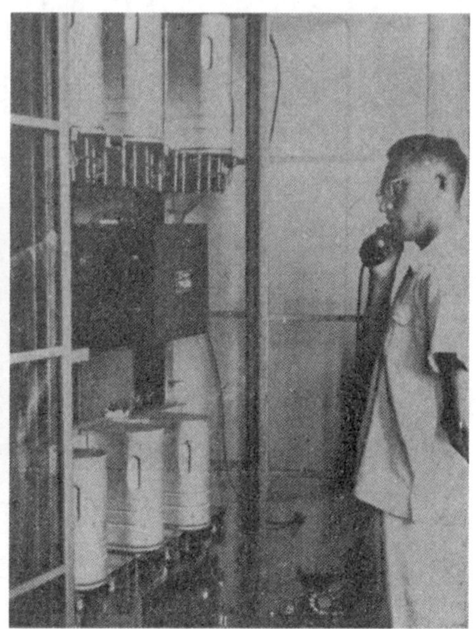

有线电实验室

1954年12月,学校正式制定《交通大学实验室初步发展方案》(以下简称《方案》)。[①]《方案》根据19个专业、28个实验室所拟订的实验室发展初步方案和座谈会上的意见汇总而成。《方案》制订的原则为:①贯彻学习苏联的方针,以苏联资料为依据,但须结合自己实际情况。②在保证教学质量的前提下,充分提高设备的利用率,贯彻精简节约的精神。基础课每周以60学时的利用时间确定设备数量,专业课在照顾教员工作量、授课进度、排课等情况下,尽量克服困难,减少设备数量。③分清轻重缓急逐步建设,既要防止急躁冒进,又要反对停滞不前。④用发展的观点制订方案,充分考虑发展进程中可能发生的变化。

《方案》还详细分析了当时实验室的基本状况、实验教学的开展情况以及实验室的建设发展计划。《方案》显示,根据这一时期及今后的专业设置及学生规模,按统一教学计划规定的实验课程全部开出,规定的实验时数乘上当时的学生人数,则实验室要承担的最大实验任务应为936 300人时。这个数字还没有把热动力装置、焊接、汽车及造船等部分专业统计在内。

当时按照计划正在建设的13个实验室分别为涡轮机实验室、锅炉实验室、热能动力装置实验室、水力机械实验室、焊接实验室、电机电器制造实验室、电器实验室、电缆制造实验室、绝缘实验室、绝缘化工实验室、起重机实验室、保安防火实验室、蒸汽机车实验室。

① 上交档:永-83。

在已有的18个实验室中，只有基础课和基础技术课的几个实验室条件较好，大部分能按教学大纲计划开出实验。新建的专业课实验室由于基础差，有的不能完成教学计划规定的实验课。从1954—1955学年度第一学期统计的情况来看，基础及基础技术课程应有实验课程12门，其中基本开出实验的有10门，即物理、化学、材料力学、金属工学、电工学、热工学、公差及技术量法、金属工学及热处理、电工基础、电工量计；水力学及水力机械、保安及防火技术2门未开出。专业课有实验课程98门，基本开出的10门，只占总数的10.20%；部分开出的18门，占总数的18.36%；未能开出的为70门，占总数的71.42%。

彭康(右)陪同老校友、时任中共中央宣传部长陆定一参观实验室

1954年不能开出实验课程，主要原因是设备陈旧，数量不足，房屋狭小，而新建专业实验室的人员和设备也来不及配齐；有的专业实验室虽有设想规划，还没有建立。

《方案》强调，3年内应将未开出的70门实验全部开出，10门基本开出实验的专业课程完全开出，18门只开出部分实验的专业课程全部开出。为了达到以上要求，三年内30个实验室，必须完成实验室基本设备的装备工作，落实使用面积36 787平方米的基建任务；实验室(厂)人员在现有222人的基础上再增加249人，总数达到471人。各系所属实验室数及人员配置情况见表6-3。

表6-3 实验室建设计划表

类别 / 人数 / 实验室数	原有人数	增加人数	总人数
机械制造系7个	116	105	221
动力机械制造系5个	26	35	61
运输起重机械系3个	3	15	18
电工器材制造系6个	20	29	49
电力工程系4个	10	33	43
电讯工程系1个	8	6	14
物理实验室1个	11	7	18
化学实验室1个	11	4	15
材料力学实验室1个	12	4	16
电工原理电工量计实验室1个	5	11	16
共计30个	222	249	471

与此同时,学校还制定了《交通大学仪器设备调拨暂行办法》《仪器设备损坏、赔偿暂行办法》《实验室仪器设备接触暂行办法》《仪器设备统一采购实施办法》《实验室承接加工订货、检验暂行办法》等5个实验室管理制度,促进了实验室建设的发展。

化工实验室的蒸馏塔及干燥机

三、交大(上海部分)实验室建设

1955年国务院决定交大西迁,因此学校对1954年12月制定的实验室建设方案需要调整,有的实验室先停建,要根据到西安后的情况再新建;有的实验设备已订货,可先在上海验收,试用后再拆下运往西安;有的因苏联专家聘期有限,实验室设备采购安装工作继续进行,以后再拆运西安。如发电厂实验室的模型调度所经过3个多月的安装工作,于1956年安装完毕,试验合格,后迁往西安。该模型调度所是由苏联专家保尔恰尼诺夫建议的,模型调度所包括三个部分：系统模拟盘、学生遥控桌，教师控制桌，学生可以在模型调度所进行各种操作，包括训练学生在电厂发生事故的情况下进行紧急处理。[①]

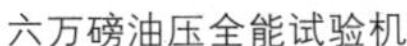

六万磅油压全能试验机

道路实验室的沥青材料延度仪

汽油柴油两用发电机

1957 年 7 月，国务院决定交大分设西安、上海两地后，实验设备首先满足西安部分的需要，按计划运往西安。交大（上海部分）基础课实验室造船学院已筹建成型。上海部分于 1958 年建成当时国内第一个最大船模试验池。

1959 年前后，学校虽计划大力加强实验室建设，但全国性的经济困难已经显现，学校不得不压缩实验室建设投资。3 月 12 日，校委会通过的《交通大学（上海部分）1959 年规划》提到：1959 年学校设备费可能只有申请的 15%，国外订货尚无外汇，国内订货，电机只能拿到 1/70，机械设备则为零，因此首先照顾新建的重点专业实验室的急需，其次照顾因设备大多迁往西安而急需补充的老专业实验室。

1958 年 9 月，学校编制了 1959 年教学设备投资计划。之后根据上海市高教局要求，计划几经修改。修改的内容主要是补充并增添了无线电、工程物理（工程力学）等系的计划，着重增加了对尖端专业的投资。计划编制根据保证

① 《交大》1954 年 11 月 19 日。

重点、照顾一般的原则,将投资项目分为三类:凡教学需要市场又能供应的设备列为第一类,某些市场供应虽相当困难,但有希望争取的属于重点部门(尖端专业、新专业基础课和船电等实验室)的必需设备也列为第一类;凡教学需要市场供应相当困难的属于一般单位的必需设备均列为第二类,尖端专业所有必需设备和其他重点单位的关键设备虽极少可能供应也均列为第二类;凡是市场不可能供应或是教学上不太急需的设备均列为第三类。

根据学校《关于呈请核批 1959 年教学设备投资计划报告》,1959 年,上级下达交大(上海部分)教学设备投资预算总额为 350 万元,其中需要国外订货部分为 40 万元,国内设备部分第一类项目为 155.585 8 万元,第二类项目为 51.371 2 万元,第三类项目为 76.828 万元;此外附属各生产厂投资 15 万元,安装运杂费 17 万元,设备大修维护费 3 万元,拖年度设备(指本该往年投资的但因资金不足拖至该年)24.255 万元,共计 383.04 万元,与上级投资数 350 万元逆差 33.04 万元。上海有关部门建议将第三类设备 76 万元作为后备项目,暂不列入用款计划,从而产生 43.788 万元的备用款,既可作为全校机动教学设备费,也可用于第三类设备的预备费。[①]

以上情况表明,尽管国家已出现经济困难,但还是给予学校相当的投入。学校则坚持保证教学基础设施,区别轻重缓急,加强对重点实验室的投入。1958—1959 年,有的实验室结合科研自制仪器,如工程力学自建风洞、自制应变仪等,实验条件有所改善。到 1959 年,交大(上海部分)实验室已有 51 个,[②]仅 1959 年,新建和扩建的实验室就有 27 个。由于各方面的支持,上海交大 1959 年新增 500 万元的实验室设备,学校开出各种实验课近 400 项。[③]

第三节 校园体育文化活动

一、群众活动及推行"劳卫制"

1950 年 6 月 19 日和 1951 年 1 月 15 日,毛泽东两次写信给教育部部长马叙伦称:"提出'健康第一,学习第二'的方针,我认为是正确的",[④]并提议采取行政措施,提高学生的健康。

1950 年 8 月 17 日,校委会举行第七十一次会议,听取体育组出席中央体育会议的情况报告。会上决定成立文娱体育委员会,工会、学生会、妇联、青年团均派代表参加,校委会指

① 上交档:长-569。

② 《上海交通大学纪事(1896—2005)》(上卷),第 515 页。

③ 《1959 年工作概况 1960 年工作安排及目前需要解决的几个问题》。上交档:长-565。

④ 《上海交通大学纪事(1896—2005)》(上卷),第 428、431 页。

定陈石英、陈大燮、严恺等参加领导，具体负责人为沈友益。与此同时，学校在学生会中设体育部，在团委中设军体部，负责组织开展校、系二级体育比赛，特别是系运动会。20 世纪 50 年代，校、系两级学生会体育部与校体育教师开展了大量群众性体育活动的组织工作。

1950 年 9 月 16 日，第二次学生代表大会召开，决定把“练好身体，提高学习成绩，配合校委会贯彻每周 50 学时”[①]作为全体学生的中心任务。9 月 25 日，校委会副主任委员陈石英撰写了文章《健康第一，学习第二》，发表在校刊《人民交大》上。1951 年 10 月 26 日，校委会遵照上级指示，成立了保健委员会，王龙甫为召集人，并通过《保健委员会章程》。

1951 年 5 月，学校篮球队、足球队响应全国体育总会为“抗美援朝，保家卫国”捐献“体育号”飞机的号召，应青岛、济南市的邀请，于暑假参加义赛。5 月 26 日，学校举行了新中国成立后的第一届运动会，全校 1 100 多人参加，一些老教授、老工友都参加了比赛，为开展群众性体育运动打下基础。之后，校运动会每年举行一次。

1951 年的体育大会

女子铅球

男子 200 米

男子跳高

---

① 《上海交通大学纪事(1896—2005)》(上卷)，第 429 页。

1953 年 6 月 30 日,毛泽东主席向全国青年发出“身体好、学习好、工作好”(简称“三好”)的号召后,校党委、校团委组织青年认真学习和讨论毛主席的号召,并在全校范围内掀起体育锻炼的高潮。

1954 年 5 月 4 日,国家体育运动委员会颁布《准备劳动与卫国体育制度暂行条例和项目标准》。同日,国家体委、高教部、教育部、卫生部、团中央、全国学联等单位联合发出《关于在中等以上学校中开展群众性体育运动的联合指示》,要求在全国中等以上学校中有准备、有计划地推行“劳卫制”预备级的锻炼活动。此后,以“劳卫制”为核心的群众性体育活动在全国广泛开展。

“劳卫制”是苏联从 20 世纪 30 年代起在学校推行的一种青少年体育锻炼制度,通过运动项目的等级测试,促进国民特别是青少年积极参加各项体育运动。我国引进了这种制度,结合我国青少年年龄体质,规定达标要求。

为加强对推行“劳卫制”工作的领导,1954 年 3 月 30 日,学校调整校体育委员会,陈石英副校长兼任主任委员,还成立了劳卫制办公室。同年 11 月 30 日,彭康校长强调只有积极参加体育活动、提高健康水平,才能更好地为社会主义建设服务,体育锻炼能培养集体主义思想,学校要利用各种机会向群众进行宣传教育,说明参加体育锻炼的重要意义;进行体育锻炼时要注意卫生和安全,防止因参加体育锻炼而搞坏身体。12 月 14 日,学校公布了经全校师生讨论后的《学生守则》和《奖励暂行条例》两个文件,根据毛主席“三好”指示精神,对学生的身体锻炼等方面提出了具体要求。学校还邀请上海市体育运动委员会副主任李凯亭来校作动员报告。

1954 年下半年,参加劳卫制预备级锻炼学生近 5 000 人,每天清晨,跑步的、打拳的、翻杠子的、做集体操的到处都是;下午四点半到五点半,篮球场、排球场、乒乓球场、器械室以及大草坪等所有可以活动的地方都挤满了人。有的班级,如机制 31 班的 3 000 米长跑,就从淮海西路校门出发跑到凯旋路折回,每周一次,兴致甚高。

除了学生,不少教职工包括年纪较大的系副主任、副教授、教研室副主任,也报名参加了劳卫制锻炼。

“劳卫制”一直是和达标测试结合在一起的群众性体育活动,检测项目包括田径、体操、举重等,是对人体素质的全面锻炼。根据体能、技术及体育运动发展情况,“劳卫制”体育锻炼标准分为三级:预备级(又叫少年级,即准备阶段)、一级和二级;根据性别、年龄,在每一级中又进行了分组,男、女都各分三组。为了彰显学生锻炼的成绩,凡通过一个级别检测的,都能获得一张精美的证书和一枚证章。

“劳卫制”的实行有力地推动了群众性体育活动的开展,增强了学生体质。1954 年 5 月 15 日,全校举行了为期 3 天的春季运动会,参加的师生员工达 1 258 名,占全校总人数的 1/4 左右。

“劳卫制”的实行还促进了射击、摩托车与国防体育项目在学校的开展。1956年3月新学期开始，全校举办射击训练班，有60名学生报名学习射击技术。这些学生在完成规定的课程后将成为学校射击辅导员及初级教练员，为大力开展群众性射击运动打下基础。训练班内容包括理论和实弹练习。理论内容有现代战争的特点及步兵武器。根据市体委指示，到下一学期，学校要有45%的同学成为普通射手。学校射击训练班经过一个时期的理论学习与操练后，于1956年4月29日进行了第一次实弹射击，56人参加，49人得到优秀成绩，只有2人不及格。5月27日，上海市第一次青年射击友谊比赛在江湾靶场举行，有学校、机关、工厂等33个单位的170余名运动员参加。交大获得较好成绩。与此同时，学校成立了群众性体育组织“交通大学青年支持国防志愿体育协会”，吸收全校青年参加摩托车、射击、滑翔机等国防体育活动，首批有300名学生自愿参加。

“劳卫制”的开展使运动人数和水平迅速上升。据1955年统计，达到“劳卫制”一级的学生占全校学生的90%左右，二级的30%左右；到1958年，学校的等级运动员有1 372人，1959年增加到1 663人。[①]

作为一项旨在全面促进青少年体育运动的制度，“劳卫制”在提高学生身体素质，将学生培养成为勇敢、强健的社会主义建设者方面起到积极作用。但由于“大跃进”、三年自然灾害和粮食供应上的困难，强度大的“劳卫制”至20世纪60年代初终止实行。但学校对体育工作依然十分重视。1959年1月10日，学校(上海部分)调整成立了体育运动委员会，由党委副书记胡辛人任主任委员，坚持组织适合当时情况和学生特点的各种群众性的体育活动，受到学生欢迎。

二、竞技运动和赛事

校园群众性体育活动的广泛开展，为组建以专项运动为主的校级运动队和提高学生的体育竞技水平创造了有利条件。20世纪50年代交大校级运动队有篮球、排球、足球、棒垒球、乒乓球、田径、体操、游泳、赛艇、海军舢板、举重、射击、自行车、击剑、船模等，其中篮球队、乒乓队、游泳队等先后被列为重点队，在许多重要比赛中取得优异成绩，有的还打破全国和世界纪录。

篮球作为交大的传统运动项目一直受到学生的喜爱和学校的重视，也被市体委和市高教局定为重点项目。交大篮球队在上海市高校篮球联赛中，先后获得过1953年男子冠军、女子亚军；1954年男、女双冠军；1955年男子冠军、女子亚军；1957年男子冠军；1958年、1959年男、女冠军。1958年10月，校男、女篮球队分别在卢湾体育馆与来访的新加坡队进

---

① 上交档：长-565。

行友谊赛,均获胜。1959年校男、女篮球队获上海市运动会男、女冠军。1959年校男篮一队战胜来访的柬埔寨国家队。20世纪50年代末,市体委将交大男女篮球队作为上海市二队,参加全国甲级联赛,与省市等专业球队竞赛。

校排球队也很有成绩。1956—1958年上海市高校排球联赛,交大男女排球队连续3年夺得冠军。1959年,船动系学生祝嘉铭和船制系学生李家振作为上海男子排球队出战第一届全国运动会,以10胜1负的成绩荣获全运会男排冠军,他们各获得金质奖章1枚。

交大足球队早在1900年就成立。校足球队获得1958年上海市高校足球联赛亚军、1959年上海市高校足球联赛第三名。

棒垒球队于1956—1958年3次蝉联上海市高校联赛冠军。1959年,电机系学生张国璋、冶金系学生黎冠雄、船制系学生浦绿琛(女)作为上海市男子棒球队和女子垒球队队员参加了第一届全国运动会,分获棒、垒赛第三名,3人各获铜质奖章1枚。

交大乒乓球队虽是在解放后的20世纪50年代中期前后才成立,但很快就在当时的一些重要比赛中获得优异成绩,其中包括1956年上海高校乒乓球联赛男子团体冠军、女子团体亚军;1957年上海高校乒乓球联赛男、女团体冠军;1958年高校乒乓球联赛男子团体冠军、女子团体亚军。

交大田径队历史悠久。1949年以后,在群众性体育活动中,田径运动进一步开展。1956年5月5日,交大田径队参加上海市首届大学生运动会,以124分的成绩获田径总分第三名。1958年12月,张文汉、邹国祥在上海市高校马拉松比赛中以2小时48分的成绩打破2小时52分的全国纪录。1959年8月,校田径队参加第一届全国运动会,获得3枚金牌。

体操队20世纪50年代中期才成立,却表现出很高的水准。1955年6月,校体操队参加上海市体操比赛,共13名队员参赛,10人次获奖,特别是一举荣获高校组3项冠军:乐振祥获男子自由体操冠军,丁天富获男子鞍马冠军,许品正获男子跳马冠军并获全能第四名。此外,杨继麟获高校组男子单杠、双杠第三名、全能第五名、自由体操第六名,夏品梅获高校组女子垫上运动第四名,余美芬获高校组女子跳马第五名。1956年,乐振祥、丁天富代表上海市参加全国体操单项个人冠军赛,分别获得自由体操、鞍马第二名。同年,在上海市运动会上,丁天富获体操男子组鞍马第一名;乐振祥获纵跳马第一名,沈慧良获第二名;白宝玲获双杠第三名。1957年3月,乐振祥在全国17个大城市体操单项比赛中获男子跳马冠军。1959年4月,校男女体操队参加上海市体操比赛,双获团体冠军,另获男子双杠、单杠、女子自由体操、高低杠4项冠军。

交大游泳队始建于1915年,1957年重新组建。1959年交大游泳队在徐汇区第三届运动会游泳比赛中获14个冠军,创13项校记录,夺得团体总分第一名。

这一时期的水上运动项目还有赛艇和船模，成绩更为突出。1958 年 10 月 4 日，在武汉东湖举行的上海市划船队与武汉市划船队的对抗赛中，交大冶金系学生吴怀益与水产学院学生陈士麟操桨、江南造船厂工人孙嘉祥掌舵，在男子 2 000 米双人单桨有舵手赛艇比赛中以 8 分 25 秒 4 的成绩打破美国队在第 16 届奥运会上创造的 8 分 26 秒 1 的最高纪录，这也是当时该项目比赛的世界纪录。[①] 1959 年 8 月 25 日，吴怀益等 3 人组成的男子 2 000 米双人单桨有舵手赛艇在武昌东湖参加第一届全运会的分组预赛，以 8 分 11 秒的成绩再次打破美国在第 16 届奥运会 8 分 26 秒 1 的最高纪录，获得分组冠军；[②]随后，吴怀益等又以 8 分 29 秒 4 的成绩夺得全国运动会该项目的第一名。吴怀益因此获得第一届全运会

体育馆内的水球比赛

吴怀益

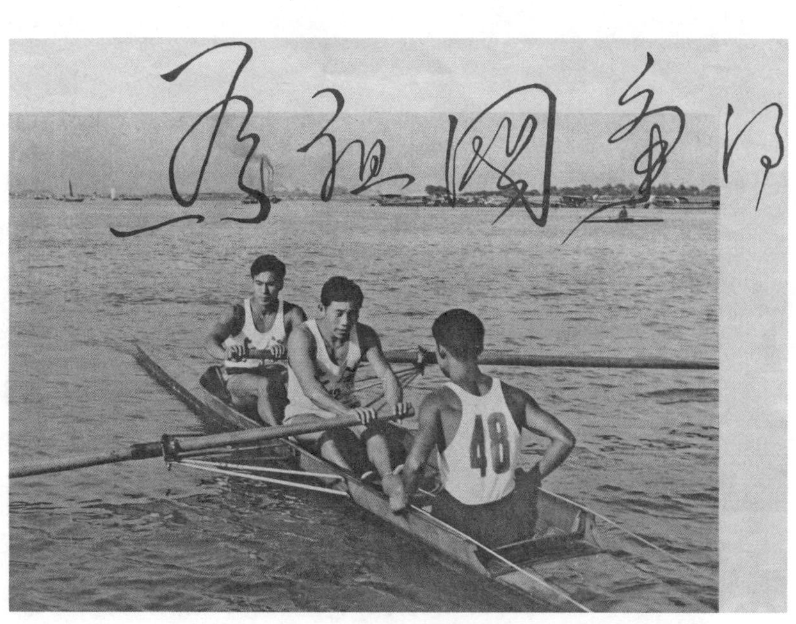

20 世纪 50 年代交大划船队

① 《上海交通大学纪事(1896—2005)》(上卷)，第 502 页。

② 《上海交通大学纪事(1896—2005)》(上卷)，第 510 页。

金质奖章1枚,同时荣获国家体委颁发的“破全国纪录”奖章1枚。[①]

1958年12月19日在航模等级运动员测验中,交大学生交大航模队运动员罗启富以879分的成绩超过了850分的国家运动健将标准,同时超过当年国际比赛冠军苏联沙可洛夫867.5分的成绩。1959年5月在上海市运动会航海模型比赛中,交大学生、船模运动员陈达西、叶立钦放航的电动军舰,以总分35.37分打破前苏联运动员在第二届国际航海模型比赛中创造的34.50分的世界纪录;学生毛立中、徐中一放航的蒸汽商船,以总分37.51分打破了1958年25.22分的全国纪录;学生包树章放航的帆船,以总分37.42分刷新了37.00分的全国纪录;上海市航模运动员、船制系学生王允烈在第九级无线电操纵舰船模型竞赛中获第三名,荣获铜质奖章1枚。为了进一步开展航海模型运动,交大航海模型运动协会于1959年7月30日正式成立。

20世纪50年代航海模型运动

此外,交大举重队、摩托艇队等运动队也都取得优异成绩。如举重队队员王景伦获得1956年上海市运动会举重轻量级第一名,举重队分别获1957年、1958年上海市高校举重比赛团体亚军、冠军。1959年1月7日,市摩托艇队在青浦举行5 000米环圈比赛,交大在市摩托艇队集训的7名男女摩托艇运动员中有4人打破1958年全国最高纪录,加上此前在1月3日比赛中破全国纪录的1人,共有5人打破全国纪录。

这一时期在群众性体育活动的基础上,学校各类体育运动项目都得到发展,涌现出一批优秀的学生运动员,他们广泛参与各种体育赛事并取得优秀成绩,如1956年上海市举行第一届大学生运动会,交大有69名运动员参加,项目包括男子撑竿跳、铁饼、手榴弹、100米、800米、3 000米、400米中栏、400米接力、1 600米

① 《上海交通大学纪事(1896—2005)》(上卷),第512页。

接力、女子80米低栏、体操、举重等，其中10个项目打破了学校最高纪录，3个项目获得冠军。运动会后，获得优胜成绩的交大运动员中，有17人被选拔参加上海市大学生田径、体操、举重代表队。1959年的全国运动会中交大共有10多名运动员代表上海市参加，并在5个项目的比赛中荣获8枚奖章，其中金质奖章3枚、铜质奖章4枚、破全国纪录奖章1枚。

三、文化艺术社团

新中国成立后，交通大学学生文化艺术活动开展得丰富多彩，范围涵盖文化、公益服务、社会宣传等多方面，如歌咏、舞蹈、话剧、戏剧、音乐欣赏、音乐演奏、文学创作等。学生文化艺术类社团大约有20多个，由校学生会负责管理，学生们按自己喜爱和特长自愿参加。主要学生社团有黑板报组、通联组、通讯组、文艺组、墙报组、剪报组、广播组、美术组、摄影组、歌咏团、舞蹈社、剧团、国乐社、京剧社、口琴社、管乐队、钢琴组、提琴组、音乐欣赏组、健力社、电联社、航空模型研制会、轮机月刊社等。

黑板报组成立于1949年11月，报道学校动态、学生生活和班级社团活动情况。各系学生会也办有黑板报。黑板报每天出刊，都吸引大批学生前来阅读，成为那个时代校园生活主要的、贴近学生的文化阵地之一。

通联组成立于1950年初，主要联系各班通讯员，了解各班情况，发掘新闻线索，组织宣传稿件以及培养通讯员成为宣传部门的骨干。

广播组原为通联组的一部分。在抗美援朝和参军、参干运动时，学校增配了新的广播设备并吸收了大批学生，成为一个单独社团。广播组的工作主要是在学生用餐时进行广播宣传，内容有时事新闻、校内动态，以及围绕当时中心工作的短评、小故事、诗歌朗诵、快板等，节目生动活泼。尤其是在学生晚餐时，经常有歌咏团、国乐社、剧团、口琴社的节目播出，使整个校园充满浓浓的文化氛围和愉快美好的生活气息。学生常用筷子敲打着饭碗，和着广播中的节拍，摆动着身体；当播出相声时，更有学生一面大笑一面聚挤到播音室的窗口，张望寻找是谁在说相声，气氛十分轻松和谐。

墙报组成立于1951年初，以墙报形式配合黑板报、广播组等社团进行宣传，介绍典型事件，有纪念节日特刊和问答专栏等，比黑板报、广播更深入、全面。在解放初的参军、参干运动中，墙报组曾将同学参干的情形及如何做好家庭工作等典型事例详加报道，推动了当时的运动。

剪报组成立于1950年，主要是结合形势和学校有关工作，从报纸和杂志上收集资料，然后加以整理，并撰写归纳性文字将它们编辑在一起，分类保存，供以后研究之用。

文艺组成立于1951年3月，每月出版一期《民主广场》，刊登文艺性作品，如小小说、文学讨论、书刊评论、特写等;配合其他社团开展文学理论与文学作品的讨论,有时还请文学艺术方面的知名人士来校作报告或指导创作。

美术组则为集会、游行、墙报、专栏等撰写和制作横幅、标语口号、广告、漫画、连环画等。1951 年"五一节"前后,美术组制作 60 多条横幅、20 多幅巨型漫画和领袖像。

摄影组成立于 1951 年元旦,为抗美援朝,参军、参干,五一、国庆大游行,志愿军代表来访,运动会,科普展览,国际学联代表和著名人物莅校参观等活动,以及学校教学、科研、学生学习生活拍摄了许多历史照片。摄影组还举办各类图片展览,为同学冲印照片等。

通讯组经常把学校情况反映给报社、电台,宣传,介绍学校工作的经验。如水利系和土木系四年级学生参加治淮时,通讯组就及时将情况反映给社会新闻媒体。抗美援朝中,通讯组将交大学生踊跃报名参军、保家卫国的动人事迹通过校刊、电台作了报道,成为社会了解交大的一个窗口。

交大学生素有举办文化艺术活动的传统,如舞蹈,20 世纪 40 年代在沪上就很有影响。上海解放之初,学校秧歌队经常下厂演出。在庆祝中华人民共和国成立时,上海举行了一次水上大游行,交大秧歌队被邀请到领队船"毛泽东号"上表演,受到岸上成千上万观众的欢呼赞誉。当船靠岸时,人们欢呼不绝,有码头工人说,原来以为交大的学生都是老夫子,想不到他们的秧歌舞跳得这样精彩。

1949 年 11 月,秧歌队经扩充改为舞蹈社,吸收了 200 多名学生参加。舞蹈社下分设边疆舞、腰鼓队等若干小组,经常进行排练。1950 年 4 月 8 日新中国成立后第一个校庆日,舞蹈社在全校举行了一次"大家跳"活动,受到广大学生的欢迎。之后,"大家跳"便成为交大校园里的一道亮丽风景线。1950 年国庆大游行队伍在淮海路停留了五六个小时,交大的游行队伍便围起一个圆圈跳起了"圆圈舞""邀请舞"等。在抗美援朝和参军、参干运动中,舞蹈社的同学配合形势需要,创作了《美国有啥好》《战斗向前》等节目。

合唱活动在解放战争时期的民主爱国学生运动中发挥过巨大作用。解放后,学校在原来的基础上成立了歌咏团。1951 年有团员 200 多人,在当时全市的学生歌咏团中是人数最多的。举凡校庆、节日、各种运动及接待、慰问等活动都有学校歌咏团的身影。他们还经常赴工厂或其他学校演出。1951 年,在欢迎国际学联代表来访的大会上,全校 2 000 多名师生演唱了《国际学生联合会会歌》。这一年还举行了一次歌咏比赛,全校各系及党、团、学生会、工会等部门都有歌队参赛,会上演出了千名师生员工参加的冼星海作曲的《黄河大合唱》,气势磅礴,唱出了师生们的爱国主义热情。

解放前学校就有国乐社，致力于中国民族音乐的传承。新中国成立后学校国乐社经常到工厂、学校进行演出，曾有半年内达四五十次之多，多时每天有两三场演出。国乐社还聘请知名的专业人士进行指导。

交大剧团获奖节目:《群众路线》

京剧社成立于1950年5月，初为学生社团，后扩展成为包括教师、职工的全校性文艺组织。京剧社聘请有艺术水平的票友指导，也对外演出，1956年排演过《拾玉镯》。1959年京剧社扩大成为交大剧团，以教工为主，排演《失街亭》《空城计》《斩马谡》等传统京剧折子戏，还和上海京剧院联袂演出过《龙凤呈祥》等大型京剧。

1950年，校工会决定成立交大管乐队，聘请专业人士进行指导，配备各种乐器30余件，成为当时上海高校中乐器配备最完善的管乐队之一。在1951年学校举行的新中国成立后的第一次运动会开幕式上，管乐队的演出受到大家欢迎。1955年大连工学院造船系并入交大，该校中不少爱好音乐的学生加入管乐队，其力量大大加强。

音乐欣赏组成立于新中国成立后，为功课繁忙不能经常去听音乐会的学生提供音乐享受，提高他们的音乐修养。音乐欣赏组每星期举办两次唱片音乐会，中午一般放轻音乐，间或放些古典音乐和当时苏联民间音乐；晚上主要放古典音乐以及当代音乐作品，如《白毛女》等，放音乐的同时还介绍作品背景、内容分析、艺术鉴赏等方面的知识。

交大剧团前身为学生社团“愚公社”，新中国成立后改名交大剧团，设编导、演出、总务、广播、技术、文体6个组，在演出时，还专门成立演出委员会，由舞台监督领导。

交大校级文艺社团的活动大大推动了群众性文化艺术活动的蓬勃开

展。当时除校一级文娱社团有计划有组织的演出外,各系和班级也都开展了“大家唱”“大家跳”以及其他文化娱乐活动。每天晚饭后,草坪俱乐部开放,数百名学生在清凉的晚风中,在如茵的草地上放声歌唱,或翩翩起舞,或进行各种棋类或桥牌的对弈。每逢周末,学校都要放映电影或举行交谊舞会或演出晚会。校园充满愉悦欢快和精神奋发的氛围。

新中国刚刚成立,为巩固新生的红色政权,先后开展了肃反、土改、抗美援朝以及增产节约等运动。交大校园文化娱乐活动无论是有组织的社团活动,还是自发的群众性行为,都紧密结合和配合了这些运动,对党和国家的方针政策起到了很好的宣传鼓动作用,大大地激发了广大师生的爱国热情和报国之志,体现了鲜明的时代特点。

20 世纪 50 年代中、后期是交大的学生文化娱乐活动的繁荣时期。除了上述校级文娱社团外,1955 年以后,各班纷纷成立文化娱乐活动小组,其中二、三、四年级大约有 300 多个文化娱乐活动小组,有 2 500 余人参加舞蹈、国乐、话剧、唱歌等活动。另有“周末活动小组”。每学期学校都要举行校、系文艺汇演。

交大学生文化娱乐活动繁荣的另一表现是各种社团走出校园,举行社会性的公演和晚会。规模较大的如 1954 年 2 月在交大举办的上海市高校文娱晚会,1956 年关于“五年计划”的文艺创作竞赛,1957 年在宝北乡举行的综合演出,以及 1959 年在上海县梅陇公社进行的宣传演出活动等。

交大各艺术团体在整个校园文化娱乐活动中扮演了重要角色。1955 年 3 月,交大艺术团体组成文工团,下辖话剧、京剧、舞蹈、歌咏、国乐、管弦乐、口琴等队,有 400 余人。交大文工团每逢节假日均有演出,还经常到上钢三厂、戚墅堰机车制造厂、上海船舶修造厂、宝北乡、梅陇乡等工厂、乡镇访问宣传、慰问演出,对推动校园文化娱乐活动走向社会、服务民众发挥了积极作用。

1956 年,为了庆祝交大建校 60 周年,文工团话剧队创作并排演了以交大地下党组织的学生运动为背景的三幕话剧《战斗中成长》,叙述交大学生和反动派进行斗争并不断成长的故事。话剧队在剧本创作时,曾专门邀请交大地下党员座谈讨论,对剧本提出修改意见,并邀请上海人民艺术剧院的陈恭敏担任导演。该剧 1956 年演出后,获全市中等以上学校文艺汇演的优秀创作奖及优秀演出奖,剧本还被当时公开出版的《文娱说唱》刊用,上海文化出版社后来又出版了该剧的单行本。1956—1957 年交大迁校期间,在学校组织的“向上海人民告别”的活动中,交大文工团为上海市各界人民和各高校连续演出《战斗中成长》50 余场,在上海人民中留下深刻印象。

1957年，新一届学生会对社团进行整合，将这一时期学校所有的社团，如话剧团、合唱团、弦乐团、铜管乐团、曲艺、手风琴、舞蹈等都统一于文工团属下，有团员200多人，其中合唱队约三四十人，舞蹈队有二三十人，其他分布在曲艺、话剧及各种乐团和相关部门内。1957年，文工团的话剧团先后演过独幕剧和大型剧的片段，包括《秋海棠》等剧目。

文工团的发展得到学校的支持。1958年"大跃进"时文工团一度改名"火箭艺术团"，学校拨发了经费，扩充了队伍，添置了乐器，聘请了上海人民艺术剧院、上海乐团及上海电影演员剧团的著名演员和专家担任指导。团员们边学习，边排练，边演出。

1958年交大艺术团演出《大学的早晨》的上海艺术剧场

1958年，艺术团创作并排演了8场话剧《大学的早晨》，在上海著名的兰心剧院（上海艺术剧场）举行公演，连演5场，上海市副市长刘述周等有关领导观看了演出并接见了演员。《解放日报》《文汇报》等媒体都作了报道。当时正在召开上海市人民代表大会，交大歌舞团在友谊剧场为代表演出歌舞。

1959年5月23—24日，交大艺术团再次在兰心剧院向上海市各界人民汇报演出8场话剧《大学的早晨》，同时还在上海歌剧院小剧场演出音乐舞蹈，招待市、区党政负责人、各兄弟院校领导及师生代表、各有关工厂企业的负责人、工人、挂钩的中等学校负责人以及市郊各人民公社负责人和农民共5 000多人。6月初，《大学的早晨》在

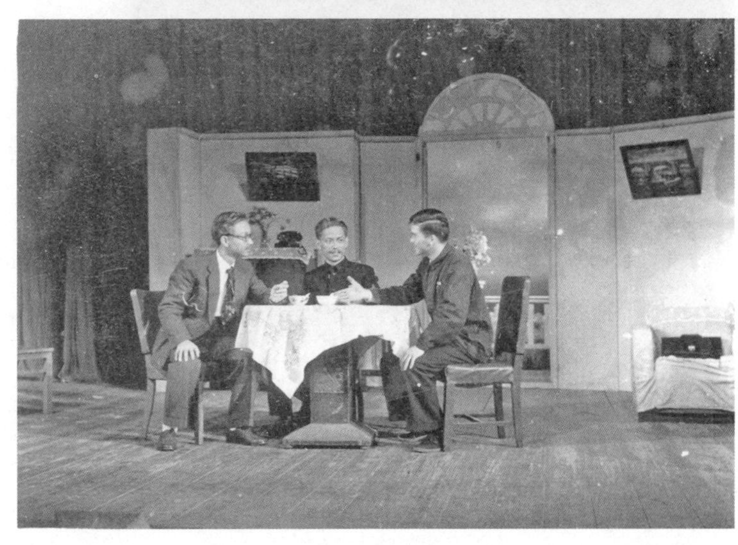

《大学的早晨》剧照

儿童艺术剧场再度公演。

1959年11月,上海市举行群众文艺会演。全市共有266个节目参演,其中交大艺术团参加会演的10个节目全部获奖。

交大的文化娱乐活动还包括接待外国著名文化团体等来校演出。如1958年5月,苏联国家大剧院男高音歌唱家阿·奥尔菲诺夫及苏联新西伯利亚芭蕾舞团都曾到校演出。国内兄弟院校也有来校演出,如1959年4—5月,清华大学文工团到校演出等。

蓬勃的校园文化娱乐活动,展现了20世纪50年代交大学子奋发有为和积极向上的精神风貌。

第七章
党政建设与民主党派、群众团体

第一节　党的建设

一、党委会的建立和调整

1951年底，中共中央华东局从华东局党校、华东人民革命大学等抽调100多名干部到交大工作。1952年2月，中共徐汇区委根据市委组织部决定通知中共交通大学总支委员会：交大建立党委会，以华东局党校原副校长李培南为党委书记，原华东革大部主任万钧、原交大总支书记祖振铨为党委副书记。2月23日召开党委会成立大会，李培南讲了话。李培南说，今后学校由党委领导，重大问题必须由党委讨论决定。党委委员有11人：李培南、万钧、祖振铨、孟庆隆、凌雨轩、朱国筠(女)、朱晓初、宗慎元、李根深、陈向明、史维祥。1953年1月，中共上海市委高等学校党工作委员会通知交大，经中共中央华东局组织部批准，同意以彭康任交通大学党委书记，彭康未到任前由李培南代理书记，学校党委的上级领导由区委改为直属上海市委领导。

1955年1月28、29日，交通大学首届党员大会召开。会议的中心是贯彻华东高等学校政治工作座谈会精神，明确高等学校党委会为基层委员会性质，对行政工作起保证监督作用，并确定学校工作的总方针是“面向教学、面向学生”；选举新的党委会。出席大会的党员有428名，其中正式党员266名，候补党员162名，占全校党员总数499名的85.7%。

会上，党委书记彭康代表党委会传达了华东高等学校政治工作座谈会的精神，作了《中共交通大学首届党员大会的报告》，并选举了新的党委会。中共上海市委学校工作部副部长舒文到会讲话。彭康作了大会总结。

关于学校党组织的性质与任务，彭康在报告中指出：根据华东高等学校政治工作座谈会的精神，现在党委不是领导行政，学校也如工厂一样实行一长制，由校长负责，党委是保证和监督行政的工作。

彭康详述了学校党委会的任务，指出基层党委组织的任务：①在群众中进行宣传与组织工作，以贯彻党的决议、计划，保证上级党委指示贯彻执行。做好教学改革工作。②进行马列主义的宣传教育，协助行政领导教师学生的政治理论学习。③经常了解师生员工的政治思想情况，反映给上级，解决思想问题，同时关心他们生活上与文化上的需要。④做好党的组织、宣传、保卫工作。⑤领导学校青年团、工会等工作。⑥做好统战工作，从政治思想上帮助学校民主党派开展工作。

彭康强调：

> 学校实行校长负责制与集体领导相结合，不是校长独断独行。要重视形成党的领导核心，学校的重大问题要取得领导核心思想上的一致，党员校长或副校长要善于与党外行政负责人合作，团结他们、善于与他们商量。要改善支部与党委工作并发挥积极作用。学校的一年工作计划、工作总结、科以上干部任命、奖惩等重大问题，必须由校长提交党委会讨论决定。对一些重大措施，校长要接受党委意见，支持正确意见。党委一方面要积极支持行政并且保证校长负责制的实行，另一方面主动地对行政提出批评和建议。党委要监督校长的工作，学校专职党委书记应参加学校校务委员会。党委会上如有争论，由校长作最后决定，党委则把问题汇报上级党委裁决。[①]

1月29日，首届党员大会一致通过大会决议：①学校总的工作方针是面向教学、面向学生。党的政治工作必须与教学工作密切结合起来。党组织要根据教学工作的各项重要措施及其进程中的每个主要环节，积极进行思想政治工作。②进一步贯彻党对知识分子团结教育改造的政策，从政治上、工作上及生活上关心他们，充分调动全体教师为国家培养社会主义建设人才的积极性。③加强对学生共产主义品德的思想教育，加强学生的劳动观念及集

① 上交档：永-99。

体主义、爱国主义与国际主义相结合的教育，克服资本主义思想影响，提高社会主义觉悟。④改善领导作风与工作方法。加强对工会、青年团、民主党派、学生会的领导，充分发挥其组织作用。加强党与群众的联系，关心群众的要求，发扬群众的积极性。⑤加强党的团结，进一步贯彻中共七届四中全会决议的精神，发扬民主，健全党内民主生活，定期召开党员大会（或党员代表大会）和支部大会，发扬批评与自我批评，特别是自下而上的批评。加强党内教育，加强党员的党性锻炼。按照积极慎重的建党方针，发展党的组织，壮大党的力量。

党员大会选出新的党委会委员13人，并于4月19日经中共上海市委学校工作部批准。彭康、万钧、林星、邓旭初、祖振铨、傅赤先、杨文、刘怀庆、张光明、潘季、李德元、吴镇东、周淑玉为党委委员，彭康任第一书记，万钧任第二书记。常委会由彭康、万钧、林星、邓旭初、祖振铨、傅赤先、杨文7人组成。同年11月，上海市委批准增补史维祥为党委委员。

1956年1月，中共中央召开关于知识分子问题的会议。周恩来代表党中央作了《关于知识分子问题的报告》。2月24日，中共中央发出《关于知识分子

1955年首届党员大会

问题的指示》。交通大学第二届党员大会于 1956 年 3 月 24 日举行。党委第一书记彭康在大会上传达了中共中央《关于知识分子问题的指示》,并代表上届党委作了《一年来党的工作总结和今后任务》的报告。[①] 党委第二书记万钧代表党委在会上发言,着重检查在执行知识分子政策中存在的问题。彭康在报告中提出今后一年的工作任务是:①加强党的思想领导,包括在各个教学环节中认真进行政治思想工作,逐步开展学术思想批判;在全体人员中进行教育,进一步加强为教学服务的思想,从各方面保证教学工作顺利进行;对学生继续进行"三好"的教育,提高学习质量;密切党和行政之间的联系,发挥工会、青年团等各个组织的积极配合作用,做好教学工作。②进一步贯彻知识分子政策,组织全体人员学习中央关于知识分子问题的指示,切实保证中央关于知识分子问题指示的各项具体措施的实施。加强党、党员特别是党员负责同志和教师的联系;确保教师有 5/6 的时间从事业务进修和科学研究工作。努力改善教师的生活条件,从各方面帮助教师提高政治思想觉悟;加强党与非党干部的培养教育,办好文化学校,提高干部的文化水平,使每个干部对提高文化有自己的奋斗目标。特别注意新生力量的培养和有计划的提拔,以加强和充实各级党的组织。③完成肃反和审干工作。④积极发展党员,壮大党的组织,要求 1955 年上半年能在各教研组中都有党员教师,在每个班中都有党员学生。1956 年下半年先在半数教研组成立党支部,发展党员 3 名以上,下学期计划发展党员 321 名。⑤完成学校迁往西安和院系调整任务。⑥加强党委的集体领导,转变领导作风。

中共上海市委学校工作部副部长李向群出席大会并讲话。会议选举 17 人为新的党委委员。4 月 12 日,市委学校工作部批复同意新的党委会成员:彭康为党委书记,邓旭初为副书记;常委为彭康、邓旭初、苏庄、林星、杨文、祖振铨、吴镇东;委员为彭康、邓旭初、苏庄、林星、杨文、祖振铨、吴镇东、陶钟、徐士民、宗慎元、潘季、于晶莹、胡保生、任梦林、曹鸿谟、王宣、陈文健。

1956 年 7 月 21 日,在西安成立交大党委分党委。分党委会受中共西安市委和校党委双重领导。经学校党委提名,中共西安市委批准,分党委会委员 13 人:苏庄、杨文、王宣、陈文健、任梦林、曹鸿谟、于晶莹、邹理生、郑祖光、罗晋生、王龙泗、刘继宏、刘德成;苏庄任书记,杨文任副书记;苏庄、杨文、王宣、陈文健、任梦林、曹鸿谟、于晶莹为分党委会常委。

1957 年,交大分设两地后,上海部分与上海造船学院、南洋工学院(筹)合并,交大西安部分与上海部分组成两个互不隶属的党委会。

交大(上海部分)于 1957 年 10 月 22 日经中共上海市委批准,同意上海造船学院、南洋

---

① 上交档:永-123。

工学院(筹)并入交通大学后成立临时党委会,由彭康、邓旭初、吴树琴、范祖德、蔡西峰、胡世基、胡辛人、胡也、王芳荆、王耐辛、雷凤桐、胡保生、汪应洛等 13 人组成,彭康任书记,胡辛人任副书记。

1958 年 2 月 22—28 日,交通大学(上海部分)召开党员大会预备会议。3 月 5 日—4 月 9 日举行正式会议,彭康代表交大(上海部分)临时党委会作题为《鼓足干劲,订出规划,贯彻勤工俭学方针,使我们学校的工作在各方面都来一个大跃进》的报告。报告提出要解决高等教育为谁服务、培养什么人、政治与业务结合、红专关系、理论联系实际、个人与集体关系、知识分子与工农结合等问题,并总结了一年来迁校、并校、整风运动、反右派斗争等主要工作,还提出学校党组织今后的任务。大会以整风精神,批评了党内一些不良倾向和歪风邪气,增强了党的团结。大会还讨论了上海部分五年规划,一致通过决议,选举了上海部分新的党委会。彭康任党委书记,胡辛人、邓旭初任党委副书记,党委委员 25 位:彭康、胡辛人、邓旭初、吴树琴、朱士亮、胡也、雷凤桐、于邦卿、于骏民、王芳荆、王善庆、朱万俊、陈浩、汪蓁子、李士敏、肖凯仪、范祖德、孟树模、岳清林、胡世基、柴之清、徐纪良、许海涛、张寿、张传铭,常委委员为彭康、胡辛人、邓旭初、吴树琴、朱士亮、胡也、雷凤桐。中共上海市委教卫部 6 月 21 日批复,同意新的党委会人选。1959 年 2 月,市委教卫部批准苏宁任党委常委。

1959 年 2 月,《交通大学(上海部分)校务委员会组织简则》规定"学校体制必须根据中央'在一切高等学校中,应当实行学校党委领导下的校务委员会负责制'"。[①]

二、党组织发展[②]

1949 年 5 月上海解放时,全校中共党员 195 人,其中学生党员 191 人、职员党员 3 人、工人党员 1 人。解放后,各方面陆续从学校抽调党员,又因毕业、参军等原因,到 1951 年下半年,学校党员只有 86 人。中共中央华东局于 1951 年下半年到 1952 年初,调来干部 100 余人后,党员人数增加。之后又在教师和学生中不断发展新党员,到 1952 年的 12 月,全校中共党员已达到 226 人。

1953 年,因院系调整和学生毕业,党员调离较多。学校党委加强建党工作,积极开展党员发展工作,按照党员基本条件培养积极分子。1953 年发展新党员 50 人,到 12 月,全校共有党员 168 人,其中教师党员 27 人、职员党员 65 人、工人党员 9 人,学生党员 67 人;建立支部 11 个。

---

① 《上海交通大学纪事(1896—2005)》(上卷),第 506 页。

② 本目内容曾参阅《交通大学校史》。文中党员数按《中国共产党上海交通大学组织史资料》(以下简称《组织史资料》)和《上海交通大学纪事(1896—2005)》(上卷)两书作了校正。

1954年至1955年1月,全校党员人数达到497人,其中学生党员199人,占全校学生总数的4%。

1955年1月,首届党员大会明确学校一切工作必须贯彻“面向教学,面向学生”的方针,党的组织建设必须与教学工作密切结合,培养积极分子必须结合学生的学习,从学习生活中考察、教育他们。党、团员在学习中起模范带头作用,他们的学习成绩普遍要高于全班总平均成绩,从而使党在群众中的影响进一步提高,组织也得到发展。此时,全校成立了7个党总支、36个学生党支部和临时支部、11个职工支部。党支部既抓建党工作,又做师生员工的思想工作,发挥党员在工作、学习上的模范作用。1955年2月—1956年2月,全校共吸收新党员212人,其中新发展学生党员169人,全校学生党员达311人,占学生总数的5%。

1956年第二届党员大会时,全校已成立9个党总支、50个党支部,共有党员552人,其中正式党员340人、候补党员212人。大会传达了中央关于知识分子问题的指示,在建党工作方面,检查了发展知识分子党员的右倾保守和宗派主义倾向。根据中央和市委的要求,分别制定了《教师(特别是高级知识分子)建党计划》和《学生建党计划》,使学校党的基层组织的工作更加规范,建党工作也有较大的发展。到1956年9月25日,全校共发展新党员312人,其中教授10人、讲师15人、助教研究生32人、职员29人、工人17人、学生209人,学生党员占学生总数的8%,毕业班的党员占全部毕业生人数的12%。[①]

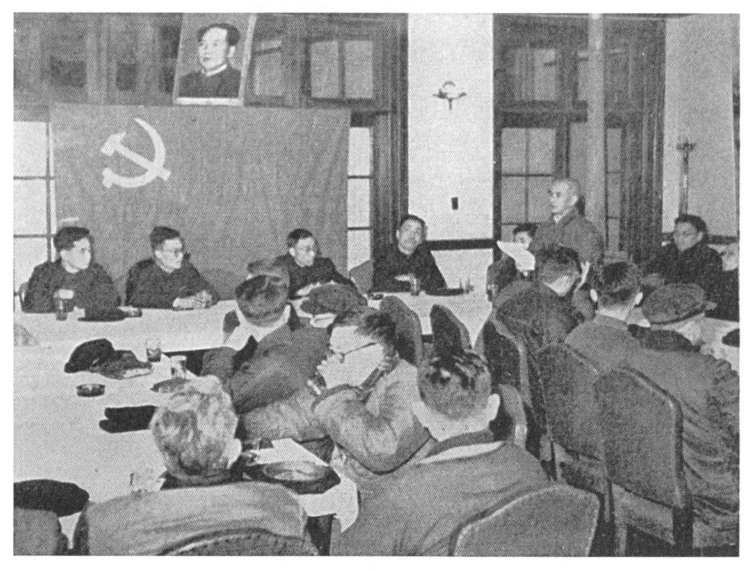
1956年动力机械系教师党支部讨论朱麟五教授入党

1957年到1958年底,由于交大分设西安、上海,上海造船学院和南洋工学

① 《上海交通大学纪事(1896—2005)》(上卷),第474页。

院(筹)并入交大(上海部分),党员人数又有增加,交通大学(上海部分)党员 872 人。1959 年底,上海交通大学有党员 990 人。

1949—1959 年交大中共党员概况见表 7 - 1。

表 7 - 1　1949—1959 年中共党员概况[①]

年份	党员人数		文化程度						职业分布						年龄				
	总数	其中女性	大学	中专	高中	初中	高小	文盲	各类专业技术人员	教学	管理干部	工勤人员	学生	其它	18—25 岁	26—35 岁	36—55 岁	56—60 岁	61 岁以上
1949	111	11	110				1				3	1	107		110				
1950	104	11	103				1					1	103						
1952	226	53	62		30	23	91			20	65	6	115		139	65	2		
1953	168	33	103		4	20	41			27	65	9	67		94	71	3		
1954	452	94	244		64	144				83	30	18	321		322	127	3		
1955	497	105	263		67	104	59	4		31	112	19	335		342	150	5		
1956	458	151	364		36	27	30	1		152	92	18	196		297	153	8		
1957	660	48	490		52	79	39			147	200	20	293		324	326	9		1
1958	872	133	651		82	107	32			142	201	35	494		327	536	8		1
1959	990	145	753		92	100	45			200	239	56	495		339	640	11		

三、出席全国党代会代表及市党代会代表

1956 年 9 月,中国共产党第八次全国代表大会在北京召开,彭康当选为八大代表。

1956 年 7 月,彭康、邓旭初、孟树模、王善庆当选为中共上海市第一届党代会代表,其中孟树模、王善庆由徐汇区委选出,在市党代会召开前调到交大工作。

1958 年 12 月,彭康当选为中共上海市第二届党代会代表。

① 摘自《组织史资料》,其中 1958、1959 两年的党员数系交通大学(上海部分)的党员数。

第二节 校系行政和党务机构的调整

一、校长和校务委员会

1949年5月上海解放时,国立交通大学校长为王之卓。1949年7月29日,中国人民解放军上海市军事管制委员会主任陈毅、副主任粟裕发布接管交大命令。文中写道:"原有负责人克日办理移交,并将交接情况具报。"

8月16日,校务委员会在容闳堂举行第四次会议,通过了《国立交通大学校务委员会组织章程》,章程第一章规定:国立交通大学校务委员会"依据上海市军事管制委员会命令组织之",为学校"最高权力机构"。校务委员会的职权是:"(1)关于全校校务之策划与执行;(2)关于本校行政系统编制之订定;(3)关于全校人事之聘任、委派及考核;(4)关于全校经费之预算、分配及审核;(5)关于本校教务策划与推进;(6)关于本校师生员工福利事项之举办。"校务委员会设常务委员会(简称校常务会)作为常设机构,负责执行校务委员会决议的一切事项,并处理学校的经常校务。

1952年9月23日,中央政府任命彭康为交通大学校长,在彭康未归国到校前,由李培南代理校长职务;同时任命陈石英为副校长。之后几年任命为交大副校长的有苏庄(1955年11月任)、程孝刚(1958年3月任)、陈大燮(1958年3月任)、田鸿宾(1958年3月任)。

1953年10月10日,学校根据中央教育部对校务委员会的规定,决定成立新的校务委员会,由24人组成。校务委员会以彭康为主席、陈石英为副主席。委员为陈大燮、朱物华、黄席椿、万钧、任梦林、周志宏、庄礼庭、程孝刚、楼鸿棣、沈三多、张景贤、钟兆琳、程福秀、朱麟五、严晙、周玉坤、李永庆、赵富鑫,以及学生代表毛傅庸、刘大恺,工会所选代表2人。《高等学校暂行规程》规定"大学及专门学院在校(院)长领导下设校务委员会",校长为当然主席。这样,校务委员会不再是学校的最高权力机构。校务委员会的职责改变为审查各系及各教研组的教学计划、研究计划及工作报告;通过学校的预算和决算;议决有关学校重大改革事项;议决有关奖惩重大事项。

1955年1月,交通大学召开首届党员代表大会,党委书记兼校长彭康传达华东高等学校政治工作会议精神:"这次会议精神明确,党委性质改变了,不是领导行政,而是保证行政。学校也如工厂一样实行一长制,由校长负责,党委是保证行政,这是一个转变。……党委一方面要积极支持行政且保证校长负责制的实行,同时要主动地对行政提出批评和建议,党委可以监督校长的工作。”[①]

1956 年 9 月，中共第八次全国代表大会通过的党章第 51 条规定：“学校和部队中的党的基层组织，应当领导和监督本单位的行政机构和群众组织积极地实现上级党组织和上级国家机关的决议，不断改进本单位的工作。”[②]

1958 年 9 月 19 日，中共中央、国务院发布《关于教育工作的指示》，规定：“一切教育行政机关和一切学校，应该受党委的领导。……在一切高等学校中，应该实行学校党委领导下的校务委员会负责制。”[③]根据这一指示，1959 年 2 月 25 日至 3 月 12 日，交通大学（上海部分）召开了交通大学（上海部分）、南洋工学院（筹）、上海造船学院三校合并后的第一次校务委员会会议，通过了《交通大学（上海部分）校务委员会组织简则》，规定“学校体制必须根据中央在一切高等学校中，应当实行学校党委领导下的校务委员会负责制”，新的校务委员会主席团成员为彭康、陈石英、程孝刚、邓旭初、苏宁、周志宏、胡辛人、杨櫆、薛绍清；委员共 38 人：彭康、陈石英、程孝刚、邓旭初、王公衡、王诚豪、刘桂祥、张传铭、朱士亮、李永庆、李铭慰、李泰云、吴镇、吴树琴（女）、辛一行、沈诚、苏宁、周志宏、周志诚、金悫、范恂如、胡辛人、胡世基、姜圣文、孙璧媃（女）、徐纪良、马捷、许应期、许海涛、程福秀、葛衢康、杨櫆、杨代盛、裘益钟、蒋公惠、潘新之、薛绍清、钱君洪（女）。

校务委员会设常委。校长为校务委员会、校常委会主席，主持会议；校务委员会会议每学期举行 2—3 次。

二、党委和校行政机构及其负责人[④]

（一）党委工作机构及负责人

1952 年 2 月学校成立校党委，但未设立工作机构。1952 年 9 月成立政治辅导处，它是学校党委办事机构，同时又是行政组织的一部分，在党委和校长双重领导下工作。1952 年 9 月万钧任政治辅导处主任。

政治辅导处下设组织、宣传、青年三个科。组织科科长先后为朱国筠、杨文，副科长为沈洁、程润田。宣传科科长先后为傅赤先、凌雨轩（兼）、陈文健，副科长为周淑玉。青年科科长为祖振铨，副科长为沈友益。青年科于 1953 年撤销。

---

① 上交档：永-99。

② 《中国共产党第八次全国代表大会文件》，人民出版社 1956 年版，第 114 页。

③ 《人民日报》1958 年 9 月 20 日。

④ 本目内容根据《中国共产党上海交通大学组织史资料》(1949. 5—1995. 12)编写。

1955年政治辅导处撤销后,党委机构设办公室、组织部、宣传部。办公室主任杨文、副主任沈晓明,党委组织部长王宣、副部长汪蓁子,党委宣传部长陈文健、副部长周淑玉。1956年夏,陈文健去西安,范祖德任宣传部长。1956年10月成立党委统战部,周淑玉调任副部长。

1959年7月,上海、西安两部分独立为两所大学,上海交大党委机构设置和干部作了调整,周淑玉改任办公室副主任,汪蓁子任组织部长,耿亮、王宏禄先后任副部长,范祖德任宣传部长。

(二) 行政机构及负责人

1949年5月至1957年9月,交大(上海部分)、上海造船学院、南洋工学院(筹)三校合并前,学校行政机构及负责人详见表7-2。

表7-2 1949年5月—1957年9月学校行政工作机构及负责人

职务 单位	正职	副职	备注
教务长	曹鹤荪(1949.5在职) 陈大燮(1949.7兼任)	朱物华(1952.11任) 黄席椿(1952.11任) 黄辛白(1952.11任) 张　鸿(1955.8任) 杨　槱(1955.12任)	
秘书处 (秘书长)	王龙甫(1949.7兼任)		1953.4撤销
总务长	任梦林(1952.11任)		
校长办公室 (主任)	傅赤先(1953.4任) 邓旭初(1954.4任)	孟庆隆(1953.4任)	
人事处(处长)	孟庆隆(1954.9任代处长) 林星(1954.12任)	孟庆隆(1954.12任) 邹理生(1956.4任) 王敏颐(1956.4任) 沈洁(1956.4任)	
教务处 (秘书主任)	祖振铨(1954.9任,1956.5副处长)		
总务处(处长)		刘桂祥(1956.4任) 于珍甫(1957.1任代理副处长)	
基建处(处长)	任梦林(1957.1兼任)	王则茂(1957.1任代理副处长)	
图书馆(馆长)	朱物华(1952.11兼任)	瞿渭(1954.9任)	
一年级办公室 (主任)	赵富鑫(1953.10任)		

从1957年9月三校合并,到1959年交通大学(上海部分)这一期间,学校行政机构和负

责人又有变动。1957 年 8 月 28 日，三校联合委员会召开扩大会议，确定各处室任职名单，当时有些负责人兼上海和西安两个部分工作。1959 年 7 月两校独立分设后，部分人员明确在西安工作。详见表 7－3。

表 7－3　交大分设两地后上海部分 1957—1959 年行政处室及负责人

部门＼职务	正职	副职	备注
教务长		杨槱（1957.8 任）	
校长办公室（主任）	王耐辛（1957.8 任） 苏宁（1959.2 任）		
教务处（秘书主任）	许海涛（1957.8 任） 雷凤桐（1957.8 任） 钱君浩（1957.8 任）		
科学研究部（秘书主任）	李士敏（1957.8 任）		
人事处（处长）	蔡西峰（1957.8 任第二处长）	吴树琴（1957.8 任）	
总务处（处长）		朱士亮（1957.8 任） 刘桂祥（1957.8 任）	
图书馆（馆长）	薛绍清（1957.8 任第一馆长）	翁为（1957.8 任）	
夜校部（主任）	胡世基（1957.8 任）	顾锦城（1957.8 任）	原称“业余大学部”，1959 年改称“夜校部”
生产部（主任）	朱子坚（1958.1 任） 朱士亮（1958.8 任）	钱君浩（1958.1 任）	
一年级办公室（主任）	王芳荆（1957.8 任）		
预科（主任）	钱君洪（1958.9 任）		1958.7 市工农速中归学校领导，更名为交大预科

（三）院、系及负责人

1952 年院系调整前，学院及下属系负责人名单见表 7－4。

表 7-4 1949—1952 年学院、系及负责人

部门 \ 职务	院长、主任	院、系的调整变化
理学院	院　长:周同庆(1949) 裘维裕(1949.7 任) 代院长:张鸿(1951.10 任)	院建制撤销
数学系	主任:张　鸿(1949) 武崇林(1952.3)	系建制撤销
物理系	主任:黄席棠(1949) 赵富鑫(1951.10 任)	系建制撤销
化学系	主任:苏元复(1949)	系建制撤销
工学院	院长:王达时(1949) 朱物华(1949.7 任)	院建制撤销
土木工程系	主任:俞调梅(1949) 杨钦(1949.11)	调整到同济大学
机械工程系	主任:黄叔培(1949) 沈三多(1950.11) 陈大燮(1951.12 兼任)	
电机工程系	主任:钟兆琳(1949)	
航空工程系	主任:王宏基(1949)	调出参加创建南京航空学院
造船工程系	主任:叶在馥(1949) 杨俊生(1950.11) 代主任:王公衡(1952.6 任)	
工业管理工程系	主任:庄智焕(1949) 许应期(1950.11)	调至本校机械系
化学工程系	主任:苏元复(1949)	调出参加创建华东化工学院
水利工程系	主任:徐芝纶(1949)	调出参加创建华东水利学院
纺织工程系	主任:陈维稷(1949) 张方佐(1950.11)	调出参加创建华东纺织工学院
轮机系	主任:王超(1949)	调至本校造船系
电信技术专修科	主任:陈湖(1949)	
管理学院	院长:钟伟成(1949.7)	院建制撤销
运输管理系	主任:黄宗瑜(1949)	调整到北方交通大学
财务管理系	主任:杨荫溥(1949)	调整到上海财经学院
电信管理系	主任:郁秉坚(1949)	1951 年 6 月调至本校电机系
航业管理系	主任:黄慕宗(1949)	1950 年 8 月调出,参加创建吴淞航务学院

1952年院系调整后，学校各系及负责人名单见表7-5、表7-6。

表7-5　1952年10月院系调整后—1957年9月交大分设上海、西安两地前的正副系主任

单位＼职务	主任	副主任	院、系的调整变化
机械系	负责人：周志宏（1952.10） 庄礼庭（1952.10） 主　任：周志宏（1954.12任）	庄礼庭（1954.12任）	后分设两地
动力机械系	负责人：沈三多（1952.10） 张景贤（1952.10） 主　任：沈三多（1954.2任，1954.9免） 朱麟五（1954.9任）	张景贤（1954.12任） 陈学俊（1957.1任） 张洪瀛（1957.9任）	设在西安
运起系	负责人：程孝刚（1952.10） 楼鸿棣（1952.10） 主　任：程孝刚（1954.12任）	楼鸿棣（1954.12任）	设在上海
电工系	负责人：钟兆琳（1952.10） 程福秀（1952.10） 主　任：钟兆琳（1954.12任）	程福秀（1954.12任）	后分设两地
电力系	负责人：朱麟五（1952.10） 严　晙（1952.10） （1954.9免） 主　任：朱麟五（1954.2任，1954.9免） 严　晙（1954.9任）	严　晙（1954.2任，1954.9免） 裘益钟（1957.1任） 蒋大宗（1957.1任）	后分设两地
电讯系	负责人：周玉坤（1952.10） 主　任：周玉坤（1954.12任）		1956年暑假调整至成都电讯工程学院
造船系	负责人：李永庆（1952.10） 主　任：李永庆（1954.12任） （1955.2任）	李铭慰（1955.2任） 林宏铨（1956.6任）	1955年2月大连工学院造船系调入后设上海
无线电系	主　任：黄席椿（1957.9兼任）		设在西安

表7-6 1957年8月交大分设两地后,上海部分正副系主任

职务 单位	主任	副主任	备注
机械系	周志宏(1957.8任) 郑家俊(1958任代主任)	夏安世(1957.8任,1959.5免) 李泰云(1957.8任,1959.5免)	
运起系	程孝刚(1957.8任,1858.3任副校长) 许应期(1958.4任代主任)	楼鸿棣(1957.8任)	
船制系	李永庆(1957.8任)		
船动系	李铭慰(1957.8任)		
电机系	负责人:程福秀(1958.3任,为主负责领导) 孟庆元(1958.3任) 裘益钟(1958.3任)		上海部分1958年3月电工、电力两系合并为电机系
冶金系	周志宏(1958.12)		1958年建立
基础课教堂部	金悫(1958.3任)	许海涛(1958.3任,1959.5免) 唐士伦(1958.12)	1958年3月建立

说明:1957年8月三校合并,联合委员会人事组公布系主任名单,以后个别作调整。

(四)党总支及负责人

1954年6月,交大的系和校部机关设党总支。由于1957年交大分设两地,船院和南工并入交大总支机构和负责人变动频繁。表7-7上一部分总支负责人后在西安工作。

表7-7 1954.6—1959年党总支及负责人

职务 部门	书记	副书记	备注
职工总支	张力生(1954.6) 汪蓁子(1956.4)	陈广文(1956.4)	
党委、人事处总支	梁平(1957.9)		
教务处总支	祖振铨(1956.4) 岳清林(1957.9)		

（续表）

部门＼职务	书记	副书记	备注
总务处总支	朱士亮(1957.9)	魏志贤(1957.9)	
本科一年级总支	刘德成(1956.4) 王芳荆(1957.9)	李根凤(1956.4) 李宏舜(1957.9)	
机关总支	岳清林(1958.8任) 陈广文(1959.5任)	陈广文(1958.8任)	
第一机关总支	岳清林(1958.4任)		1958年4月成立一、二机关总支，1958.8两个总支合并
第二机关总支	朱士亮(1958.4任)		
生产部总支	朱士亮(1958.8任) 程锦耀(1959.5任)	程锦耀(1958.8任) 刘洪福(1959.5任)	后撤销
附中(预科)总支	石汉鼎(1958.9任直属支部书记，1959.4任总支书记)		
机械系总支	陶钟(1956.4) 彭彬(1957.9) 王芳荆(1958.8任) 孟树模(1958.12—1959.4)	潘先觉(1956.4) 葛雪芝(1958.8—1959.4) 魏志贤(1958.12—1959.4) 刘洪福(1958.12)	
电工系总支	程润田(1956.4) 于邦卿(1957.9)	黄士冲(1956.4)	
电力系总支	范祖德(1955.8) 柴之清(1957.9)	郑志航(1956.4)	
电机系总支	柴之清(1958.12—1959.4)	翁双洲(1959.4)	1958年4月由电力、电工两系合并
运起系总支	金慰祖(1956.4) 胡也(1957.9) 朱士亮(1958.12—1959.5) 张传铭(1959.4)	史欣耕(1956.4) 张传铭(1957.9) 朱天俊(1959.4)	1959年11月改为机车系

(续表)

职务 部门	书记	副书记	备注
电讯系总支	蔡祖端(1956.4)	石毓濬(1956.4)	电讯系于1956年暑假并入成都电讯工程学院
动力系总支	李敬轩(1956.4)	周寿林(1956.4)	1957年9月该系全迁交大西安部分
造船系总支	董勋(1956.4)	张永富(1956.4)	1956年7月成立上海造船学院,该系调出
船制系总支	孟树模(1957.9) 沈　洁(1958.12—1959.4)	王少廷(1959.4) 卢积才(1959.4)	1957年7月船院与交大合并,该系调入
船动系总支	王善庆(1957.9,1958.11—1959.5)	周麟祥(1958.11—1959.5)	1957年7月船院与交大合并,该系调入
冶金系总支	于邦卿(1958.9—1959.5兼)	陈宗武(1958.9—1959.5) 程锦耀(1958.9任)	1958年筹建冶金学院,后改为冶金系
工程物理系总支	许海涛(1958.12—1959.5)		1958年下半年筹建系
无线电系总支	胡也(1958.12—1959.5)		1958年下半年筹建系
工程力学系总支	赵明(1959.5)		1958年下半年筹建系
基础部直属支部后总支	许海涛(1958.4) 岳清林(1959.5)	李宏舜(1958.8) 甄宝亭(1959.5)	

说明:1957年6月后任命的均为交大上海部分。在此之前任命的大都去交大西安部分工作。

第三节　民主党派

解放初,校内民主党派人数较少,但影响较大。学校党委重视党的统一战线工作,加强与民主党派的团结协作,积极调动民主党派成员的积极性。学校党委十分重视对民主党派有影响的代表人物做工作,校内重大问题的决定都及时与民主党派负责人通气,听取他们的意见和建议。之后，学校在党委机关内增设统战部，加强了民主党派的工作。1949 年—1959 年 10 年间，各民主党派组织逐步扩大，其成员积极发挥各自优势，在学校教学、科研等各项工作中起到了重要作用，为推动学校事业的发展作出了重要贡献。

20 世纪 50 年代，交通大学有 6 个民主党派组织，分别是中国民主同盟（简称民盟）、九三学社、中国农工民主党（简称农工）、中国国民党革命委员会（简称民革）、中国民主促进会（简称民进）和台湾民主自治同盟（简称台盟）。其中以民盟和九三学社人数较多。

一、民盟支部

1950 年交大民盟仅有两名成员，1952 年增加到 19 人。1952 年 2 月 28 日成立民盟上海市委直属交通大学小组，负责人为沈德滋、张滋伟、桑国光。1956 年，民盟成员发展到 48 人。1956 年 5 月 19 日，召开民盟交大支部委员会成立大会，校党委书记彭康和民盟上海市委员会主任沈志远等参加。会上，民盟提出今后的工作方针是配合学校的中心工作，在中国共产党的领导下保证教学任务的完成，并根据“发挥潜力，提高觉悟，加强团结，联系群众”的方针做好工作。彭康和沈志远分别讲话。彭康说，解放几年来学校各方面有了显著进步。这些成绩的取得除全体师生员工的努力外，各民主党派在配合党的工作方面也起了很大的作用。希望民盟今后能更好地联系群众，发展组织，扩大组织，并经常向党反映群众的需要和意见，为建设社会主义交大共同努力。会议选举王绍先为第一届支部委员会主任委员。[①]

民盟支部十分重视对成员进行思想教育，民盟盟员以实际行动参军、参干，搞好教学，为祖国培养社会主义建设人才而努力。1957 年民盟支部组织盟员学习中共中央统战部《关于民主党派工作几个问题》的文件，明确了民盟的工作是一切为了社会主义建设的历史使命，实行“长期共存、互相监督”的方针。[②] 20 世纪 50 年代中期，民盟交大组织以实际行动支持院系调整，拥护交通大学西迁，其成员在这些活动中都起到了带头作用。

二、九三学社支社

1952 年，九三学社在交大教授和干部中发展了 7 名社员。1953 年在交大成立支社筹备委员会，由副教务长朱物华教授负责。1955 年 4 月 30 日，九三学社交大支社正式成立，有成员 19 人，选举朱物华等 5 人为第一届支社委员会委员，朱物华为主任委员。1958 年支社换

---

① 上交档：永-100。

② 《上海交通大学志》，第 762 页。

届,委员由第一届5人增加为8人,主任委员为杨槱,有成员49名。[①]

20世纪50年代中期,学校开展以学习苏联为主要内容的教学改革。交大九三支社针对学校教学环节上存在的一些问题,及时组织成员开展讨论,联系思想、工作,交流体会,提出改进教学工作的建议,并认真贯彻学校领导提出的减轻学生负担的具体措施,对提高教学质量起到积极作用。

1957年全校开展对迁校问题的大讨论,交大九三支社多次召开全体会议进行讨论。对学校分设两地的方案,支社大会通过坚决拥护的决议。时任学校教务长、副教务长、系主任、教研室主任等30多名九三社员,以实际行动贯彻国务院关于交大西迁及随后分设西安、上海两地的决定,起到很好的支持作用。

三、农工支部与民革、民进、台盟

中国农工民主党上海交大支部是农工上海市委的直属支部,最早成员是1953年2月加入农工民主党的李泰云。1957年,交大(上海部分)、造船学院、南洋工学院(筹)三校合并时,张祖锠将组织关系由南洋工学院转到交大(上海部分)。

民革成员交大有1人。

民主促进会成员钱家声、胡海秋、王亨时、支厚康4人,组织关系隶属于当时的民进上海市北郊区联合支部。

1955年交大成员参加台湾民主自治同盟仅有林胜兴1人,后发展为2人。林胜兴曾任市政协委员。

第四节 群众团体

一、工会

1949年5月31日,上海市总工会(筹)成立。高等学校拟成立统一的工会组织。交大工会筹备委员会由交大教授会、讲助会、职员会各推举5人组成。1950年3月7日,根据上海市总工会2月7日指示,交通大学工会筹备委员会改名为"交通大学教育工作者工会筹备委员会",有会员600多人。1950年4月8日,在校庆54周年庆典大会上,正式成立上海市教

① 《上海交通大学志》,第767页。

育工作者工会交通大学委员会。一年后依照上级规定，又改称“中国教育工会交通大学委员会”。[①]

1950年交大工会成立时，制定“团结一致，克服困难，办好交大”的方针。具体工作是：“经常开展政治和时事学习，使全体会员在思想上和行动上团结起来，积极保卫世界和平，反对美国侵略，协助人民政府克服困难，镇压反革命，巩固人民民主政权的巨大斗争，并在全体会员爱国主义认识提高的基础上，搞好教学，搞好业务，为贯彻新民主主义的教育方针而努力。”[②]

1953年，交大工会制订了工作计划，确定任务为：①组织会员积极参加理论、业务、文化学习；②进一步搞好文娱、体育、生活福利工作；③深入重点，积累经验；④创造条件，准备召开会员大会，选举新的领导机构。工会在教师中加强教学工作整体观念和长远观念的教育，在政治理论学习方面，大力宣传过渡时期总路线；业务学习方面，配合教务处组织教学方法讨论会；文化学习方面，办好职工业余学校，同时大力开展文娱体育活动。此外，工会还关心年老体弱职工，协助行政办好困难家庭补助等。12月，工会改组，成立临时工会委员会，程孝刚任主席。工会下设7个分委员会。

1954年4月17日，交大临时工会委员会召开第一次全体会员大会，程孝刚代表临时工会委员会作工作报告。周铭作临时工会经费审查报告。会议选举产生了由赵富鑫等15位委员和4位候补委员组成的第一届工会委员会和第一届工会经费审查委员会。赵富鑫任工会主席，周铭任经费审查委员会主任。工会下设文教、文体、业务、财务、生活福利等5个委员会，另在基层设部门工会和工会小组。同时还成立“交通大学工会互助储金会”。

1955年，交大工会贯彻学校“面向教学、面向学生”的工作方针，一年多来召开28次会议，讨论生产实习、向苏联专家学习、减轻学生负担提高教学质量、筹建实验室、对学生进行政治思想教育等问题。这些会议在教职工中起到了提高认识、统一思想、交流经验、先进带动后进的作用，还协助行政解决了教学实践中的一些困难，对保证完成教学任务起到了推动作用。

1956年4月25日，第二届工会会员代表大会召开，中国教育工会上海市委员会领导和交大党委领导到会讲话。大会选举产生第二届工会委员会，由赵富鑫等20人组成，赵富鑫

---

①《交通大学1951级毕业纪念刊》1951年。

②《交通大学1951级毕业纪念刊》1951年。

任主席,周铭任经费审查委员会主任。会议决定以系和机关为单位建立部门工会。会议期间,举行了欢送周铭教授出席全国先进生产者会议的仪式。

经过以上两次大会之后,工会组织机构不断健全,而且在院系一级建立工会组织,促进了工会的发展和壮大。

1958 年 3 月 21 日—4 月 4 日,交大分设两地后,交大(上海部分)召开第三届工会会员代表大会。会议就交大培养的学生应成为"实践与理论相结合,教授、工程师、科学家三位一体型人才"的大讨论。中共上海市委教育卫生工作部副部长舒文、上海市高教局副局长李向群到会讲话。彭康校长代表党委讲话,提出"思想跃进,又红又专,提高教学,开展科研,联系实际,结合生产,面向学生,全面负责,一切为了培养工人阶级知识分子。"大会选举产生了第三届工会委员会,周志诚等 12 人组成,周志诚任主席,下设组织、业务、财务、文体、女工、福利等 6 个委员会。

1959 年 4 月 18 日,学校召开工会会员代表会议,讨论如何提高教育质量问题,提出教师要在教学中发挥主导作用,主讲教师对讲课、辅导、实验等环节要负责到底,保证教学质量不断提高。

20 世纪 50 年代这 10 年,工会在学校党委的领导下,积极开展各项工作,取得了不少成绩。组织教职工日常政治学习,建立每天 1 小时学习制度。暑期内,各小组都要选读"干部必读"书一种,进行有系统的理论学习。在抗美援朝运动中,工会动员教职员工及其子女参军,全校先后有教职员工 6 人要求去朝鲜前线,24 人登记参加军事干校,20 余人送子女参军。1950 年 12 月 11 日,交大工会首先倡议全市教育工作者联合捐献"上海教工号"飞机,得到广泛响应。[①] 1951 年工会动员教职工参加土地改革,先后有 13 名教工分别前往本市郊区及浙江农村等地参加土地改革工作。

工会分别从教学、研究、编译 3 方面协助行政推动工作,协助行政部门推进分层负责制及检查汇报制度,还参加教职员升职等委员会工作。

工会积极组织教工开展文娱活动,在当时经济条件十分困难的情况下成立了俱乐部,开展棋类及图书阅读等活动,设立小型电影组、音乐欣赏组、交谊舞组、秧歌队、京剧社、铜管乐队、剧团等;体育方面,成立了篮球队,经常开展比赛;举办业余教育,开设夜校,招收校内外技术工人入学,在解放初期对提高工人文化水平起了重要作用。

① 《交通大学 1951 级毕业纪念刊》1951 年。

工会组织的拔河比赛

二、青年团

交通大学新民主主义青年团是上海解放后学校中建立的第一个团组织。[①] 1949年6月21日，交大党总支宣布：经新民主主义青年团上海市工作委员会批准，筹备组建交大新民主主义青年团（以下简称青年团），由交大中共党员赵国士负责，团市委特派员吴镇东参加；交大原地下党的外围组织——新民主主义青年联合会公开，全体会员转为青年团团员。7月1日，筹备会议召开，产生由赵国士等18人组成的筹备委员会。7月9日，青年团交大总支成立大会暨首批团员入团仪式在学校新文治堂举行，赵国士任交大团总支书记。除交通大学本校的师生之外，青年团上海市工作委员会、江南造船厂、同济大学等外单位代表数百人出席了大会。青年团上海市工作委员会代表在会上讲话，勉励团员们认真学习马列主义毛泽东思想，努力学习科学知识，不断提高自己，为人民服务，做人民的勤务员。400多名原交大新民主主义青年联合会会员转为第一批青年团员，团龄从参加新民主主义青年联合会时算起。至此，交大新民主主义青年团有团员和候补团员共479人，占在校学生的三分之一。

---

① 《解放日报》1949年7月3日、10日。

1949 年 11 月 18 日,交大青年团举行第二批新团员入团宣誓。

1950 年 3 月,青年团上海市工作委员会决定交大建立团委会。4 月 1 日,青年团交通大学委员会成立大会召开,选举林雄超为第一届团委书记。林雄超不久调任徐汇团区委学生部部长,曹子真继任交大团委书记。

从青年团组织成立至 1959 年,校团委会共历 9 届,每届任期都不长,主要原因是当时国家急需大量人才,许多学生团组织负责人有的提前毕业,有的学习期间参军、参干,有的被抽调到其他单位工作。

校团委会成立后,随着团员数量的增加,各院系、班级陆续成立了团支部。为了推动毕业生团的工作,1950 年 5 月,校团委在 1951 级建立团总支。

1952 年学校政治辅导处成立以后,下设青年科分管青年团的工作。团委内设组织部、宣传部、秘书处。团委书记由青年科副科长兼任。

青年团第二、三、四届团代会分别在 1951 年 2 月、1951 年 9 月、1952 年 10 月召开,团委书记分别为鲁祥麟、宗慎元、彭彬。

青年团交通大学第五届团代会于 1954 年 3 月 1 日召开。共选出 23 名委员,彭彬继续当选为书记,并选出 10 位代表参加青年团上海市第二次代表大会。

青年团交通大学第六届团代会及全体团员大会于 1955 年 10 月召开。选举团委会,吴镇东为书记。

青年团交通大学第七届团代会及全体团员大会于 1956 年 10 月召开。选出 20 人组成的团委会,王玉璋为书记,还选出 5 名代表参加上海市第三次团代会。

青年团交通大学第八届团代会及全体团员大会于 1957 年 2 月召开。大会讨论了团的工作计划、学校迁往西安问题以及寒假安排文娱生活等事宜。这次大会主要由三年级团代表参加。会议选举陈浩为书记。

1957 年,中国新民主主义青年团改名为中国共产主义青年团(简称共青团)。1958 年 3 月 14 日,交大(上海部分)召开了新民主主义青年团改名为共青团后的第一届代表大会,这也是上海造船学院、上海南洋工学院(筹)并入交大(上海部分)后的第一次团代会。产生了 19 人组成的团委,陈浩继续当选为书记。

从建团到 1959 年西安、上海两部分独立办学时,交通大学共有团员有 4 971 人。在这 10 年中,团组织在校党委领导下,配合学校中心工作,带领全校青年学生积极投身新中国和新交大的建设。在学生专业学习、共产主义道德品质教育、开展业余科研以及文娱体育等方面,都进行了大量的工作,取得很大成效。

表 7-8　1949—1959 年团员人数表[①]

年份	人数	占在校学生总人数%
1949	490	13.47
1950	500	16.69
1951	700	26.33
1952	1 000	22.74
1953	1 979	36.19
1954	2 595	39.26
1955	3 320	42.60
1956	1 640	29.56
1957	4 893	69.09
1958	3 604	40.95
1959	4 971	48.54

注：1956 年秋一年级新生在西安入学，二年级学生迁至西安，故 1956 年为交大（上海部分）人数。1957 年以后人数是交大（上海部分）及上海交大团员数。

三、学生会

交大学生会的前身是交大学生自治会，成立于 1919 年。上海解放后，交大学生自治会改名为学生会。1949 年 6 月召开上海解放后的第一届学生代表大会，选举产生学生会执行委员会，魏瑚为学生会主席。

1950 年 9 月 16 日，第二届学生代表大会召开，决定把"练好身体，提高学习成绩"作为全体学生的中心任务。

全校师生热烈欢迎志愿军代表来校作报告

1951 年 3 月 15 日，学校在图书馆大草坪上召开欢迎志愿军归国代表大会。3 月 18 日，学生会第三届一次学生代表大会通过决议，号召同学把抗美援朝运动继续深入开展下去，以饱满的爱国主义热情学习、工作、生活，并订立爱

① 上交档：永-243。

国公约。张寿当选为学生会主席。

学生会第四届代表大会于1951年5月召开,张寿继续当选为学生会主席。

第五、六、七届学生代表大会分别于1952年3月、1953年4月、1953年10月召开,潘震苍、郑兰生分别当选为第五届、第七届学生会主席。

第八届学生代表大会于1954年3月17日召开。党委副书记万钧作报告。汤文思当选为第八届学生会主席。

第九届学生代表大会于1955年4月8—10日召开,党委书记彭康代表学校党政作报告。黄幼玲当选为第九届学生会主席。这一年还建立了系学生会。

第十、十一届学生代表大会,分别于1956年11月、1957年2月召开。黄幼玲继续当选为第十届学生会主席,王德润当选为第十一届学生会主席。

交大分设两地后,交通大学(上海部分)第一届学生代表大会于1958年4月1日召开,陈廷莱当选为学生会主席。会议讨论又红又专等问题,中共上海市委书记陈丕显到会做报告。

交通大学(上海部分)第二届学生代表大会于1959年3月21日召开。大会通过《学生红专公约》,陈廷莱继续当选为学生会主席。

从上海解放后的第一届学生会成立至1959年,交大学生会继承光荣的革命传统,根据不同时期的形势要求和学校的中心工作,带领和组织全校学生积极建设新中国和新交大。

上海刚解放,学生会组织学生上街游行,欢庆解放;发动学生迅速清理校园,恢复上课;配合市军管会参与接管交大,清点校产;发动和组织学生参加各项社会政治活动;在学生中建立基层学习小组,组织学生学习时事政策,学习新民主主义理论和有关中国革命的历史。1949年7月,学校开始办理清寒学生救济金时,在学生会的宣传和努力下,许多学生主动放弃申请,退还国家救济金978 000元(旧币)。在对毕业生实行统一分配时,积极开展宣传。学生会还邀请市委和华东局有关领导来校作报告,介绍祖国工业建设情况;举办爱国主义图片展、苏联建设展等,激发了学生的爱国热情。

在建设新交大的过程中,学生会始终把自己的工作和国家需要、学校中心工作联系起来,努力贯彻。1951年3月18日召开的三届一次学代会,鉴于当时的形势,在决议中号召广大同学订立爱国公约,积极支持抗美援朝运动,同时发出《加强防卫、保护学校安全》的建议书,还要求学校成立安全委员会,防范匪特活动。这一建议后来得到学校采纳。

20世纪50年代中后期,学生会配合学校贯彻落实毛泽东“身体好、学习好、工作好”的指示和党的教育方针,开展“创双优”(优等生、优等班)等活动。学生会在推进体育锻炼、组织开展校园文化娱乐活动方面也都卓有成效,并形成交大学生文娱体育活动的特色。

1957年2月14日，学生会主席黄幼玲作为交大学生代表出席中华全国青年联合会第十六届委员会第二次会议时，受到毛泽东、刘少奇、周恩来、陈云、邓小平等中央领导接见并摄影留念，[①]给全校学生以极大鼓舞。

交大学生会还与国外一些大学的学生组织进行交流。1951年5月，国际学联执委代表团访问交大；1958年7月，苏联新西伯利亚各大学学生旅行团访问交大；1958年9月，伊拉克国际学联代表团访问交大；1959年10月，以国际学生联合会主席尤里·贝利康（捷克）为首的国际学生会联合会代表团一行8人到交大参观访问，并参加了学生会举办的联欢晚会。

国际学联代表来访

① 《上海交通大学纪事（1896—2005）》（上卷），第480页。

第八章
彭康与交通大学

第一节　生平简历

彭康(1901—1968),又名彭坚、彭子劼、彭嘉生。中国共产党优秀党员,哲学家、教育家、翻译家、文艺批评家。

一、学生时期

彭康于1901年8月26日出生在江西省萍乡上栗南岭下村的一个书香之家。祖父是前清举人。父亲彭松年在萍乡中学以文牍谋生。彭康幼年在家做过挑水、砍柴、犁田、插秧、收割、晒场等农活。1913年,以彭坚之名进入萍乡中学读书。英文学得最好,其他各科成绩也不错。1918年夏,五年级即将毕业时,学校被军阀张宗昌占领,学业被迫中止。当年秋,随亲戚李隆前往日本求学。1920年,考取日本第一高等学校预科。1921年4月前往鹿儿岛第七高等专科学校继续学业。毕业后,1924年3月,考取京都帝国大学(即后来的京都大学)哲学系。他勤奋学习,应修3年的18门课程只用了2年就已读完。课余广泛阅读社会科学书籍、刊物,开始学习研究马克思主义理论。

1925年,上海"五卅惨案"的消息传到日本,在留学生中引起巨大反响。彭康积极参加了留学生反对帝国主义的斗争。1926 年秋，彭康经京都大学同学介绍，参加国民党左派。由于通晓日、德、英文，他阅读大量有关马列主义的书籍，认定只有马克思主义可以改造世界，最终接受了马克思主义。

1927 年，蒋介石发动“四一二”反革命政变，国共分裂。由郭沫若、郁达夫、成仿吾等人于 1921 年在日本成立的新文学运动的重要团体“创造社”决计扩大队伍，成仿吾赴日本动员冯乃超、彭康等回国参加斗争。此时彭康毕业论文尚未通过答辩，但他毅然放弃学位和毕业证书，于 1927 年 11 月下旬回到白色恐怖中的上海。

二、参加革命

彭康回沪后立即参加了创造社工作，成为骨干之一，并于 1928 年 1 月加入中国共产党。此时党中央贯彻六大决议，加强对文化工作的领导。彭康所在的支部称文化支部，彭康任支部宣传委员。1929 年 2 月，任中共上海闸北区委委员。半年后，他与杨贤江、吴亮平、杜国庠、冯乃超等参加中央文委的领导工作，任文委委员、代理书记。1929 年创造社成立中共党组，彭康为成员。这一时期，彭康还先后参与发起筹建中国著作者协会、中国自由运动大同盟、中国社会科学家联盟(社联)等工作，特别是参与了“左联”的许多工作，如向鲁迅先生汇报工作，起草“左联”纲领、分头征集会员等，是“左联”的发起人、筹备人之一。交通大学学生许邦和和乔魁贤参加了中国自由运动大同盟，彭康与社联的王学文、杜国庠等时常来交大指导许、乔组织的“读书社”。

彭康是创造社主办的《文化批判》的主要编撰人员，还是《流沙》《思想》等刊物的经常撰稿人。随着创造社成员中中共党员的增加，后期“创造社”便成为“革命文学”思想的传播者和实践者。彭康撰写了不少理论著作，如《哲学的任务是什么》《科学与人生观——近几年来中国思想界底总结算》《思维与存在——辩证法的唯物论》《唯物史观的构成过程》《思想底正统性与异端性》《厌世主义论》，翻译了普列汉诺夫的《马克思主义的根本问题》、马克思的《关于费尔巴哈的提纲》、卡尔·考茨基的《新社会之哲学的基础》、恩格斯的《费尔巴哈论》，还和王学文、朱镜我合译恩格斯的《反杜林论》。

彭康积极投入当时革命文学的讨论，发表文艺评论，推进了左翼文艺运动。其代表作有《五四运动与今后的文化运动》《什么是“健康”与“尊严”——〈新月的态度〉底批评》《新文化底根本立场》《革命文艺与大众文艺》《新文化运动与人权运动》等。他翻译出版了《高尔基论》，列宁的《托尔斯泰——俄罗斯革命的明镜》《托尔斯泰》等。后两篇译作，与冯雪峰翻译的马克思的《艺术形式之社会的前提条件——关于艺术的断片》、列宁的《论新文学》，是最早被介绍到国内的4篇马克思主义文艺理论经典论著。

彭康先后任上海群治大学、艺术大学、中华艺术大学教授,在青年学生中传播革命理论。

就在“左联”成立后不久,1930年4月彭康在上海被捕,被判处有期徒刑7年,“褫夺公民权”10年,先后关押在上海提篮桥监狱和苏州反省院。在狱中,彭康领导绝食斗争,组织狱中难友读书学习,利用放风机会为大家讲解哲学基本理论和中国革命问题,积极宣传革命主张,还秘密联系党内同志,团结教育难友共同与敌人斗争。他正气凛然,威武不屈,顽强斗争,置生死于度外,始终保持了共产党人的崇高气节。他一有机会就钻研哲学理论,先后撰写了《老子的世界观和无为主义》《荀子的性恶论》《唯生论和帕格森哲学》等文章。1932年2月,国民政府大赦,彭康获减刑,刑期提前至1935年2月,但刑满后又以“毫无悔悟诚意”继续羁押于苏州反省院。1937年七七事变爆发,中国进入全面抗战,中国共产党倡言国共合作。苏州反省院138名难友强烈要求奔赴抗日前线,他们公推彭康为首,与反省院当局进行艰苦谈判。经过13天针锋相对的斗争,他们最终获得无条件释放的胜利。①

1937年秋,彭康出狱即前往武汉寻找党组织。经长江局董必武同志亲自谈话,恢复了党组织关系。② 自此彭康便长期战斗在华中、华东革命根据地,先后担任党、政、军多种领导职务,迎着抗日烽火走遍安徽、江苏、山东等地,为革命根据地的政权建设、思想建设、文化建设做出了重要贡献。

1937年11月起,彭康先后担任安徽省工委书记,鄂豫皖临时省委书记,鄂豫皖区宣传部长,淮南路西省委宣传部长、书记、联防司令部政治委员。1940年秋任中原局宣传部长。1941年4月,任中共华中局宣传部副部长、华中党校副校长(校长由刘少奇同志兼任)、华中局文委书记。1942年春任华中局委员、宣传部长,不久,任华中建设大学校长。1945年12月起,先后任中共华东局宣传部长、秘书长、华东建设大学校长。1948年2月起先后任中共渤海区党委副书记,山东分局委员、宣传部长、党校校长等职。在这些重要岗位上,彭康做了大量开创性的工作。

三、从中央局宣传部部长到交大校长

彭康是华中根据地宣传思想、文化战线和干部教育的开拓者和领导人之一,除先后担任过华中局党校副校长、华中建设大学校长外,还兼任山东大学校长,主持建立鲁迅艺术学院

① 中国高等教育学会组编:《共和国老一辈教育家传略》,高等教育出版社2008年版,第293页。

②《共和国老一辈教育家传略》,第294页。

华中分院。

作为1942年华中根据地整风审干工作的先行单位，彭康领导了华中局党校的整风和审干工作。在他的领导下，华中局党校在整风及审干中较好地坚持了实事求是和调查研究的做法，其经验作为典型加以推广并上报党中央。华中局党校培养出的大批干部，成为党、政、军各方面的有生力量，在全国解放和新中国建设中发挥了重要作用。

1945年春，华中局决定以党校为基础创办华中建设大学，以加快根据地建设，迎接抗战胜利和全国解放。彭康任校长，张劲夫任副校长。华中建设大学开设了财政、文教、民政、民运4个系，邀请了范长江、梅益等党内外一批著名专家学者和新四军领导饶漱石、张云逸、赖传珠等来校讲学、做报告，彭康本人也主讲《中国革命和中国共产党》《关于反帝反封建斗争任务》《关于新民主主义的道路》等。在彭康的倡导下，学校安排了丰富的实践教学活动，经常组织师生深入乡镇调研、实习，了解社会实际。各系、班每天都要就某个专题进行讨论和交流，让学生在自由的气氛中踊跃发表观点，注重学生思考能力和工作才干的培养。美国《密勒氏评论》记者爱德华·罗尔波曾专门采访彭康，在报道中称华中建设大学是"世界上最新式的大学"。此后华中建设大学又招收了两期学生。1949年初，彭康兼任华东大学校长。华中建设大学、华东大学培养了邹家华(曾任国务院副总理)、朱训(曾任中央矿业部长)[①]等在内的数千名党政军领导干部，他们学习毕业后即奔赴斗争第一线，适应了当时革命形势的需要。

1949年5月，彭康任中共山东分局委员、宣传部长、党校校长、山东省人民政府委员、文化教育委员会主任，兼山东大学校长。这是他投身于社会主义高等教育事业的开端。1950年11月，在彭康主持下，华东大学迁往青岛，与山东大学合并，彭康担任迁并处理委员会主任委员，推进两校顺利合并。

1952年7月，中央组织文化教育考察团，出访苏联和东欧新民主主义各国，彭康任副团长。9月起至次年4月，文化教育考察团先后访问了波兰、德意志民主共和国、捷克、匈牙利、罗马尼亚、保加利亚、苏联等7国，考察学习这些国家高校的办学经验。

1952年9月，彭康在国外考察期间，中央决定他担任交通大学校长。11月15日，毛泽东主席签发彭康任交通大学校长的任命通知书。1953年1月，中共中央华东局组织部批复同意彭康为交通大学党委书记。7月，从国外考察归来的彭康到校任职，并于10月任交通大学校务委员会主任。在上海工作期间，他还先后担任中共上海市委委员、上海哲学学会会长等职。1956年当选为中共八大代表。

① 林之秋编著:《华中解放区干部教育史》，中共党史出版社2006年版，第373页。

1952年,中共山东分局欢送彭康调任交通大学校长。中间左坐者为彭康,右为夏征农。

1955年春,根据全国工业布局和国防建设形势以及调整全国高等教育布局的战略需要,国务院决定交通大学迁往西安。在彭康的领导下,迁校工作迅速推进。1956年夏,第一批师生迁往西安。1957年夏,国际、国内形势发生变化,交大迁校出现不同意见,国务院决定交大分设西安、上海两地,同时上海、西安两地有关院校与交大合并调整。交大(西安部分)和交大(上海部分)校长和书记均为彭康。1959年9月,国务院决定交通大学西安部分、上海部分分别独立建校,彭康被中央任命为西安交通大学校长兼党委书记,并任中共陕西省委委员、省科协主席、中国科学院陕西分院副院长、西安哲学学会理事长等职。

"文化大革命"期间,在康生等人的直接授意下,彭康受到诬陷和残酷迫害,在无休止的批斗中经历了近两年炼狱般的岁月。但他坚持真理,不讲一句违心的话,浩然正气,铮铮铁骨,表现出共产党人的高贵品质。1968年3月28日彭康在造反派组织的"游斗"路上被迫害致死,终年68岁。"文革"结束后,1978年6月24日,中共陕西省委为彭康平反昭雪,恢复名誉。

第二节　教育思想和办学实践

一、坚持教育要培养社会主义建设人才

作为著名的马克思主义教育家和中国共产党党员，彭康毕生信仰马克思主义，践行为人民服务的宗旨。他坚信“只有马克思主义哲学可以改造世界”，也只有“马克思主义可以救中国”。因此无论在长期艰苦的军事斗争中，还是在社会主义革命和社会主义建设中，他都坚定不渝地用马克思主义指导工作。他从事教育活动时，特别是在担任交大领导职务期间，更自觉地用马克思主义指导学校的教学、科研、思想政治、后勤服务各项工作。他亲自为教师、干部、学生上课，讲解马克思主义哲学、中国革命史，为党员和要求入党的积极分子开设“马克思主义经典著作选读”讲座，[①]热情宣传马克思主义、毛泽东思想，宣传中国共产党如何在马克思主义和毛泽东思想指导下领导全国人民进行了20多年的艰苦斗争取得新民主主义革命的胜利，建立了中华人民共和国，之后又领导人民进行社会主义革命和社会主义建设。他强调交大的教师、干部都要认真、系统地学习马克思主义基础理论，学会用马克思主义的立场、观点、方法来认识和处理教学、科研、行政等各项工作中的问题，改造客观世界的同时改造主观世界。

他对学生反复强调：“我们的大学生要懂得马克思主义，关心国家大事，服从国家计划和工作需要，培养唯物主义思想、集体主义观念、社会主义觉悟和共产主义思想，使学到的知识、专业技能为新中国的社会主义建设服务。”[②]为此，他指示要加强学生的思想政治教育，要求政治课教师联系实际讲解马克思主义基本原理，把政治课和培养学生共产主义品德结合起来，帮助学生树立科学的世界观和高尚的共产主义情操。

为人民服务、为新中国经济建设服务是我国社会主义教育的方向和目标。教育如何沿着这个方向和目标前进，1955年1月28日交大第一次党代会上彭康说：“我们培养的人才是社会主义建设人才，因此要使他们有社会主义的觉悟，把他们培养成这样的人：使其懂得自己是为社会主义学习；社会主义建设需要他们，使他们很好地从思想上行动上把政治与业务结合起来；教育他们要有唯物论思想，提高政治课的质量，使其在学习中即打下马列主义思想基础，使他们今后研究科学时可以用马列主义思想作为指导思想；要让他们关心国家大事，熟悉

---

① 《共和国老一辈教育家传略》，第303页。

② 刘露茜：《简析彭康教育思想》。西安交通大学编：《彭康纪念文集》，西安交通大学出版社2009年版，第317页。

时事政策，培养他们服从国家计划，执行党的政策的精神，自觉服从国家计划；同时具有集体主义的观念，防止资产阶级思想的侵入。”[①]在交大工作期间，彭康始终坚持为人民服务、为新中国经济建设的办学方向，并为此付出了毕生的心血。

二、“多培养几个钱学森”

20 世纪 50 年代是政治运动频繁的年代。作为一位具有很高理论水平和丰富经验的教育家，彭康始终认为学校应以人才培养为中心。他鲜明地提出最易为交大广大师生接受的目标：“多培养几个钱学森。”[②]

交通大学在 20 世纪二三十年代即以培养优秀的人才著称，被誉为工程师的摇篮、“东方的 MIT”。其严谨治学的传统和优秀的校风、学风影响了一代又一代交大人。对此，彭康不仅极为看重，还在多种场合予以高度评价，并努力使其在办学过程中发扬光大。彭康强调说，继承老交大传统，就是要在社会主义条件下把学校办得更好。他经常用老交大培养出的优秀人才勉励大家，其中讲得最多的是 1934 届毕业生、1955 年冲破种种阻力从美国归来的杰出科学家钱学森。他多次说：“我们要多培养几个钱学森，甚至比他更好的！这就是最大的政治，也是对国家的最大贡献。”

关于什么是人才、大学应该培养什么样的人才、不同的大学应该培养怎样不同的人才，彭康认为高等学校应以培养全面发展的社会主义建设人才为目标，学生不仅要有良好的思想和远大的理想，还要有过硬的本领、健康的身体、丰富活跃的精神生活和高尚的情操，这样才有可能发展成为钱学森式的科学家。面对当时“红专关系”中片面强调“红”的现象，他从全面发展的思想出发，强调要正确对待，辩证理解。他认为红与专既不应混同，又不能割裂，而要红专统一。他说：“我们培养的人才应该是有社会主义觉悟和共产主义理想，愿为社会主义服务。但同时要有为社会主义服务的必要理论知识、实际知识和能力，红专应该是统一的……如果红的不专，专的不红，那我们的教育就失败了。”[③]因此，他坚决反对在学生和教师中片面提倡“红”，更反对把“红”的标准扩大到学术、生活领域，乱扣帽子，乱打棍子。在 1958 年的“拔白旗”“交心”运动中，他就多次在党委会上以党内历次“左”倾错误造成的危害提醒大家注意吸取教训，谨慎对待，并且在实际工作中严格掌握。20 世纪 50 年代曾担任学生会主席、毕业后留在交大(西安部分)任教的黄幼龄教授回忆说：“记得 1958 年全校开展‘拔白

① 上交档：永-99。

② 刘露茜：《简析彭康教育思想》。《彭康纪念文集》，第 325 页。

③ 庄礼庭：《彭康教育思想浅议》。《彭康纪念文集》，第 273－274 页。

旗'运动时,彭校长不在学校。回校后,我遇见他,他问我最近学校的一些情况。我谈了我们教研室情况,说×××老先生是白旗。彭校长听后,表现出很不高兴。反问我:'什么叫白旗?'我答不出来。他又说:'老先生思想与生活习惯受旧社会影响,没有你们先进,这倒可能。你们说他白旗,他白了吗?他举了白旗吗?'我当时也不完全理解彭康校长的意思,今日再想想,意味深长。"①

1957年底、1958年初,交大全校师生围绕红专问题多次展开辩论,辩论的具体问题包括为谁服务、培养什么人、政治与业务、红与专以及工科大学生的红与专关系等问题。在彭康的引导下,辩论最后的结果是明确要求大家要又红又专。

不仅如此,彭康还认为,学校都以人才培养为目标,但不同的学校具体培养目标应该是有区别的,要有针对性。大中小学有不同层次,具体培养目标大不相同,不同类别的大学,培养目标也不同。对"培养有社会主义觉悟的有文化的劳动者",他认为这是一般意义上的社会主义教育的目的,而不是交大的具体培养目标。他认为像交大这样"五年制大学的教育过程,首先要明确目标是培养工程师,要为以后当工程师打好基础"。②

三、面向教学,面向学生

1955年1月,彭康在交通大学首届党员大会上提出:"我们工作是面向教学,学校主要是保证教学,一切工作围绕这一中心进行。对此,过去我们的思想不够明确,也不是做得很好。学校教学的目的是培养合格人才。教师不了解或不熟悉学生,不能从学生着眼进行教学,那怎么能达到培养的目标呢?……整个学校工作的总的方针是:面向教学,面向学生。……党的工作应该是通过思想工作、群众工作,来保证面向教学、面向学生这一方针的贯彻。"③这一方针被写进大会决议,被交大师生简称为"两个面向",集中反映了彭康的办学思想。

20世纪50年代政治运动频繁,教学秩序不时受到干扰,教师精力分散,学生学习时间经常被占用。对此,彭康以极大的勇气做了大量工作。他一再强调,学校各项工作都要围绕育人,不能违背教育规律另搞一套。他三令五申地说,"要限制社会活动和开会时间,把时间用到主要任务上","教学时间不得侵占"。他赞成"真刀真枪"地搞好课外实践,但坚决反对过多地安排体力劳动,或以生产劳动代替实验、生产实习、毕业设计等教学环节。他指出,以为劳动就可以包办一切,就可以抛开课堂和书本,"这是一条反面经验,必须纠正"。彭康主张

---

① 黄幼龄:《老一辈教育家对我们的言教和身教》。《彭康纪念文集》,第347页。

②《彭康纪念文集》,第274页。

③ 上交档:永-99。

以培养人才为中心,以教学为主,保持良好的教学秩序和勤奋向上的校风。

在坚持以人才培养为中心的办学目标和思想下,彭康在教学管理实践中,十分强调以下几方面:

(一)坚持教师在教学中的主导作用

彭康说:"教学质量高不高,关键在于教师的水平。"他又说:"教师是教的,学生是学的,教师是主导的,有好的教师才能教出好的学生,古今中外都是这样的。"[①]他认为高等学校的一切教学活动都是通过教师来实现的,教师是教学过程的组织者,教师的作用决定了他们在学校中的主导地位。教师的主导地位还要求教师要启发学生的学习积极性、主动性,根据学生的情况和意见,考虑自己的教学方法,训练学生的学习方法。这样也就是发挥了教师的主导作用。

彭康认为教师对学生要求要高,对学生的训练要严格,使学生五年中各方面都经过严格训练。不论学习理论知识、实际知识还是做实验、制图、实际操作等,一定要合乎规格和标准,一点也不能马虎。

彭康认为教师的主导作用不仅表现在教学上,还要在各方面都要起主导作用,要全面负责。所谓全面负责,无非是德智体、政治与业务以至身体健康都要负责。教师管业务,也要管思想,教书又育人。学校所有工作人员都要明确这一点。这并不等于每一位教师德智体都要管,而是说教师要有一个全面发展的观点。教师主要是搞业务,与政治辅导员、政治工作人员的分工不同,但也要注意学生的思想,关心他们政治上进步,经常与政治工作人员联系,互相配合,解决学生思想上的问题。

(二)充分发挥学生的学习积极性

彭康主张学校一切教学活动都是为了让学生学好,因此必须做到教学相长,在教学过程中重视发挥学生的积极性,扭转被动学习的状况,使广大学生真正成为学习的主动者。学校的教学计划、教学方式甚至日常生活安排,都要围绕这一目标进行调整、改革,努力形成生动活泼的教学和学习局面。教师既要上好课,做好实验,也要给学生多留出自修、上图书馆看书以及独立思考的时间。他提倡启发式教学,反对死记硬背、生吞活剥,主张学生自学时间多一点,活动时间多一点,完全由教师安排不好。彭康认为学习不能不通过自己的脑子,不经过学生自己思考是学不好的,这是一个规律。只给学生留一点看看笔记的时间是不行的,要多一点时间让学生到图书馆看看其他东西,上下古今都好。他结合自己在国外学习、考察的体会说,那里的大学生学习的时间并不比我们多,但学得比较活,也更注重能力的培养,这

---

① 刘露茜:《简析彭康教育思想》。《彭康纪念文集》,第 323 页。

很值得我们借鉴。为了帮助新生尽快适应大学生活，搞好学习，学校于1954年设立一年级办公室，配备骨干师资悉心指导学生。

（三）狠抓“三基”

重视基础理论教学和基本技能训练是老交大传统的一个重要方面，对此彭康十分坚持。他说，学习重在打基础，交大的教学关键在抓好“三基”——基础理论、基本知识、基本技能。在整个教学过程中，“三基内容不能少，毕业后学到的内容不能少，数学物理内容不能少”。对1958年教育革命期间出现的打乱课程体系、削弱基础教学的实用主义倾向，彭康明确持批评的态度。他形象地比喻“还是要三级火箭”，就是要按基础课、基础技术课、专业课循序渐进，先打“基础”，再建“高楼”。对学生的基础理论、基本知识、基本技能，彭康认为要学好、学活、学牢、学得过硬，还要熟练。例如，看图、制图、运算能力，一定要练好练熟；教师要教学生学会分析、整理感性材料，将来搞科研、做工作都需要这种能力；凡有规格要求的，都要合乎规格，不合规格的要重做，要培养严谨、严格、严密的作风，不能马马虎虎。1958年10月8日彭康在全校师生教学革新辩论总结大会上强调，基础课及基础技术课在体系改造上要防止把完整的东西割裂开，要注意对学生实际操作能力和计算能力的培养。

彭康（右二）在化学教研室了解教学情况

（四）重视思想道德建设，促进学生全面发展

彭康关注包括理想、道德、情操、社会责任感、坚强的意志和追求真理的科学精神等在内的思想道德建设在人才培养中的作用。他经常讲，一个人在青年时代形成的理想和目标，对一生至关重要。大学是青年人的黄金时代，理想、智慧、情操臻于成熟。因此，作为社会主义大学，就是要培养政治坚定、思想活跃、业务过硬、身体健康、有创造精神的人才，他们“要有志气、有理想，表现出

青年的气魄”,要把“学到的知识、专业技能为新中国社会主义建设服务”。

彭康强调培养学生的集体主义和社会责任感,曾在多次报告中以及与学生面对面讨论交流时专门论述个人和集体的关系、民主与自由的关系,积极倡导集体主义,提倡互相尊重,希望在学校里人和人之间有一种新的关系,大家互相团结,互相帮助,以诚相待,形成一个团结友爱的大家庭,生气蓬勃,共同前进。在学校里不但学生们之间团结友爱,也要特别注意尊重老师,尊重工作人员,要懂得怎样与师长、同学、周围人们相处。他经常对大家说:“我们生活在大学里,被看做有文化的人,因此更要谦虚、有礼貌、有教养。”他告诉大家,“礼貌不是形式主义,也不是资产阶级的东西,而是表现人与人之间的正确关系”。他提醒说,言行举止“看起来似乎是小事,但却表现出一个人的思想。”[①]

1955 年 2 月 8 日,彭康在讨论新学期工作时强调,要集中力量进行共产主义品德教育,开展“三好优等班”“三好优等生”活动。2 月 19 日,他签署颁布《交通大学学生守则》和《交通大学“优等生”“优等班”奖励办法》。《学生守则》共 10 条,《奖励办法》有 4 大点。“三好全优生”标准:一学年中各门课程的考查全部及格,考试成绩(包括四级评分的考查)全部为“优”;体格锻炼达到学校劳卫制预备级“良好”以上标准。“优良生”标准:一学年中各门课程的考查全部及格,考试成绩(包括四级评分的考查)除两门或两门以下为“良”外,全部为“优”,其中政治理论课成绩必须为“优”;体格锻炼达到学校劳卫制预备级“及格”标准。[②]

彭康在坚持德育为先的前提下,强调学生综合素质的提高,努力促进学生的全面发展。他经常鼓励青年人重视修身养德。他说:所谓全面发展,包括政治、业务、文化、健康等各个方面;作为接班人,要自觉培养共产主义道德品质,坚持德智体美全面发展,各个方面都要过硬,要有文明素养,有健康的心智和体魄。他叮嘱学生,不管学习有多重,也要坚持清晨出操,下午 5 点后到操场锻炼;要注意劳逸结合,争取每天睡够 8 小时甚至 9 小时;要多参加文体活动,培养特长和爱好。他强调:我们的培养质量也包括健康在内,不健康就无法为社会主义服务。1958 年 3 月 10 日学校召开全校师生员工体育誓师大会,动员积极开展体育运动,彭康到会讲话指出:“体育是教学与科学研究工作的保证;如果没有健康的身体,那么教学与科学研究工作的跃进是很难设想的。”

彭康执掌交大期间,竭力提倡青年学生积极开展文娱体育活动。20 世纪 50 年代,交大的校园生活丰富活跃,各种社团,如文工团、文学社、美术社、科研小组、合唱队、管弦乐团、

---

① 上交档:永-99。

② 《上海交通大学纪事(1896—2005)》(上卷),第 457 - 458 页。

各种体育队等，吸引了全校80％以上的学生参加。彭康本人喜爱体育运动，特别关心交大篮球队的发展。每次篮球队比赛，只要有空，彭康都要到场助威；篮球队员外出比赛前后，彭康都要接见他们，给予鼓励和慰问。

彭康（第二排中）与校篮球队在一起

彭康（中立者）在军训汇报表演大会上讲话

彭康关心学生的生活,深入校园每个角落了解学生情况。在宿舍里、在食堂里、在周六晚上体育馆的舞会上,经常能看到他的身影。

(五) 探索教学规律,不断改革教学

彭康是教育和教学改革的积极倡导者。他说:“我们要在不太长的历史时期内赶上和超过世界先进水平,就需要采取更有效的办法,培养出有较高的科学技术文化的人才,实现全国人民的愿望和要求。因此,我们有必要进行教育改革,把我们的学制、课程、教学方法、考试方法进行改进,更加迅速地提高教育质量。教改不能降低质量,否则何必改? 改了以后,要使学生学得更多、更好、更牢、更活,学了能够用,这就能适应国家形势的要求,使学生更好地从事工作,为现代化服务。”为推进教改,彭康亲自组织教学质量调查、专业方向调查和毕业生使用情况调查,掌握情况,探索规律,寻求人才培养的新途径。彭康强调,教改的目标是提高教学质量,因此,哪一个经验好,哪一个方法好,就看它是不是能达到这个目的,是否有利于学生学得更好、更牢、更活,学了能够用,是否有利于提高他们的科学文化水平和技术水平;当然也要在全面发展的前提下来提高科学技术文化水平,要使学生生动活泼地学习,不是把学生变成书呆子,或变成只有一些实际知识、只会动手而不善动脑的人,而要使学生做知识的主人,书本的主人,不是书本的奴隶。

四、充分发挥知识分子的作用

彭康本人留学日本,攻读哲学,掌握德、日、英三国外语。1927 年回国后,曾任中央文委代书记,接触鲁迅、郭沫若、成仿吾等文化名人。20 世纪 40 年代主持华中局党校工作时,在校任教的有知名历史学家吕振羽(化名柳岗),经济学家孙冶方(化名宋亮)、骆耕漠等。他十分了解和尊重知识分子,对党的知识分子政策有深刻的理解,注重团结知识分子,发挥他们的作用。

1953 年 7 月彭康到交大后,第一件事是登门拜访陈石英、程孝刚、钟兆琳、周志宏、沈三多等多位著名教授,向他们请教如何办好交大。彭康的亲切和蔼、虚怀若谷,给老教授们留下难忘的印象。

彭康的办学思想非常明确,就是紧紧依靠知识分子。他说:“办好学校牢牢抓两条,一条是党的领导,一条是教师队伍,有了这两条,学校工作就能很好地完成。而实现党的领导,核心的一条是认真贯彻党的知识分子政策。”这是彭康 1953 年到校后召开第一次全校大会时讲的。1955 年 1 月首届党员大会时,他在报告中又专门提到关于贯彻党的知识分子政策问题。他说:“学校要认真贯彻党对知识分子团结、教育、改造的方针,发挥他们的积极性和创造性是教学工作的关键。目前看来做得不够……中心问题是不善于领导教学工作,不善于在教学中提高他们，关心他们，帮助他们解决生活中的困难。要克服不关心、不接近教师，不民主、不虚心的作风。我们要求教师认真教学，政治思想上也要全面了解他们。首先依靠老教师、提高老教师，加强新老教师团结……必须注意，凡不利于团结、影响到执行知识分子政策的事情均不应做，过去有些缺点应改进。……要虚心向他们学习，在政治上、生活上、工作上关心他们，从组织上、制度上发挥他们的积极性。”[①]他还指出，知识分子问题主要是团结合作问题，要把他们当老师来看待，要发挥他们的作用，让他们有职有权，敢说话，敢负责。

在交通大学校务委员会中，作为骨干教师的教授、副教授占到67%，而校务委员会又是当时校党委领导下重要的决策机构。彭康对校务委员们非常倚重，十分尊重他们的意见，放手让他们开展工作。如陈石英是交大元老，1917年即到校执教，新中国成立后担任校务委员会副主任委员、副校长。彭康对他非常尊重，许多全校性的重大工作都请他来主持，包括担任迁校委员会主任。张鸿是一位知名的数学家，在彭康的亲自过问下入了党，先后担任副教务长和西安交通大学的副校长，在学校人才培养工作中发挥了重要作用。

彭康在学校党代会上郑重提出，学生要尊敬教师，青年教师要尊敬老教师，虚心向老教师学习。经他提议，1955年学校为26名教授、副教授配备了助手，其中为著名电机学家、一级教授钟兆琳配备了3名助手。他特别要求，对于老教授和专家，在生活和工作条件上予以特殊照顾。一位教授的儿子在一次政治运动中处境险恶，彭康冒着风险将其调进交大照顾孤身在校的父亲。彭康尽自己所能落实教师5/6的时间用于业务的政策。为了全面关心教师，1954年，交大在全国高校中首先设立了教师科，抽调党员教师担任科长，统一管理教师的学习、进修、升等、晋级、生活、福利等各项工作。

加强党的领导，首先要加强自身建设，有好的作风、好的制度。彭康主持制定的党支部工作条例，明确教师党支部工作要以教学为中心，学生党支部工作要以学习为中心。他说：“党员不干业务工作，就是把最基本的任务放弃。……党员只有好好学习，迅速掌握业务上的发言权，才能打开工作局面。”他在全校党员大会上强调，不能做空头政治家，做政治思想工作的人，比如党总支书记，一定要能开一门课；如果对业务一点不懂，对知识分子的艰苦劳动不理解、不尊重，这是绝对不行的。有一个教研室的党支部曾发生过不尊重老教师的事情，彭康对此提出了批评，并要求坚决纠正。这个支部写的道歉书修改了9遍才得以通过。

学校要有浓厚的学术氛围，要解放思想，放开思路。彭康明确表示“学术问题可以自由讨论”，“学术问题党委和支部都不能作结论。学术问题只是个人发言，可以争论，包括我对

① 上交档：永-99。

学术问题的发言”,“不能把学术问题当作世界观或是政治问题来批判”。这些话今天听来似乎平淡无奇,但在那个时代是要有很大勇气的。

彭康对知识分子和广大教师的关心和重视特别表现在政治上,突出的是积极开展在知识分子中发展党员的工作。新中国成立初期交大的党员主要由两部分人组成,一部分是党组织派到学校工作的干部,一部分是学生或者留校任教的年轻教师。由于学生毕业、参军、参干等原因,1952 年底全校党员仅占师生员工总人数的 5%左右,比例是很低的。彭康到校不久即围绕党的建设,组织有关同志开展调查研究,明确要发展党员。彭康主张看主流,不求全责备,对于要求入党但有某些缺点的人先吸收到党内然后进行教育;新发展的党员业务要强,至少要在中等水平以上。交大打开了学校建党工作的新局面,1954 年 1 月至 1955 年 1 月,一年间学校发展党员 173 人,全校党员近 500 人。上海市委有关领导曾将交大的做法作为重要经验予以介绍。

在中央召开的知识分子问题会议精神指导下,彭康于 1956 年主持制定了发展高级知识分子入党的五年计划。他希望有更多的教授学者加入到党的队伍中来。他亲自为积极分子上党课。彭康的报告从马克思主义的立场、观点、方法出发,阐述了中国革命的道路、前景和进步知识分子应走的道路,联系交通大学的历史使命,使大家深切体会到一种全新的世界观、人生观和价值观,有感于共产主义真理的力量。交大老教师们常常回忆道,当时校内最受欢迎的是彭校长的报告,能让人在一种亲切的氛围中学习马克思主义,提高政治思想觉悟。

对高级知识分子的入党问题,彭康一一过问。1956 年前后,老教授朱物华、张鸿、赵富鑫、周惠久、朱麟五、严晙、黄席椿、王哲生,中年教师刘耀南、庄懋年、来虔等相继入党。朱麟五教授当时是动力机械系主任,各方面表现出色,唯对入党有思想顾虑。他说:“当时很自卑,觉得各方面水平都差,身体又不好,甚至觉得自己如果参加到党内来,就好像一个满是新车床的车间放进了一架旧机器,会给党增加包袱,因此不敢大胆提出申请。”彭康和党委其他成员多次约他谈心,打消他的顾虑。1956 年 4 月朱麟五所在支部讨论他的入党申请,彭康特地请一部分教授列席会议,以这种方式表明党组织对教授们的态度,给大家以鼓励。

彭康重视统战工作,交大的民盟、九三基层组织在学校的政治生活、学术建设中十分活跃,团结了一大批骨干岗位上的优秀知识分子。彭康与他们当中的许多人都是相知甚深的朋友,其中就有先任教务长、后为西安交大副校长,曾两度当选全国人大代表的陈大燮。

彭康把建设一支又红又专的师资队伍作为学校重要的战略任务。他经常提出“教学质量高不高,关键在于教师的水平”,高校的一切教学科研活动都是通过教师来实现的,因此必须尊重教师，培养教师，不断提高教师的水平；学校各部门都要把教师队伍建设和教学工作放在首位。彭康曾多次主持师资培养的调查研究，制定教师培养的目标、方向和具体计划，特别是对青年教师的培养投入了很多的精力。

彭康（左二）在青年教师中座谈调研

20世纪50年代，随着学校规模的扩大，一大批交大和兄弟院校的优秀毕业生来到交大工作，20多岁的助教曾占到教师总数70%以上。为了使他们尽快成长，彭康主持制定了师资培养规划。彭康鼓励新教师到教学和科研一线锻炼，倡导新老教师结成师徒关系，推广老教师传帮带的经验；鼓励青年教师钻研教学法，熟练掌握外语，了解最新科技进展。当时规定，一名助教必须经过教学小组试讲、教研室试讲、部分章节试讲3个环节，得到认可后才能正式走上讲堂。老教师授课时，青年教师必须随堂听讲。学校为青年教师开设了俄、英、日、法、德外语进修班12个班次，还先后选送50多人出国深造或去清华大学、哈尔滨工业大学等校进修，50多人到大企业进行为期半年至一年的现场实习和科研训练。彭康与青年教师谈心或参加青年教师试讲，到教室听课，或到实验室看学生做实验，大家习以为常。他还曾就青年教师培养工作问题在无线电技术等教研室蹲点，参加教研室的各种活动。在彭康的身体力行下，经全校努力，数以百计的青年教师很快成长起来，涌现出一大批德才兼备的教学、科研尖子，逐渐成为学校师资队伍的主力，使交大后来的发展有了很强的后劲。

为了提高师资队伍的质量,彭康十分强调处理好教师队伍建设中政治与业务的关系、理论与实际的关系、教学与科研的关系、新老教师的关系以及培养和使用的关系等重要问题。他认为红与专是辩证的统一,教师必须又红又专,政治必须落实到为社会主义服务的业务上;教学科研搞得不好,学习不好,业务上不去,就根本谈不上又红又专。1958 年教育革命中,人们一度在教学结合生产、理论联系实际等问题上出现认识上的混乱。1958 年 4 月,工会召开全体会员大会讨论教学结合生产问题,彭康作了《正确全面理解教学结合生产,理论联系实际》的讲话。彭康说:"什么是理论,理论是从经验总结出来而又指导实践的,因此先理论后实践、先实践后理论,或先以理论为主实践次之,这样把理论和实践截然分成先后、主次的看法,是不符合辩证唯物论的认识论的……教学结合生产,理论联系实际,不是哪个先哪个后、只重理论或只重实践的问题,而是两者有机的统一整体。"[①]他要求必须正确处理两者的辩证关系,保证教育与生产劳动相结合方针的正确贯彻。这在当时片面强调生产、劳动的情况下是很不容易的。

对于教学与科研的关系,彭康经常强调"要在完成教学任务的基础上搞科研,提高教学质量,发展科学"。他勉励广大教师积极参加科研实践,不但教学上要保证高质量,在科研上也要出经验、出精品、出人才。

彭康(左)听取科研工作汇报

在新老教师关系方面,彭康认为,老教师有丰富的经验,业务成熟,要充分发挥他们的骨干和传帮带的作用;青年教师要靠老教师来培养,要学习老教师对教育事业的献身精神;要形成尊重老教师、爱护青年教师、互相帮助、互相促进的良好风气。在彭康倡导下,学校大力提倡老教师传帮带,动员新老教师结成师徒关系。

培养和使用的矛盾是教师队

① 上交档:永-202。

伍建设中经常遇到的问题。结合当时学校的实际情况，彭康在青年教师培养问题上，坚持“边学边干”“边干边学”，在“干中学”“在学中干”的原则，使青年教师很快成长。

第三节 脚踏实地的领导

一、坚持实事求是

彭康实事求是的思想理念源于他深厚的辩证唯物主义理论基础。早在20世纪20年代，彭康在论文集《〈前奏曲〉序言》中就说："我们的观念是要脚踏实地，是要建立在事实的基础上。事实的运行规定思想的运行，方法是世界发展的形态。……总之，这种方法是现实世界和社会的本来的发展形态，所以是正确而且有实践性的。"[①]到40年代，彭康更鲜明地提出："马列主义的基本立场是唯物论，一切从客观出发，一切根据客观，从认识客观世界的必然规律性中来决定人的主观的行动方针。"[②]彭康认为，"马列主义倡导实事求是、理论与实际相联系的科学精神"，因此当情况发生变化时，"就是尽量依客观的各种可能去思考、处理问题，当发现了客观的变化不符合估计时，即刻加以修正，以尽可能减少和避免主观主义的发生"。[③] 这充分说明彭康始终坚持实事求是正确立场的坚定性。

在彭康主持交通大学校务期间，正是我国在学习苏联经验，探索新中国自己的高等教育发展道路时期。这一时期，经历了许多曲折。面对各种复杂局面，一波接一波的政治运动和来自各方面的"左"的干扰，彭康坚持实事求是，积极稳妥地应对，力求把损失减少到最低程度。

学习苏联期间，由于引进苏联教材和苏联教学方法过急，脱离中国实际，学校原有教学体系被打乱，教师和学生负担过重，出现忙乱。对此，彭康认为学校负有领导责任。1953年11月30日，校委会召开常委会，对造成当前教学忙乱紧张现象的原因作了分析，并有针对性地提出了纠正措施。彭康说，产生忙乱现象暴露了我们的要求还是过高过急，制订教学计划与教学大纲、采用苏联教材方面，没有结合我国的具体情况；我们是四年制，而苏联是五年制，水平也不同，所以必须从实际出发，对课程内容进行缩减，要根据学生的实际程度和接受能力来传授；全体教师要积极备课，提高课堂教学效率。根据彭康的意见，12月2日，教务处

---

① 《彭康纪念文集》，第113－114页。

② 《彭康纪念文集》，第128页。

③ 《彭康纪念文集》，第141、143页。

召开各系主任、各基础课教研室主任会议，决定对某些课程内容精简、某些课程缓开、程度较差的学生免修俄文、考试测验暂停3周等。

彭康经常用实事求是的精神反思学校的工作，并以真诚的态度希望大家指出工作中的缺点，以便促进学校的发展。彭康为1953年的毕业生题词说："本届毕业生已结束了学校的学习生活，将愉快地服从国家的统一分配，勇敢地走上新的工作岗位，预祝他们在今后工作中的胜利。毕业不是学习的结束，而是新的学习的开始，今后要在工作中继续学习，在实践中继续学习。学校的学习是否有用，学校的教学是否切合实际，到工作中去就可以觉察出来。关于教学工作及同学们的学习方法，希望毕业的同学以后多提意见，以资改进。"

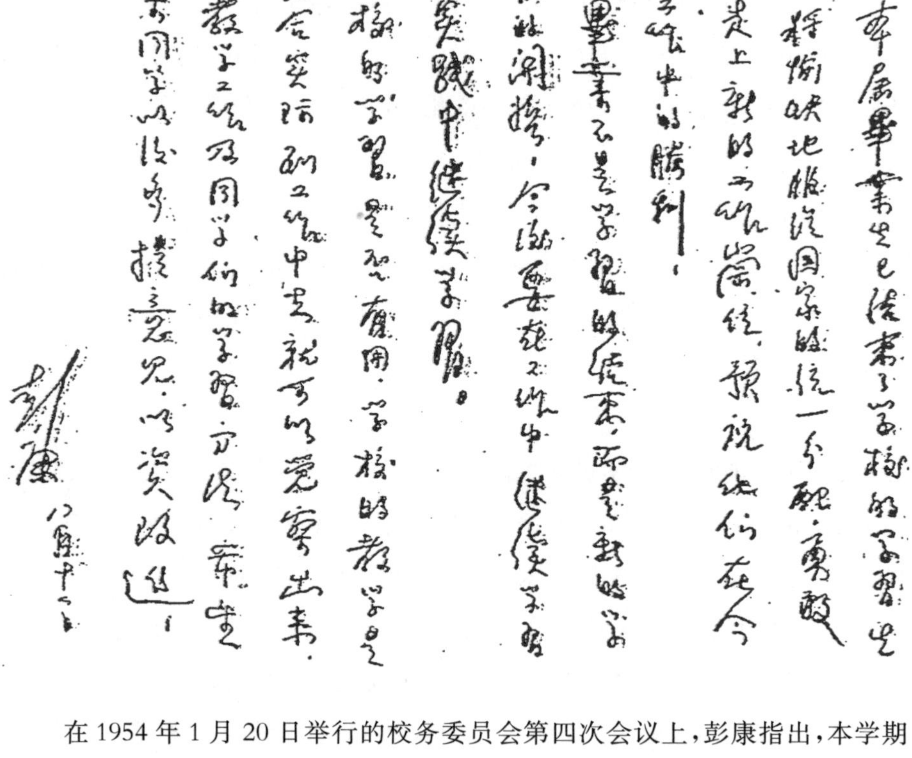
本届毕业生已结束了学校的学习生活，将愉快地服从国家的统一分配，勇敢地走上新的工作岗位，预祝他们在今后工作中的胜利。毕业不是学习的结束，而是新的学习的开始，今后要在工作中继续学习，在实践中继续学习。学校的学习是否有用，学校的教学是否切合实际，到工作中去就可以觉察出来。关于教学工作及同学们的学习方法，希望毕业的同学以后多提意见，以资改进。

彭康 八月十一

1953年8月11日彭康为毕业班学生题词

在1954年1月20日举行的校务委员会第四次会议上，彭康指出，本学期教改工作取得一定成绩，但开学以后教学上曾发生过忙乱及要求过高、过急、面太广、步子不稳等现象，要根据高教部检查报告中提出的问题，认真执行从实际出发、稳步前进的方针。

1955年5月13日，彭康在一次党委会和全体教职工党员大会上指出，学生负担过重,这与学校背离实事求是、急躁冒进思想有关;学习苏联要与中国实际相结合,要“学少一点,学好一点”。

除了在教学工作中体现实事求是精神外,彭康在对待教师问题上也同样如此。1956 年年初,彭康和万钧出席中央在北京召开的知识分子问题会议后,很快在学校组织传达会议精神。2 月 20 日,校党委连续召开 3 次党委扩大会,讨论贯彻知识分子会议精神。会上,彭康联系实际,检查了学校存在的问题,认为以前没有把知识分子看做是劳动人民的一部分,对他们的进步、作用作了不符合客观实际的估计,对老教师不够信任、不够尊重等,并表示要切实加以改进。1958 年,全国高校中开展了搞臭资产阶级个人主义、“拔白旗、插红旗”、向党交心运动,这中间出现了宣誓、写血书、开控诉会等极左做法。对此,彭康在 4 月 29 日党委扩大会上明确表示在知识分子中搞“交心运动”不能用宣誓、写血书等方式。

二、重视调查研究

彭康坚持历史唯物主义的态度,深刻认识人民群众在社会历史发展过程中的巨大作用。他认为“马列主义承认人类创造了自己的历史。但创造历史的人类……是由于人类集体的力量”,[①]所以“要树立群众观点,相信群众,走群众路线,向群众学习,融入群众之中”。[②] 在学校第一届党代会的报告中,彭康对密切联系群众作了详细的论述,指出,要群众化,到群众中去,发挥他们的积极性。要改善与群众的关系,记得做任何事情都要设法发挥群众的集体智慧,要深入群众,考虑群众问题,了解他们的情绪。他认为这样工作才会活跃,整个学校就会呈现出生气勃勃的气象和生龙活虎的状况。彭康认为党的工作是光明正大的,所以除了党内组织上的一些问题外,其他均可向群众公开,有些会议可以吸收非党非团的群众参加,如支部讨论学习问题、讨论教学问题,这样既可增进党群之间的团结与了解,也可增进我们的智慧。

调查研究和群众路线是紧密相连的。彭康重视调查研究,早在 20 世纪 40 年代的一个报告中就指出:“既调查,又研究,不可缺一,否则仍不能解决问题。”如何调查研究?彭康认为:“调查研究不是无头绪的,而是要善于选择典型,找出事物的共同点与特点,并将过去的经验加以研究比较,才能得出正确的处理问题的方法。也只有这样才能创造经验,总结经验。”[③]所以他在党代会报告中检讨党委工作缺点时指出,工作方法不够群众化,没有根据学

---

① 《彭康纪念文集》,第 128 页。

② 《彭康纪念文集》,第 203 页。

③ 《彭康纪念文集》,第 150 页。

校特点来做工作,没有深入到群众中去发动群众的积极性,动员大家一道做;没有把广大群众的积极性、觉悟提到应有水平。彭康强调要通过深入群众,调查研究,掌握第一手资料,才能做好各项工作。作为交大的一把手,他经常深入基层,不是在教研室蹲点,就是到课堂听课;大操场有他,学生食堂有他,文艺排练厅也有他。同学打开水拎的水瓶多了,他会帮着送到宿舍去。他向教师请教,和学生职工交谈,从中了解情况。他与许多师生、学校工作人员,包括花工、炊事员都很熟悉,很多学生他都叫得出名字。开党委会听汇报,他总是耐心地听,从不打断别人的发言;为了更多掌握情况,党委会常常开到深夜,有时甚至凌晨二三时。

三、脚踏实地的工作作风

彭康领导交大期间,学校经历了许多大事和复杂的矛盾。一位曾长期工作在彭康身边的学校负责同志说:"作为一个国家重点大学的党政主要领导人,彭康同志总是那样地应付自如,从容不迫,表现出高超的领导才能和踏实的工作作风。他从不为繁琐事务而忙忙碌碌,也从不超越分工主管而事事拍板。他善于使用干部,鼓励干部大胆负责;重视发挥鼓励他们各司其职。我们在他领导下工作多年,深深感受到,学校在正常情况下和处理日常工作时,并不感到彭康同志多么重要,但对学校工作的重大决策,处理学校重大事件,或应付特殊情况时,全校都会感到他个人的分量,他在与不在大不一样。"

决定交通大学的西迁和随后的分设两地是交大历史上的大事,而且影响全国。作为交大的书记、校长,彭康肩上的担子最重。1955 年春国务院作出交大西迁决定,要求当年即在西安开始基本建设;1956 年秋学校的一部分即在西安新校区开始教学。仅有一年多时间,像交大这样规模很大的老校要在千里之外的西北开学,绝不是一件容易的事。彭康在中央正式文件下达之前,就启动迁校工作,采取西安、上海两地同时进行的方式。1955 年 4 月首先在党委和校委会传达中央的决定,然后扩大到全体师生员工。接着是一系列的思想动员和宣传工作,涉及方方面面的问题,有人有顾虑,有人确有这样那样的困难等等。对这些情况,彭康不仅在大小会议上反复解释中央决定的意义,而且脚踏实地的深入教职工中间了解他们的想法和实际困难,并要求工会、系、教研室领导都要做细致的思想工作。对教师们困难他都能实事求是、设身处地想方设法加以解决。如部分教职工配偶的工作调配问题,他做了细致的调查摸底,然后积极主动与中央和地方政府有关部门联系,请求支持解决。对迁去西安后教职工的生活服务等问题,彭康也做了大量的协调、组织工作。由于地域的差异,一些上海人常用的物资和日用品在西安不易买到,在彭康指示下,学校有关部门推动各方面在西安新校区设立商店、邮局、托儿所、煤球厂等;西安市政府也给交大特别照顾,如对上海来的教职工及家属提供一定数量的大米。类似这样的困难在西迁中非常多，经过彭康和学校的努力，都得到了较好的解决。

彭康（右一）陪同来宾参观西安新校园

附录一

大事年表(1949.5—1959.7)

1949 年

5 月 24 日　夜,中国人民解放军进入上海市区。

5 月 27 日　上海全部解放。

6 月 2 日　全校复课。

6 月 15 日　中国人民解放军上海市军管会主任陈毅、副主任粟裕发布第一号命令,任命唐守愚为军代表,负责接管国立交通大学。接管仪式在新文治堂举行。

6 月 19—24 日　成立清点委员会清点学校财产,公布《交通大学库存清单》。

7 月 1 日　中国新民主主义青年团交通大学筹备委员会成立。

7 月 9 日　青年团交大总支委员会成立。

7 月 29 日　陈毅、粟裕签署市军管会文高字第壹号命令,任命 19 人组成交大校务委员会,任命吴有训为交大校务委员会主任委员,陈石英为副主任委员。

8 月 16 日　校务委员会第三次会议通过《国立交通大学校务委员会组织章程》。

11 月 21 日　成立教职员工会筹备委员会。

1950 年

1 月 17 日　中共交通大学地下党组织公开,公布中共党员 111 人名单。党总支举行公开后的第一次大会。

1月27日　校务委员会主任委员吴有训调任华东军政委员会教育部部长(8月离校赴任)。

4月1日　中国新民主主义青年团交通大学委员会成立。

4月8日　全校师生员工庆祝新中国成立后第一个校庆。茅以升、赵祖康等校友代表交大上海同学会将赠建的新文治堂正式移交给母校。

4月22—24日　学校第一届师生员工代表会议召开,出席代表402人。确定交大是理、工、管理类大学,它的基本任务是培养新民主主义社会的建设人才。

10月15日　土木、水利两系1951年毕业生参加淮河治理工程。

12月21日　650多名学生报名参加军事干部学校。1951年1月3日正式批准319人,预备录取25人。

1951年

5月4日　学校成立抗美援朝保家卫国委员会。

5月25日—30日　第一次教员代表会议召开,要求每位教师努力搞好教学,改进教学方法,研究院系调整和毕业生统一分配等问题。

5月26日　举行新中国成立后第一届春季运动会,参加者1 100多人。

6月13日　校委会决定成立院系调整委员会,陈石英为召集人。

6月—7月　奉华东教育部令,交大纺织系、运输管理系调出,分别参与成立上海财经学院、华东纺织工学院。

12月　中共中央华东局从华东局党校、华东人民革命大学等单位抽调干部100多人到学校工作。

1952年

2月19日　反贪污、反浪费、反官僚主义运动("三反"运动)和知识分子思想改造运动开始,至7月结束。

2月20日　上级通知中共交大总支改组成立党委会,李培南任党委书记。23日,党委召开成立大会,李培南宣布党委会成员。

7月28日　经1952年院系调整后,交大的专业设置分机械、电机、造船3大类7个系:机械制造系、动力机械制造系、运输起重机械制造系、电力工程系、电讯工程系、电机工程系、造船系,共19个专业、13个专修科。

11月15日 中央人民政府毛泽东主席任命彭康为交通大学校长，陈石英为交通大学副校长。

11月19日 华东教育部部长孟宪承签发通知：任命陈大燮为交大教务长，朱物华、黄席椿、黄辛白为副教务长，任梦林为总务长。

1953年

1月21日 中共上海市委高等学校工作委员会通知：交大党委会名单已经华东局组织部同意，以彭康为书记，彭康未到职前由李培南代理书记。

1月24日 华东局组织部批准万钧为党委副书记。

6月20日 学校举办第一次教学法讨论大会，全体教师及有关人员、班主任、党支部书记和支部委员参加。应邀出席会议的还有中共中央华东局宣传部、中共上海市委高校委员会、华东高等教育管理局、华东团工委有关领导共400多人。

7月1日 校刊《交大》创刊号出版，彭康校长、陈石英副校长发布《关于加强校刊工作的决定》。

7月初 彭康校长因参加中国文化教育考察团出国考察，至7月初到校任职。

10月10日 根据中央教育部《高等学校暂行规定》，组建由24人组成的校务委员会，彭康任主席，陈石英为副主席。根据《规定》，校务委员会不再是学校的最高权力机构，其职责是审查各系计划、工作报告，通过学校预决算，决议有关重大改革，决议有关奖惩事宜。

11月14日 彭康向全体学生作“关于党在过渡时期总路线总任务”的报告。

12月3日 彭康向上海全体高校教师职工作关于党在过渡时期总路线解答报告。

12月12日 苏联首批专家斯·格·罗纲诺夫和阿·伊·舒金先后到校工作。舒金任校长顾问。

1954年

4月17日 召开全体工会会员会议，选举产生校工会第一届委员会，赵富鑫任主席。

5月21日 校党委组织职工中的党团员学习党的知识分子政策。

7月2日 学校组织师生员工学习《中华人民共和国宪法草案》。

9月1日 附设工农速成中学举行开学典礼，本年招收学生近400人。

10月15日 党委制定《1954—1955学年第一学期工作计划》。计划提出做好以下5个方面工作:①本学期教学改革的主要任务是贯彻在大连召开的全国高等工业学校基础课教学大纲审定会议精神;②行政部门进行提高工作效率的教育;③对学生进行社会主义思想教育,防止资本主义思想的侵袭;④青年团要加强支部工作;⑤发展党员工作。

10月22日　校务委员会扩大会议讨论通过《交通大学1954—1957年教学工作计划纲要(即三年计划)》,提出9个方面的任务:①大量培养国家所需的社会主义建设人才,在3年内将学校扩大至近万人规模;②通过理论学习,3年内将教师政治思想水平提高一步;③实施统一教学计划,使各课程均采用苏联教材;④按照苏联经验改革教学方法;⑤大力提高现有师资业务水平,积极培养新师资;⑥逐步展开科学研究工作;⑦建立与贯彻有关教学的规章制度,稳定教学秩序;⑧健全教学组织,使之符合新教育制度的要求;⑨大力发展实验室设备及图书资料。

12月1日　由张鸿副教务长代表交大与第一机械工业部所属31家工厂在北京签订联系合同,包括技术资料交流,师资与干部的进修、培养,学生生产实习及毕业论文设计,科学技术合作等方面内容。这是学校首次签订的科研合同。

1955年

1月28—29日　召开首届党员大会,428位党员出席。彭康传达华东高校政治工作座谈会精神。选举产生新一届党委会,彭康为第一书记,万钧为第二书记。4月19日,市委学校工作部批复同意新的党委会成员。

2月8日　全校学生开展"三好优等班""三好优等生"活动。

2月19日　彭康签署颁布《交通大学学生守则》和《交通大学"优等生""优等班"奖励办法》。

2月19日　根据中央高教部指示,学校决定在应届毕业生及本科一年级学生中选拔首批留学苏联研究生33人、留学东欧国家研究生4人,共37人。

4月9日　彭康在党委会和校务委员会上口头传达国务院关于交通大学迁校的电话通知。

5月3日　陈大燮教务长在校务委员会上传达高教部召开的全国工业高等学校校院长会议精神,解决学生教师负担太重问题,强调贯彻"三好"方针和"学少一点,学好一点"原则。

5月上旬　彭康校长、朱物华、朱麟五、任梦林等一行5人去西安近郊察看交大新校址,最后选定在和平门外。

5月25日　校务委员会召开扩大会议讨论迁校问题,表示拥护迁校,并通过《交大校务委员会关于迁校问题的决定》。

7月21日 高教部下达关于交大迁校的书面通知,要求交大1956年开始内迁西安,并提前于1955年开始进行基建工作。

8月13日 高教部来函,同意任命张鸿为交大第二副教务长。

9月24日 校务委员会扩大会议决定成立迁校委员会,由陈石英副校长为主任委员,陈大燮、任梦林为副主任委员。

10月22日 著名科学家、交大校友钱学森来校参观,彭康校长、陈石英副校长陪同。

11月7日 高教部下发通知,苏庄任交大副校长。

12月 校务委员会通过《交通大学今后五年(1955—1960)工作计划》和《教学工作五年规划的意见》。

1956年

1月14日 彭康、万钧出席中共中央召开的知识分子工作会议。31日,学校党委传达会议精神和周恩来代表党中央做的报告精神。

1月18日 校党委和校务委员会研究决定组织西北参观团考察、访问洛阳、西安等城市,并对西安新校舍建筑工人进行慰问。参观团由苏庄率领,共33人,18日出发,2月9日回上海。回校后向师生员工汇报参观见闻。

2月20日 党委召开3次扩大会议讨论贯彻知识分子政策情况,并提出改进措施。

3月24—25日 召开第二届党员大会,进一步动员贯彻知识分子政策。选出以彭康为书记、邓旭初为副书记,由17人组成的党委会。4月12日,市委学校工作部批准党委成员。

4月6日 全校师生员工集会庆祝建校60周年,中宣部部长、校友陆定一等出席。

4月18日 《交通大学1956—1967年规划》经校委会讨论、校长批准正式公布。

5月3日 校党委下发《交大党委对党支部工作的决定》。

5月22日 学校党委下发《关于党组织在教师中工作的决定》。

6月1日 西安新校址员工宿舍17幢、学生宿舍14幢基本竣工。

7月1日 上海造船学院在交大原址上海徐家汇校区成立。

7月20日 张鸿副教务长与首批迁往西安的教职工及家属乘专列由上海开往西安新校址。

7月21日 中共上海市委学校工作部函:为了适应交通大学分西安、上海两部分工作的情况,在西安部分的交通大学成立分党委,该分党委接受西安市委和交通大学党委的双重领导。交通大学西安分党委委员13名,分党委书记为苏庄,副书记为杨文。

8月15日　西安分党委正式成立。

8月25日　市府同意成立南洋工学院筹备委员会,刘季平为主任委员,顾理为筹备处主任。南洋工学院设机械、电机、仪表3个系。

9月10日　在西安交大新校址举行开学典礼,彭康校长等6 000余人参加大会。

9月15日　彭康当选为中共第八次全国代表大会代表,本日赴京与会。

10月16日　党委扩大会议传达学习中共八大文件。按"八大"党章规定,学校党委会领导学校工作。

11月3日　上海造船学院党委成立。1957年4月2日召开首届党员大会,选举产生胡辛人为第一书记、万钧为第二书记、李仲祥为副书记的党委会。4日,经市委教卫部批准。

1957年

2月13日　1956—1957学年第二学期教学工作方针是以提高教学质量为今后长期任务,必须大力开展科学研究并抓紧工作。

3月18日　党委扩大会传达市委对学习毛主席在最高国务会议上《关于正确处理人民内部矛盾的问题》讲话的意见。

3月30日　召开党委扩大会,传达学习毛主席在全国宣传工作会议上的讲话。

3月　学校开展整风运动,帮助领导改进作风。

4月20日　工会会员大会讨论迁校问题,意见分歧很大。有的认为迁校不正确,有的认为正确,有的主张在西安设分校,有的主张缓迁。争论激烈。

5月23日—25日　周恩来总理连续三天听取校领导和教工代表汇报迁校的意见。

6月4日　周总理在京召开有上海、西安市领导及中央有关部门领导参加的会议,作了关于交大迁校问题的长篇讲话。

6月15日　召开全校学生大会,高教部部长杨秀峰作迁校若干问题的报告。

6月23日　杨秀峰部长参加校党委扩大会,与彭康商量后提出"一个学校,分设两地"的方案,解决交大迁校问题。党委扩大会讨论后,同意此方案,由彭康提交校务委员会讨论。

6月29、30日　连续召开有100多人参加的校务委员会扩大会,原则同意交大分设上海、西安两地,两部分为一个系统、统一领导的意见。由于涉及其他学校和上海市、陕西省,需高教部协调。

7月4日　校务委员会扩大会一致通过"一个交大,两个部分,一个系统,统一领导"的迁校新方案,并于6日正式呈报高教部。

7月15日 党委扩大会传达市委意见,提出交大先从整风开始,再反右派。但实际情况是"先反右,再整风补课"。22日召开会议揭发"右派分子"。校刊连续发表错误批判"右派分子"的文章。

9月5日 周恩来总理关于迁校问题给杨秀峰部长亲笔写信,正式函告国务院批准交大分设上海、西安两地。

9月7日 召开交大(上海部分)、造船学院、南洋工学院(筹)合并大会。

9月12日 国务院发出习字第110号文《关于交通大学迁校问题的批复》,同意高教部的调整报告。

9月21日 彭康向全校教职工作进一步开展全校整风的报告。全校开展红专问题、交大传统问题等大辩论。

11—12月 学校党委、校委会分别将整风中广大师生员工提出的批评意见进行归纳,提出改进办法,公布了《扩大民主,加强集体领导》《组织教职工参加集体劳动,克服官僚主义》《加强社会主义思想教育》等整改方案。

1958年

1月7日 根据上级决定,学校停课两周进行"反右补课",又使部分师生被错划为"右派"。

1月27日 党委召开会议,根据上级统一部署,开展反浪费、反保守("双反")运动。

5月4日 开展"红"与"专"讨论和"搞臭资产阶级个人主义",一些知识分子受到批判。

6月10日 学校开展学习宣传"鼓足干劲、力争上游、多快好省地建设社会主义"的总路线,订立"红专规划"。

6月21日 中共上海市委教卫部批复同意交大(上海部分)党委会组成委员25人,书记彭康,副书记胡辛人、邓旭初。

6月23、24日 召开全校教学科研生产"跃进"大会,出现"大跃进"态势,如"大炼钢铁"、大搞"献礼"等。

9月1日 师生员工开展教育为无阶级政治服务、教育与生产劳动相结合的大辩论。突出参加"生产劳动",业务学习受到影响。

12月31日 根据市委教卫部指示,学校拟订《教学、科研、生产劳动三结合的教学计划》,提出1959年以学习为主,贯彻市委提出的"一学年中1个月假期,3个月生产劳动,8个月学习"的方针。

1959 年

1 月 3 日 中共上海市委转发毛泽东主席对《清华大学物理教研组对待教师宁“左”勿右》一文的批示。

1 月 12 日 中共中央召开教育工作会议。陆定一指示要稳定教学秩序,调整师生关系,要尊师。中共上海市委提出要“教好、学好、劳动好、安排好”。邓旭初参加会议回校后传达会议精神。

1 月 12—24 日 学校对教学工作进行全面检查。这次检查以贯彻党的教育方针为中心,内容为是否贯彻了以教学为主,教学、科研、生产劳动三结合;是否提高教学质量,碰到了和解决了哪些问题;各系如何领导,存在什么问题,如何改进等。

1 月 17 日 学校召开系主任等负责人会议,贯彻教育部党组《关于教育问题的几个建议》。贯彻教学为主的原则。

2 月 14 日 中共交通大学(西安部分)召开第一届党员大会,选出中共交通大学(西安部分)第一届委员会。委员会由彭康、苏庄等 31 人组成。18 日,会议结束。

2 月 16 日 党委扩大会议讨论编制 1959 年科研工作意见,决定“以教学为主,结合生产劳动,积极进行科学研究”。

2 月 25 日 召开交通大学(上海部分)、上海造船学院、南洋工学院(筹)三校合并后的第一次校务委员会。委员 38 人,主任为彭康,副主任为陈石英、程孝刚。

3 月 12 日 校务委员会通过《交通大学〈上海部分〉1959 年规划》。《规划》提出:“继续贯彻教育方针,巩固发展教育革命,切实教好、学好、劳动好、安排好,提高教学质量,是 1959 年全校的中心任务。”

3 月 30 日 党委制定《贯彻执行党委领导下的校务委员会负责制的暂行办法》,规定校务委员会在党委领导、监督下工作,校长对校务委员会负责。

3 月 31 日 召开校务委员会常委扩大会议。邓旭初在会上传达了中央教育工作会议的精神,提出 1959 年教育工作的方针主要是巩固、调整和提高,并在此基础上有重点地发展,学校要贯彻教学为主。

4 月 交通大学学术委员会成立,委员 23 人。

5 月 17 日 中共中央决定 16 所高校为全国重点大学,上海交大、西安交大均在其列。

7 月 31 日 国务院批准,交通大学上海部分和西安部分独立为两所学校,分别定名为上海交通大学、西安交通大学。

附录二

主要规章制度(1949.5—1959.7)

国立交通大学聘任教员规则

1949年8月28日校委会通过

一、各教授、副教授、讲师、助教及兼任教员经校务委员会通过后由正副主任委员署名、盖章聘任之。

二、专任教授、副教授及讲师每星期以8至10学分为度。每讲授1小时作为1学分。实验学程有报告者及设计学程有演讲者3小时作为2学分。其无报告与无演讲者以2小时作为1学分。

三、专任教授兼任本校职务者得酌减授课学分。各科系主任减授3学分。各院院长、教务长、秘书长减授6学分。正副主任委员得不授课。

四、助教服务规程另订之。

五、教员每星期授课学分不及第二、第三条规定时或兼校外专任职务者,除因另有特约外以兼任教员待遇之。

六、各教授、副教授、讲师、助教若至7月1日尚未接到本校续聘书即作为解约。

七、各教员于收到聘任书后应即于两星期之内填具应聘书送交本校。过期不填送者即为不应聘论。

八、已经应聘之教员在聘约有效期间非经双方同意不得中途解约或辞职。

九、专任教员每星期所授学程至少须分排 4 日,并不得要求排课时间之限制。

十、各院、各系、科授课时间表,经注册组会商各院长及各院系科主任排定后,非经教务处同意不得更改。

十一、各教授、副教授、讲师、助教及兼任教员因特别事故请人代课时,须先期由系院转报教务处同意。

十二、凡本校专任教授及讲师、助教均有充任学生导师及协助学校推进教务之义务。

十三、其他事项依照人民政府所颁教员服务及待遇规程办理。

关于讲助分配工作暂定办法
1949 年 9 月 5 日校委会讨论通过

一、升任未满二年之讲师及担任授课之助教,其所主持之课程以 8 学分为限。

二、讲助授课如有必须协助者亦得派予协助人员。

三、讲助协助课务之工作以 10 学分为限。其学分之计算如下:

(一) 实验室、工厂及野外实习等课程之协助工作,其学分之计算方法与担任各科之教员相同。

(二) 属于批改习题者(包括解答学生询问之工作)

甲、习题数量甚多之课程(如微积分、普通物理、会计学、统计学、应用力学、材料力学等)而选读该课程之学生人数在 10 人左右者不派助教。

乙、习题较少之课程而选读该课之学生在 5 人左右者不派助教。

丙、习题极少或无习题之课程不派助教。

丁、凡课程有讨论钟点而学生人数过多有分组必要者,得派予协助人员。

以上 4 项协助工作之学分其计算方法,由各系参酌实际情形在系务会议商定以后,附同具体意见送教务处会议订定之。

四、协助课务之讲助以不批改试卷为原则。

五、讲助协助系内公务工作之办法,由各系讲助自行商讨决定,如该项工作属于长期行为者,担任人员之课务工作应予减少。

六、讲助以经常在校为原则。其详细办法由各系会议商讨订定之。

七、各系需要讲助协助之工作,其分配办法在每学期开学前由各系讲助先行拟定意见,然后在系会议中协商之。

八、本办法经校务委员会议通过后实施之。

国立交通大学学生学籍规则
1949年9月20日第二次教务会议通过

第一章 招生及入学

第一条 本大学于每学年之始,招考各系科一年级新生一次,其投考资格为须在公立或已立案之私立高级中学毕业,或具有高级中学毕业同等学历。

第二条 本大学于每学年之始,报考研究所一年级新生一次,其招考资格为须曾在公立或已立案之私立大学或独立学院有关学系毕业,并呈验大学各年级所学课程成绩单,经审查合格者。

第三条 本大学各院系二、三年级如有空额时,得招收转学生,于学年之始与一年级新生招考同时举行之,其投考资格为须曾在公立或已立案之私立大学或独立学院修与所投考学校相同之学系之一年级或二年级学程,得有转学证书并经审查成绩合格者。

第四条 本大学各专修科二年级如有空额时,得招收转学生,于学年之始与一年级新生招考同时举行之,其投考资格为须曾在公立或已立案之私立大学或专科学校修满与所投考学校相同之学系之一年级学程,得有转学证书,并经审查成绩合格者。

第五条 本大学一年级新生转学生及研究生入学考试分为笔试、口试及体格检查,三种均需及格后,始得录取。入学考试笔试科目分别如下:

(一) 理学院及工学院各系一年级应试科目

(1) 国文(2)英文(3)数学甲(高等代数、解析几何、三角)(4)物理甲(5)化学甲(6)中外史地及公民

(二) 各专修课一年级应试科目

(1) 国文(2)英文(3)数学(代数、平面几何、三角)(4)理化(5)中外史地及公民

(三) 转学生应试科目,除按照投考系科分别各系科一年级新生应试科目外,并须加试各该系科主要专门科目两项。其科目另定之。

(四) 研究所一年级应试科目,至少3项,由各所分别决定之。本校毕业生及助教经审查成绩合格者得免试升入本校研究所,其办法另订之。

第六条 本大学各系科所,除轮机工程及行业管理两系限收男生外,其余均男女兼收之。

第七条 本大学每年招生之招考日期、地点、报考手续、笔试科目及招收名额等,另定招

收简章公布之。

第八条　一年级新生及转学生录取后，须于规定学期内前来本大学办理入学手续，其详细办法加载入学通知。凡逾期不到校办理入学手续者，即将取消其入学资格。

第九条　凡一年级录取新生，不得呈请保留学籍。

第十条　本大学各系、科、所有空额时，得酌收选课生。其入学资格以在工厂公司或机关服务，并由原机关介绍，经本大学各该院系科所审查合格，由教务处长核准者为限。选课生无正式学籍，每学期至多选习 3 学程，并酌收选课费。

第十一条　学生应于每学期规定入学期内，一律到校办理注册手续，其因病或因事不能于规定期内到校办理注册者，应于注册前书面向教务处陈明理由，附呈证件，申请给假，经核准后始得延迟注册，惟至多以 3 星期为限。如注册期前未经准假而逾期不来办理注册手续者，概作自动退学论。

第二章　转院转系

第十二条　本大学一年级新生及四年级学生不得申请转院转系。

第十三条　本大学二、三年级学生，申请转院转系者，须于上学期结束前，遵照教务处规定时期办理申请手续，惟转院转系均以一次为限。

第十四条　本大学专修科学生，不得转入各院系。

第十五条　申请转院转系学生，须经教务处及系主任根据该生过去成绩初步审核，提交教务会议决定之。

第十六条　各系各级转出转入学生名额均不得超出该系该级原有学生总数之 1/10。

第十七条　各申请转院系学生，其以前参加之入学考试科目程度，与拟转系有不同者，应令该生重行参加拟转院系之入学考试。

第十八条　转院转系学生一经转入各院系后，凡该系该级以前所规定之必修学程，有未修习者，须应修习之。

第三章　考试

第十九条　本大学各系科考试，分毕业考试、学期考试、月考 3 种。月考由教员自行指定时间举行，其次数以与该学程之学分数相等为原则。毕业考试及学期考试均由注册组排定日程及座次，未经教务处核准，不得变更。

第二十条　各学程不论一学期内授毕与否，概须于该学期结束时举行学期考试，惟设计绘图等学程,得有院、系决定不举行学期考试,但仍须事先通知教务处。

第二十一条 各教员应按照学生平时作业酌计分数,除月考之外,并得适应情形之需要举行临时测验,所有分数归入平时积分内计算。

第二十二条 平时积分包括日常习题、口试、答题、临时测试及月考等项。凡平时积分不满 40 分者,由教员通知注册组扣除该生该学程学期考试。

第二十三条 学生参加考试必须遵守考试规则,如有违纪情节应予照章惩处。其考试规则另定之。

第四章 缺席

第二十四条 学生缺席,分缺课与旷课两种,准假缺席为缺课,未经告假或告假未准而缺席者为旷课。

第二十五条 凡学程讲授 1 小时者,缺课 1 小时为 1 次,实验设计绘图等课,3 小时或 2 小时连续者,亦作缺课 1 次计算。

第二十六条 学生请假手续,应按照大学学生请假规则办理。请假规则另订之。

第二十七条 学生在告假期间,不论教员缺席与否,凡经请假之课程,概作缺课论。

第二十八条 学生在点名 10 分钟后始到教室者,概为迟到,迟到 3 次,以缺课 1 次论。

第二十九条 学期考试期间,学生因亲丧或重病等事故请假者,须附缴证件,呈请教务处长核准。

第三十条 凡在一学期内各学程之缺席总数超过全学期授课时间总数 1/3 以上者,不得参加学期考试。

第三十一条 凡在一学期内缺席总数超过该学程授课时间 1/3 以上者,不得参加该学程学期考试。

第三十二条 凡在一学期内有缺课时,须依其次数照后列缺课扣分表,扣除平日积分成绩,旷课一次照缺课 3 次计算。

第三十三条 表中所列扣分,以每学期 18 星期计算,如学期时间过短或过长时,得由教务处按照比例另列扣分表处理。(扣分表见下表)

缺课扣分表

缺课次数 \ 扣分 \ 一学期总次数 \ 每周次数	1	2	3	4	5	6
	18	36	54	72	90	108
1	1	0	0	0	0	0
2	3	1	1	0	0	0
3	5	2	1	1	0	0
4	14	3	2	1	1	0
5	30	4	2	2	1	1
6	40	5	3	2	2	1
7	超过 1/3	8	3	3	2	2
8		14	4	3	2	2
9		21	5	3	3	2
10		30	7	4	3	2
11		37	10	4	3	3
12		40	14	5	3	3
13		超过 1/3	20	7	4	3
14			25	8	4	3
15			30	10	5	4
16			34	14	6	4
17			37	19	7	4
18			40	21	10	5
19			超过 1/3	25	12	6
20				30	14	7
21				34	16	8
22				37	20	10
23				39	25	12
24				40	28	14
25				超过 1/3	30	16
26					32	20
27					34	22

(续表)

每周次数 / 一学期总次数 / 扣分 / 缺课次数	1	2	3	4	5	6
	18	36	54	72	90	108
28					37	25
29					39	28
30					40	20
31					超过 1/3	32
32						34
33						36
34						38
35						39
36						40
37						超过 1/3

第五章 学程学分及成绩

第三十四条 各学程除不举行学期考试者外,其学期成绩之计算,以学期考占 40%,平时积分占 60%。如遇特殊情况,得由教员商请院长、系主任另外酌定办法。

第三十五条 凡不举行学期考试之学程,得以平时绩分为学期成绩。

第三十六条 各学程采用学分制,凡每学期每周上课 1 小时并须 2 小时以上之自习者,或实习 2 小时至 3 小时者,为 1 学分。各学程之学分数由各院系根据此项原则拟定后提交院务会议决定之,不属院学程之学分数由主任教授拟定后,提交教务会议决定之。

第三十七条 学期平均成绩以学分为根据,其计算方法如下:

(甲) 以学程之学分乘以该课之学期成绩为学分积;

(乙) 每个学生每学期所习各学程之学分数相加是学分总数;

(丙) 每个学生每学期所习各学程之学分积相加得学分总积;

(丁) 以学分总数除学分总积得学期平均成绩。

第三十八条 各学程之学期成绩不得与该学程之其他学期成绩平均计算。

第三十九条 本大学各系科学程概以 60 分为及格,100 分为满格。

第四十条 研究所学程之学期成绩以 60 分为及格,100 分为满格。

第四十一条　每学期学生所修功课，不得少于9学分，至多亦不得超过肄业系科所规定该学期应选学分1/5。如遇特殊情形经院长、系主任特准者，得酌予增减，惟凡有他校转入学生及本校转院转系学生，每学期选修学程不得超过规定学分。

第四十二条　学生选课于每学期开学注册后办理，选课办法另订之。学生须遵照选课办法，于规定时间内办妥选课手续，除曾因特殊事故经呈教务处核准外，逾期一律不补办。

第四十三条　学生未经正式选课或办理加选手续者，其虽经随班听讲，所参加考试概不给学分，亦不计成绩。

第四十四条　学生已选其课程，因故须退选者，应于规定期内办妥退选手续，其未经及时退选，擅自放弃者，该学程以零分计算。

第四十五条　凡选修学程不及格者，不得修习有连贯之较高课学程。

第四十六条　凡选修学程即经选习，即与必修学程同样办理。

第四十七条　各院、系、科、所、各年级必修、选修学程及其每门授课时数、学分数、先修学程等，另订学程一览规定之。

第六章　补考、重读、留级、停学

第四十八条　学生学期成绩凡不及格学程之学分总数，不超过该学期实际选习学分总数1/2，其所有不及格学程之分数在30分以上者，得以补考一次；补考成绩及格者，超过60分部分以对折计算，不及格者应令重读。

第四十九条　学生学期成绩凡不及格学程之分数不满30分者不得补考，应令重读。

第五十条　必修学程2种或2种以上，经重读仍为不及格者，应令退学。

第五十一条　学生学期成绩，不及格学程之学分总数，超过该学期实际选习学分总数1/2者，不得补考，应令留级。

第五十二条　留级生之该学年其他及格学程成绩，凡在65分以上者，得予承认，其不满65分者，不计成绩，应令重读。

第五十三条　凡因前学期成绩不良，照章须令留级之学生，如其次学期可选之学程不及9学分，得停学一学年，停学期满，须于规定期内到校复学。

第五十四条　学生在连续两学期内，不及格学程之学分总数均超过该学期实际选习学分总数1/2以上时，不得补考，应令退学。

第五十五条　学生学期成绩，不及格学程之学分总数，超过该学期实际选习学分总数1/2以上时，不得补考，应令退学。

第五十六条 学期考试期间,凡因亲丧或重病等不得已事故请假,经事前提出证件,呈请教务处核准者,所有未参加学期考试之学程,得准予补考,其补考成绩9折计算,再与平时积分合计后,作为该学期成绩。

第五十七条 补考于次学期注册前两星期内办理,由注册组排定日程及座次举行之,凡应参加补考学生须先期到校,以便按时应试。

第五十八条 补考以一次为限,如未按时参加补考,不论任何事故,不得再行请求补考。所有各该学程之学期成绩,凡曾参加学期考试者,以原分数计算,如未经参加学期考试者,以0分计算。

第五十九条 凡无学期考试而以平时积分作为学期成绩之学程,其成绩于学期结束前送交注册组,凡不及格或成绩不全者,应令重读。

第六十条 月考如因病或因事经告假核准者,应凭假条向授课教员陈明,并商请予以补救办法,不得于学期考试结束后再补考。

第六十一条 研究生不及格学程一律不得补考,其成绩在60分以下者必修重读。

第七章 休学、复学

第六十二条 学生如因重病须休学者,应由家长或保证人书面申请,并附医师证明书,须经教务长核准后休学一学期或一学年,其继续休学手续,必须于应行复学之学期开学前办妥,逾期作自动退学论。休学时先须办理离校手续,完竣及缴还注册后,始可由校发给休学证明书。

第六十三条 学生修学期限未满,不得申请复学。休学期满请求复学,须于规定开学日期前两周内缴还休学证明书,呈请教务处长核准,始可复学;逾期不到者,作自动退学。

第六十四条 休学生复学时应在原肄业系院系科组相衔接之年级肄业,休学时学期成绩尚未结束时者,复学时不得请求补考,应仍编入原级肄业。

第六十五条 在学期考试举行前一月以内不得呈请休学。

第六十六条 学生因违反校规或疾病经校医查明,得由校勒令停学或休学若干时期。

第六十七条 一年级新生在未修毕第一学期以前不得呈请休学。

第八章 退学

第六十八条 有下列情形之一者,应令退学:

(甲)学习成绩不合格,照章应令退学者;

(乙)品行不良,违反本大学各项章则中有退学之规定者;

(丙)身体过弱或严重病症,经校医查明,不得留校求学者;

(丁)因不得已事故,自动申请退学者;

(戊)休学期满,未如期来校申请复学或继续休学不能获准者;

(己)事前未经呈请准假,逾期到校注册者。

凡退学学生除品行不良情节严重者外,得申请给予修业证明书或转学证书。

第九章　毕业

第六十九条　本大学各院系学生,在校修业期限,至少须满4学年。

第七十条　各院系学生,除应修满上条规定修业年限外,并须满足下列各条件,始得毕业授予学士学位:

(甲)肄业院系所规定之必修学程,均经修习及格;

(乙)及格学分满144学分;

(丙)凡经选习之选修学程完全及格;

(丁)论文及格。

第七十一条　本大学各专修科学生在校修业期限至少应满两年,并须于假期赴校外实习。

第七十二条　各专修科学生,除应修满上条规定修业年限,并经实习期满,得有实习证明书外,并须满足下列各条件,始得毕业:

(甲)肄业专修科规定之必修学程,均经修习及格;

(乙)在校外实习得有合格证件。

第七十三条　研究所学生除论文必须及格外,并须修足32学分,其中成绩在70分以下60分以上者,不得超过10学分,始得毕业,授予硕士学位。

第七十四条　研究所学生修业期限为两学年,除特殊情形经审查特准者外,无论毕业与否,不延长修业期限。

第七十五条　研究所学生论文审查办法另订之。

第七十六条　凡本大学毕业如欲继续入本大学其他系科肄业者,其毕业总平均成绩须在75分以上,并经教务长及有关院长、系主任核准后,得自第三学年第一学期起读,以前必修学程有未修习者,须尽先修习之。

第七十七条　本大学毕业生如欲继续入本校同系其他组肄业者,其毕业总平均成绩须在75分以上,并经教务长及有关院长、系主任核准后,得自第三学年或第四学年第一学期起读,以前必修学程有未修习者,须优先选修习之。

第十章 附则

第七十八条 本规则经教务会议通过后,送请校长核准公布施行。如有未尽事宜,得随时修正之。

交通大学"优等生""优等班"奖励办法
1955年2月19日

一、总则

为了切实贯彻毛主席对青年提出的"身体好、学习好、工作好"的指示,培养全面发展的社会主义工业建设人才,鼓励学生以爱国主义和集体主义的精神,努力做到"三好",决定对学习、工作、体格锻炼等方面均获得优良成绩的学生或班级给予奖励。

二、奖励标准

(甲)凡符合下列全部条件的学生给予"三好全优生"奖状和物质奖励:

1. 一学年中各门课程的考查全部及格,考试成绩(包括按四级评分的考查)全部为"优";

2. 体格锻炼达到本校劳卫制预备级"良好"以上的标准;

3. 思想品质优良,注意培养共产主义品德,作风正派,关心集体,组织性纪律性好,积极参加社会活动,热心社会工作。

(乙)凡符合下列全部条件的学生给予"优等生"奖状:

1. 一学年中各门课程的考查全部及格,考试成绩(包括按照四级评分的考查)除两门或两门以下为"良"外,全部为"优",其中政治理论课必须为"优";

2. 体格锻炼达到本校劳卫制预备级"及格"标准;

3. 思想进步,注意培养共产主义品德,作风正派,关心集体,能遵守纪律,积极参加社会活动。

(丙)凡毕业前最后两年连续获得"三好全优生"奖励者,给予"优秀毕业生"奖章。

(丁)凡符合下列全部条件的班级授予优等班称号,并发给奖旗:

1. 一学年中全班学生学习成绩全部及格,总平均成绩在全校各班中较好;

2. 全班学生经常进行体格锻炼,劳卫制预备级锻炼成绩在全校班级中较好;

3. 全班学生都能积极参加群众性活动,并且表现良好;

4. 全班学生在团结互助、尊敬老师、热爱劳动、爱护公物、整洁卫生、注意礼貌、遵守学生守则、开展批评与自我批评等方面能在全校起积极良好影响。

三、奖励手续

(甲) 在校长直接领导下,成立评奖审查组,进行评审具体工作。该组以学生科为主,体育科、教学行政科、学生会、团委会派代表参加组成之。

(乙) 各系成立提名小组,负责向评奖审查组提出具备本办法所列各项条件之学生及班级名单。小组由系主任、系主任助理(或学生秘书)、体育教师及系党、团、学生会代表等组成。

(丙) 每学年之评奖工作,毕业生应于其离校前进行完毕,其他应在10月1日前进行完毕。

四、附则

(甲) 学生有特殊良好表现或有其它特殊情况需变通处理者(如因体弱不能参加锻炼,但在思想品质及学习成绩等方面表现优异及学习基础较差,但能努力学习获得显著进展,虽第一学习成绩尚差,而第二学期全部功课均为5分等情况),得经校长审查决定予以上述各项奖励。

(乙) 如有学生在获得"三好全优生""优良生"荣获称号后违反学习纪律或因其他错误受到学校处分时,应取消其荣誉,并追回其奖状。

(丙) 本办法经校长批准公布实行,其修订时同。

上海交通大学成绩考核暂行规定
1959年

一、成绩考核的目的要求:

成绩考核是教育过程中不可缺少的一个组成部分。各类课程(政治课、业务课、生产劳动课、体育课)都应该根据既严肃认真又实事求是的原则进行考核并记录成绩。成绩考核的目的:(1)可以起总结、巩固、提高学习成果的积极作用;(2)了解学生对各课程的掌握程度以及对政治思想的提高情况;(3)及时全面地总结经验,发现问题从而不断提高教育质量。

二、成绩考核的方式方法:

1. 课程成绩考核的方式一般采用考试或考查,有些课程在考试前须对实验、作业习题等先进行考查,考查及格才准参加该门课程的考试。如果学生缺实验、实验报告、课程设计、平时作业,考试便不能及格,不准参加该门课程的考试。

2. 课程的考试或考查应按照教育计划的规定,未经正当批准手续不得任意变更。

考试

3. 考试的方式可根据课程的性质、学生人数多少等具体情况决定采用口试、笔试或是笔试和口试相结合的方法。

4. 每学期末考试课程的门数最多不超过四门。

5. 每一门课程的考试安排两至三天的复习时间。

6. 考试内容应根据教学大纲的要求命题;试题应由教研组讨论,并经教研组主任同意。

7. 连续两个学期的课程,如第一学期为考查第二学期为考试的,考试内容则以第二学期的内容为主,也可以包括第一学期的主要内容。

8. 课程的考试应由讲授该课的教师进行;人数过多的班级进行口试有困难的,可由教研组研究作出安排。

9. 考试日程表由系主任制定并由系务委员会批准(一年级由基础课教学部主任制定),考试日程表应按照课程的分量轻重和难易程度以及复习和考试所需的时间统筹安排,于考试前一个月通知教研组和学生。

考查

10. 凡是考查的课程应该着重对平时学习情况的检查,并在课程结束时评定出总的考查成绩。考查要求应低于考试,考查不应成为变相的考试。

11. 考查的课程应全部在考试期开始以前进行完毕;有特殊原因的须经系主任批准另行安排时间。

12. 生产劳动与实习的考查应该在实习结束后在劳动或实习地点进行;并邀请劳动(实习)单位的指导人员参加评分。不能够在劳动(实习)地点进行的,应在回校后一周内评出考查成绩。

13. 理论课程的考查一般由讲授课程的教师进行。实习、实验、课堂讨论、课程作业、课程设计的考查由指导教师进行。

14. 学生选读加选课必须经系主任批准,课程结束后均进行考查。加选课及格与否不影响升留级,但成绩仍计入记分册。

平时测验

平时测验一般采用事先不通知的方式,在讲课时抽出10—20分钟测验课程部分内容。这种小测验的目的是为了了解教学情况,不得以测验来进行全面性的成绩考查。阶段性的测验次数要严格限制,并必须在学期开始时经过平衡批准,安排在教学进度表里。要避免为了测验,影响学生正常学习。

三、成绩评定及计分:

1. 每门考试课程的评分主要是根据最后的成绩;但亦要参考学生平时该门课程的学习情况来评定。在评定时应该以发展的眼光来看,既不能完全不考虑平时的学习情况,亦不能采取平时成绩与考试成绩平均计算的方法。

2. 进行考试以前,教师对每位同学的平时学习情况先有一个记录,如遇考试成绩与平时成绩有较大出入时,凡用口试的可以当场补充提问,作全面的了解;凡用笔试的可以及时进行补充口试。

3. 政治课的成绩评定应当把理论学习的成绩和学生平时的政治思想觉悟提高期刊结合起来评定,并且应当以学生的实际行动来作为衡量政治觉悟程度的标准。

4. 业务课程成绩的评定是根据学生个人对该门课程的掌握程度来决定。科学研究成绩可记分或给予评语。

“形势与任务”课与政治理论课考核的结果统一记分,作为政治课的成绩。考核的时间以在学年末为宜,但也可以结合政治运动进行;在方式上采取在系的党组织领导下师生结合的办法进行。

5. 关于生产劳动成绩的考核:

(1) 基本工种训练和专业性的劳动,应根据生产劳动大纲由教师会同指导的老师傅及工长评定成绩。

(2) 劳动态度以及社会公益劳动的成绩在劳动结束时由小组进行民主鉴定。

6. 考试成绩的评定采用四级记分制,一律以代表优等、良好、及格、不及格四种成绩的符合“5”“4”“3”“2”记分。考查成绩的评定一般采用“及格”“不及格”两级记分,但有些课程的考查亦可用四级记分(如生产实习、工种训练、课程设计、工程制图、分析化学、外国语、体育等)。某些课程除用四级记分或两级记分制评定成绩外,可另加评语(如政治课、毕业设计或论文、生产实习、生产劳动等)。

7. 一门课程分布在两个学期的(在同一学年或跨学年),计算课程门数时按一门计算。

8. 一般课程由讲课教师评定成绩,辅导教师、班级干部可以提供意见,如难以决定成绩时,由教研组吸取各方面的意见决定。课程设计的成绩考核由指导教师决定,亦可以组成专门的答辩小组来评定成绩。毕业设计要组成答辩委员会,吸收工厂技术人员等参加,由委员会讨论决定成绩。

9. 考试和考查的成绩应由教师分别记在成绩登记表上和记分册上。每门课程的成绩应在考试或考查结束后一周内将成绩登记表送有关系主任。关于没有通过考查、不准参加考试的学生姓名,应由任课教师及时地在考试之前以书面通知有关系主任。

10. 补考以后的成绩仍按实考成绩评分,但必须注明“补考”以资区别。

11. 未按时参加考试或考查的学生,主考教师应在成绩登记表上注明“缺考”。未经批准缓考,无故缺考的作为旷考,该门课程按不及格论。

12. 每门课程考试结束后,任课教师须在一周内结算出最后成绩,并对这门课程的教学质量与教学经验在教研组内进行总结,作出分析与写成书面材料。各教研组在学期结束时向系提出教学情况分析汇报;各系在学期开学前向教务处提出上学期本系各年级教学情况分析汇报。内容要求有统计、有分析、有提高质量措施。

补考

1. 每学期结束后,考试考查不及格的课程累计数不超过三门的学生,经系批准并通知有关教研组进行补考。学生自己要求教师进行补考的成绩无效。有考试又有考查的课程作为一门计算。

2. 不及格和“缓考”课程达四门者须先补考“缓考”的课程后,再决定能否补考不及格的课程。

3. 补考试或补考查的要求与正式考试考查的要求相同。

4. 补考一般以一次为限,并在规定的日期内进行。如因病经医生证明确实不能参加补考或因公不能参加补考的,经本人申请、系主任批准,可以另行安排补考时间。未经批准而无故不参加补考的,以后不准再补考,该门课程作为不及格。

5. 第一学期不及格和“缓考”的课程应在下学期开学后两周内补考完毕。第二学期不及格和缓考的课程在下学年开学前一周内补考完毕。

升留级办法

1. 学生的升留级须在下学年开学以前处理完毕。

2. 第一学期经补考后仍有不及格课程的学生,第二学期仍跟班上课,第二学期积极努力、成绩良好,经班级提出与系主任批准,可再给予一次补考机会。

3. 每学期结束后考试考查不及格的课程累计达四门的,不得参加补考,并由校长命令其退学。在学年的第一个学期末发生这种情况的学生,如政治思想和健康状况良好、学习又很努力,只因某种客观原因造成学习上的困难的,经系主任提出、教务处长审查、校长批准,可以允许在第二学期试读一个学期,在学年结束补考后再按规定处理。

4. 学年末经过一次补考以后累计有两门到三门课程不及格的,根据课程性质和全面考虑其他方面的情况,由系主任提出留级或退学,经教务长审查报校长批准。

5. 学年末经过一次补考以后仍有一门课程不及格的应该留级。但根据学生其他课程的学习成绩、不及格课程的性质、学习态度、政治思想及健康等方面考虑,认为升级不会影响其他课程学习,经系主任提出、教务长批准可以不留级,这一门不及格的课程允许在一年内再补考一次。

6. 学生连续留级及间断留级到第三次作退学处理。

7. 留级学生以往所修课程其成绩是 5 分或 4 分时该课程可以免修。

8. 政治课不及格除进行教育外应根据情节轻重给予一定的处理,屡教不改而学习和劳动也表现不好的学生可以加重处理,直至命令退学。

9. 每学年结束后,各系应提出留级和退学的学生名单,经校长批准公布执行。

附录三

1949—1959年学校建筑面积表[①]

年份	房屋名称	层数	结构	建筑面积（平方米）（使用面积）	造价（元）	备　　注
1950	电机试验室边屋	1	砖木	91(80)	5 000	建130工程，1984年12月拆
	解放宿舍(1)	1	砖木	120(112)	4 000	建包兆龙图书馆 1987年12月拆
	解放宿舍(2)	1	砖木	119(110)	4 000	
	解放宿舍(3)	1	砖木	423(336)	15 000	
小计				753	28 000	
1952	东一楼	2	砖木	330(180)	31 000	
	东二楼	2	砖木	330(180)	31 000	
	学生第三宿舍	2	砖木	2 216(1 241)	155 000	建学生宿舍，1980年12月拆
	南一楼	2	砖木	952(524)	88 000	
	南四楼	2	砖木	1 001(568)	93 000	

① 《上海交通大学志》，第563－566页。

（续表）

年份	房屋名称	层数	结构	建筑面积（平方米）（使用面积）	造价(元)	备　　注
	交大新村一舍	2	砖木	330(180)	31 000	虹桥路 544 号，1981 年 12 月拆
	交大新村二舍	2	砖木	330(180)	31 000	虹桥路 544 号，1981 年 12 月拆
	交大新村六舍	2	砖木	228(139)	14 000	虹桥路 544 号，1991 年 12 月拆
	交大新村七舍	2	砖木	330(180)	31 000	虹桥路 544 号，1991 年 12 月拆交大
	交大新村十二舍	2	砖木	330(180)	31 000	虹桥路 544 号，1991 年 12 月拆
	徐镇路一舍（徐虹北路）	2	砖木	330(180)	31 000	1993 年 1 月与徐汇联建，拆
	徐镇路二舍（徐虹北路）	2	砖木	330(180)	31 000	1993 年 1 月与徐汇联建，拆
	徐镇路三舍（徐虹北路）	2	砖木	228(139)	14 000	1993 年 1 月与徐汇联建，拆
	西工房（淮海西路番禺路）	2	砖木	457(292)	32 000	建研究生宿舍楼，1984 年 12 月拆
	生产处浴室	1	砖木	226(193)	39 000	1973 年 12 月拆（徐虹北路）
	幼儿园	1	砖木	290(254)	15 000	建交大新村 5 号、6 号楼，1987 年 12 月拆
小计				8 238	698 000	
1953	新建大楼	3	混合	4 282(2 467)	450 000	
	学生第四宿舍	3	混合	1 832(969)	181 000	1963 年 3 月 12 日扩建
	学生第五宿舍	3	混合	1 832(969)	181 000	1963 年 3 月 12 日扩建
	学生第八宿舍	3	混合	1 832(969)	181 000	
	学生第九宿舍	3	混合	1 832(969)	181 000	
	交大新村三舍	3	砖木	722(348)	76 000	建交大新村 3 号住宅，1984 年 12 月拆
	交大新村四舍	3	砖木	722(348)	76 000	
	交大新村五舍	3	砖木	722(348)	76 000	

(续表)

年份	房屋名称	层数	结构	建筑面积(平方米)(使用面积)	造价(元)	备　　注
	交大新村八舍	3	砖木	722(348)	76 000	
	交大新村九舍	3	砖木	946(480)	99 000	
	交大新村十舍		砖木	946(480)	99 000	
	交大新村十一舍	3	砖木	722(348)	76 000	
	交大新村十三舍	3	砖木	593(304)	55 000	建造 7—8 号楼,1989 年 12 月拆
	交大新村十四舍	3	砖木	593(304)	55 000	
	交大新村十五舍	3	砖木	593(304)	55 000	建造 7—8 号楼,1989 年 12 月拆
	交大新村十六舍	3	砖木	593(304)	55 000	
	交大新村十七舍	3	砖木	593(304)	55 000	建交大新村 5 号、6 号教工住宅,1987 年 12 月拆
	北一宿舍	2		457(292)	32 000	
	北二宿舍	2		228(146)	16 000	
	学生食堂	1—2	混合	2 697(2 407)	339 000	
	本部浴室	1—2	混合	441(369)	74 000	1987 年 12 月浴室翻建
小计				23 900	2 488 000	
1954	新上院	2—5	钢砼	9 746(5 150)	1 482 000	
	学生俱乐部	1	竹木	559(550)	14 000	1978 年 9 月 9 日拆
	本部花房	1	砖木	182(175)	3 600	1972 年 12 月拆
	员工子弟小学(1)	1	竹木	167(126)	4 000	基建用地,1963 年 10 月 8 日拆
	学生食堂加工间		砖木	106(96)	3 700	
小计				10 654	1 507 300	
1955	徐虹路一舍	3	砖木	1 007(564)	85 000	南丹路 286 弄 1 号
	徐虹路二舍	3	砖木	1 007(564)	85 000	
	徐虹路三舍	3	砖木	1 007(564)	85 000	
	徐虹路四舍	3	砖木	1 332(712)	107 000	
	徐虹路五舍	3	砖木	1 332(712)	107 000	
	七系食堂饭亭附间	1	竹木	220(211)	2 100	1981 年 12 月拆
小计				5 905	471 100	

(续表)

年份	房屋名称	层数	结构	建筑面积（平方米）（使用面积）	造价(元)	备 注
1956	电机试验室	1	砖木	1 036(965)	71 000	北十，建1301结构实验室，拆一部分
	船模试验室	1	砖木	2 174(2 000)	235 000	北九
	变电所	1	砖木	80(70)	9 000	
小计				3 290	315 000	
1958	内燃机实验室	1～2	砖木	884(765)	52 810	建图书馆，1982年12月拆
	番禺路700号宿舍	4	混合	1 902(1 032)	87 000	
	交大新村内原机械厂食堂	1	砖木	486+34(452)	10 000+300	为改善住户条件，1964年12月增灶间两个，1978年9月减520平方米，后改为十八宿舍
	机工车间	1	混合	3 357(32 370)	172 740	建金工车间，1983年12月拆一部分，计1 679平方米
	铸工车间	1	砖木	1 200(1 164)	79 040	
	冷焊工场	2	钢架	212(201)	10 600	1980年12月拆
	锻工车间	1	砖木	482(455)	22 890	
	锻工车间工具间	1	砖木	78(74)	2 000	改建乙炔间，1965年12月拆，1981年12月拆
	工厂清砂车间	1	钢架	267(253)	8 000	
	五金仓库	1	砖木	142(132)	3 600	1973年12月拆
	工具仓库(工厂)	1	砖木	95(90)	2 400	建工厂食堂、行政楼，1987年12月拆，现为工厂医务室
	生产处变电所	1	混合	75(56)	8 000	
	徐虹路花房	1	砖木	157(149)	3 100	1970年12月拆
小计				9 371	462 480	
1959	冶金试验室	1	砖木	145(130)	6 500	北五
	学生第十宿舍	4	混合	3 777(2 237)	215 930	
	危险品仓库(1)	1	混合	135(122)	16 990	
	危险品仓库(2)	1	砖木	64(48)	1 300P	
	洗衣作坊	1	砖木	63(58)	1 600	建水泥仓库，1978年9月拆

(续表)

年份	房屋名称	层数	结构	建筑面积(平方米)(使用面积)	造价(元)	备　　注
	木工场(1)	1	砖木	485(461)	12 100	建番禺路教工住宅,1978 年 9 月拆,现为家属招待所
	木工场(2)	1	砖木	189(179)	4 700	建番禺路教工住宅,1978 年 9 月拆
	生产处门房小卖部	1	砖木	51(47)	1 500	
小计				4 909	260 620	另教学一楼 11 700 平方米于 1960 年 6 月 30 日竣工。

后记

在学校党政的领导下，在校史编纂委员会和校史编写团队十多年的精心编研、反复打磨下，《上海交通大学史》八卷本，在校庆120周年来临之际，正式推出了。其中1—4卷，于2011年校庆115周年时问世，并荣获中国高等教育学会“第八次优秀高等教育科学研究成果”著作类一等奖。

《上海交通大学史》是由十余位老中青结合的研究人员参与编著而成的学术著作，是集体智慧的结晶。编纂的指导思想、体例原则、结构框架、重大问题的把握等都经过集体讨论研究，比较全面地记录了上海交通大学从1896年到2006年110年的办学历程和发展轨迹。在编纂中，努力将110年的交大发展历史置于中国近现代社会经济、政治、文化的巨大背景中进行研究。全书采用纵横交叉、点面结合、宏观与微观统一的方法，紧扣学校发展的主要内涵，全方位、多角度、有侧重地展示学校不同时期的发展历程。从浩瀚的文书档案等第一手资料和召开有关专题座谈会、组织个别访谈交流中，深入挖掘和研究校长办学理念、教师敬业教学、学生勤奋学习、校友爱校情结等生动事例与精神品格；同时，也不忘长年在基层守护交大一草一木的普通员工，多角度展现交大历史长河中的个人魅力与人生智慧，尽可能做到见物、见人、见情。全书图文并茂，力求既具学术性，又有可读性。

《上海交通大学史》第五卷由潘鋐、蔡西玲、范祖德执笔。在编著过程中，王宗光、叶敦平、毛杏云、盛懿、陈鑫木等同志对大纲的确定、初稿讨论、书稿审阅全程付出了艰辛的劳动。

最后送审学校党政领导。

我们特邀请了西安交通大学老领导王文生和史维祥、老学长陈明义、中国教育学会校史研究分会副会长张克非、上海市地方志办公室原副主任朱敏彦、上海市委党史研究室吴祥华等同志进行审阅并提出宝贵意见;还先后请马德秀、蒋秀明、盛振邦、夏有为、吴善勤、陈贻芳、曹子真、李建强、秦慰祖等同志对书稿进行了审阅并提出修改意见。朱积川同志提供了照片。周陆瑛同志做了具体工作。上海交通大学党史校史研究室、档案馆、出版社鼎立支持。写作过程中使用了西安交通大学档案馆所藏的档案资料。谨在此一并表示诚挚的谢意!

十多年来,广大校友对编写工作十分关心。学长刘共庭、冯莺夫妇曾经两次解囊相助,增益校史基金,资助校史研究顺利开展。在此表示衷心感谢。

由于学校历史悠久,文献史料丰富,编纂任务艰巨,编纂水平时间有限,书中难免有疏漏和失当之处,敬请广大读者、同行、专家、校友批评指正。

《上海交通大学史》编写组

2016 年 1 月